PETA OUCH NOK

RAPHAËL DE CASABIANCA ET ANTOINE DELAPLACE

LE GUIDE PETAOUCHNOK PAS COMME LES AUTRES

PORTUGAL

Vous allez aimer être à l'ouest

hachette

VOUS ALLEZ AIMER ÊTRE À L'OUEST

Et vous en avez de la chance ! Être à l'ouest, perdre ses repères, retrouver le goût de l'inconnu, c'est ce qui peut vous arriver de mieux lors de votre voyage au Portugal ! Car c'est de là que naissent les plus belles émotions. Et autant vous dire que, quand on est le pays le plus à l'ouest du continent européen, on s'y connaît en émotions !

Imaginez que, en quelques jours, vous allez pouvoir passer de l'effervescence d'une soirée dans le Bairro Alto de Lisbonne au calme et à la beauté des reliefs de la Serra da Estrela, randonner trois jours le long de la côte vicentine face à l'océan puis vous reposer dans un agroturismo de rêve en pleine nature en Alentejo, ou encore explorer la route des vins en bateau solaire avant de revenir explorer les palais romantiques de Sintra pour finir, un verre de vin à la main, sur le quai de Gaia face à Porto...

Et, cerise sur les *pastéis de nata*, vous trouverez dans ce guide une large sélection d'adresses responsables, d'idées de détours inattendus et d'itinéraires originaux pour un voyage plein de surprises et de découvertes ! C'est en tout cas tout ce qu'on vous souhaite, que vous soyez au nord, au sud, à l'est... ou complètement à l'ouest !

Boa viagem !

PETAOUCHNOK
ANTOINE ET RAPHAËL
petaouchnok

SOMMAIRE

voir page

Lisbonne, voir page 166

SPOTS ET ITINÉRAIRES

LE PORTUGAL EN 13 RÉGIONS

Castelo de Vide, voir page 256

CARNET SUPER PRATIQUE

LE GUIDE PETAOUCHNOK PAS COMME LES AUTRES

Depuis la création de Petaouchnok en 2020, on s'est fixé comme mission de **redonner du sens à la découverte**, en inspirant des voyages responsables et inattendus, avec un brin d'humour et un optimisme à toute épreuve.

Tout a commencé sur Instagram, où l'on partage tous les jours des photos du monde entier, des idées de voyage originales et autres actualités inspirantes. Et après la sortie de nos 2 livres *Destination Petaouchnok* et *Voyages extraordinaires en Europe*, **on a eu envie d'aller plus loin.**

Quoi de mieux que de lancer une nouvelle collection de guides pour **inspirer et accompagner de nouveaux voyages** ? D'autant qu'à l'heure d'Internet, des réseaux sociaux et autres TripAdvisor, un guide n'a plus du tout le même rôle à jouer qu'il y a 10 ou 20 ans.

On a donc réfléchi, interrogé un maximum de personnes autour de nous, et cela a abouti au guide que vous tenez entre les mains, **un guide pratique «pas comme les autres»** qui vous promet un voyage... pas comme les autres :)

COMMENT LIRE UN GUIDE PETAOUCHNOK ?

1. Une carte pour se repérer en un coup d'œil

On a découpé ce guide en 13 régions, avec une carte au début pour vous repérer et découvrir en un coup d'œil les immanquables.

2. Les incontournables de la région

Chaque région commence par un **best of**, une liste d'expériences et de lieux immanquables.

3. Des expériences et encore des expériences

On vous propose d'explorer chaque région à travers un **maximum d'expériences** : pages thématiques, itinéraires de 24h pour découvrir une ville, idées de rando, conseils pratiques et plein d'idées de visites.

Et les QR Codes dans tout ça ?

Pour chaque région, vous pouvez flasher un QR Code et accéder à toutes nos adresses directement sur votre portable. Pratique :)

D'autant plus pratique que cela vous épargne de devoir taper des URL longs... et en portugais !

Bref, n'ayez pas peur de flasher !

4. Un carnet pratique avec nos bonnes adresses

À la fin de chaque région, retrouvez notre **sélection d'hôtels, de restaurants, de bars et de boutiques**, ainsi que la réponse à – presque – toutes les **questions pratiques** que vous vous posez.

BIENVENUE AU *Club*

Grâce à ce guide, vous bénéficiez de nos 10 meilleurs conseils pour voyager de manière responsable avec le moins d'impact possible. Partant ?

1 Se déplacer en train

70 à 80 % des émissions polluantes générées par un voyage sont liées à nos déplacements (notamment pour se rendre dans la destination) : autant privilégier le moyen de transport le moins émetteur de CO_2/km/passager, à savoir… le train !

Et si ce n'est pas possible, on respecte doublement les règles 2 et 9 !

2 PARTIR PLUS LONGTEMPS

Souvent plus facile à dire qu'à faire, mais **il vaut mieux partir une fois 20 jours que 4 fois 5 jours**, rapport à l'impact des trajets A/R (voir point n° 1). Et puis surtout, cela permet d'explorer des coins reculés et de prendre le temps de s'immerger dans le pays, et c'est l'une des clés d'un voyage réussi.

3 PARTIR HORS SAISON

Sortir des sentiers battus c'est bien, partir hors saison, c'est encore mieux ! Ça veut dire moins de monde, moins cher, et en plus, cela permet de mieux répartir le flux de voyageurs, et de faire mieux respirer les écosystèmes. Le combo parfait !

4 PRIVILÉGIER L'ITINÉRANCE

Les voyages itinérants, à pied, à vélo ou en kayak, y a pas mieux ! Ça permet de mieux équilibrer le flux de voyageurs (voir point 3), ça sous-entend des voyages plus longs et plus immersifs (voir point 2), et ça ramène à l'idée de prendre le train (voir point 1). Il est vraiment bien ce point 4 ;)

5 Choisir des hébergements responsables

Il y a de plus en plus d'acteurs engagés dans une démarche responsable et locale, et la bonne nouvelle, c'est que c'est de plus en plus simple de les trouver : les super adresses de ce guide sont une bonne source pour commencer.

6 SOUTENIR L'ÉCONOMIE LOCALE

Goûter les spécialités locales, privilégier le bio, le circuit court, soutenir les artisans du coin, les produits authentiques : l'idée est de continuer à faire ce qu'on fait à la maison en voyage. Ça marche aussi avec la politesse, le recyclage, l'utilisation d'une gourde… et même la douche !

7 Respecter la faune et la flore

On adore les poneys, les pingouins, les fleurs, les arbres, les castors et les ânes aussi. Donc on en prend soin et on les laisse tranquilles. Et tant qu'à faire, on s'abstient d'allumer un feu ou un barbecue dans des zones sèches, pour éviter les incendies de forêts. Et la règle **« Leave No Trace »** s'applique toujours : on ne laisse rien derrière soi après son passage (déchets, restes de nourriture...).

8 DONNER DE SON TEMPS

Pas toujours simple à prévoir lors d'un voyage, mais s'investir dans une initiative locale quelques heures ou quelques jours, c'est le mix gagnant rencontres + impact. Pour ça, le wwoofing marche très bien, et on vous donne d'autres idées p. 325.

9 PARTIR MOINS SOUVENT

Rassurez-vous : l'idée n'est pas d'arrêter de voyager, mais de réduire les déplacements qui ont le plus d'impact négatif sur l'environnement. Mollo donc sur les week-ends en avion et les pays lointains, et vive les destinations proches et accessibles en train... comme le Portugal !

10 ÊTRE UN EXEMPLE

Plus on sera nombreux à changer notre manière de voyager, à montrer l'exemple, **plus on entraînera du monde avec nous**, et plus on aura de l'impact... sur les comportements !

☐ **CAP ?** ☐ **PAS CAP ?**

Date et signature :
(précédées de la mention « Lu et approuvé »).

SPOTS ET ITINÉRAIRES

NOS SPOTS PRÉFÉRÉS

PRAIA DOS TRÊS IRMÃOS

VOUS ADOREREZ SI...

… vous êtes mordu de snorkeling

L'eau cristalline, les rochers, l'abondance de poissons, d'étoiles de mer, d'oursins et d'anémones… C'est la team « masque et tuba » qui va être contente ici !

Au bout d'une longue étendue de sable de 7 km, vous voilà devant la plage des Três Irmãos : des falaises, des rochers pointus, l'océan à perte de vue et même au fond une grotte avec une double arche donnant accès à… une plage secrète ! Aucun doute : vous êtes en Algarve !

Si l'Algarve peut se vanter d'avoir quelques plages très bien placées dans le palmarès des plus belles plages du monde, cette région à l'extrême sud du Portugal a d'autres atouts à faire valoir. RDV p. 296 pour tout savoir (*spoiler alert* : vous allez aimer).

VALLÉE DU DOURO

Plus vous remontez la vallée en direction de l'Espagne, plus les paysages deviennent arides et sauvages… et plus vous découvrirez des vignobles produisant des vins rouges et blancs corsés (et moins de porto).

C'est le cas ici, avec ces vignes plantées dans un décor typique de la vallée du Coâ, célèbre pour l'authenticité de ses villages et ses exceptionnelles gravures en plein air datant du paléolithique : rien de moins que le plus grand ensemble d'Europe inscrit à l'Unesco !

ON FAIT CÔA ?

Pagayez à rebrousse-temps

En plus des aurochs et des chevaux immémoriaux gravés dans la pierre, la virée en kayak dans la vallée du Côa permet d'observer d'authentiques vautours, aigles royaux, cigognes noires et même des loutres ! Voir p. 74.

Payez-vous une bonne amande…

… à Vila Nova de Foz Côa, la capitale de l'amandier. Ici, tout le monde est lié de près ou de loin à la production d'amandes, dont les fleurs blanches des arbres colorent les collines au printemps. Voir p. 70.

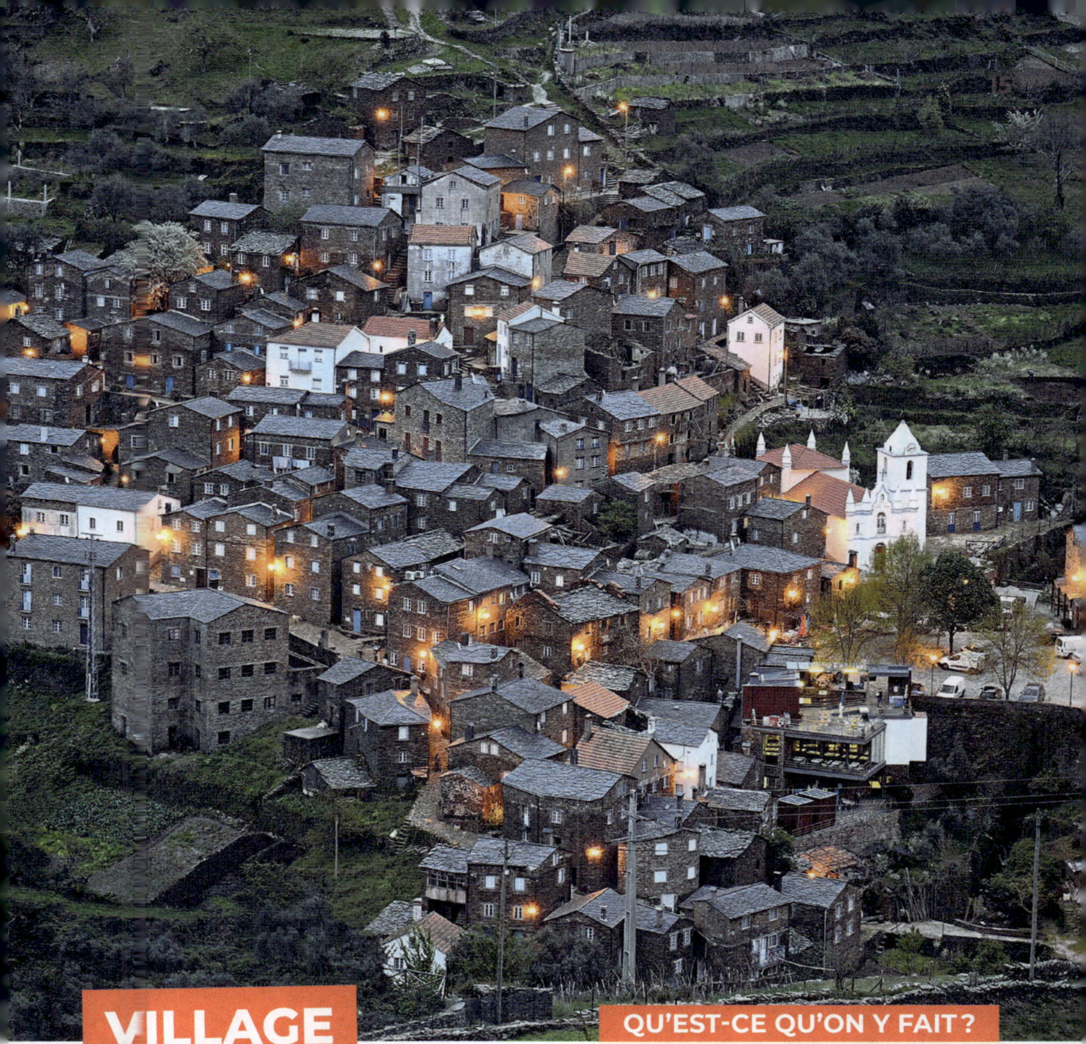

VILLAGE DE PIÓDÃO

Après des kilomètres de routes (très) sinueuses et (très) étroites dans la Serra do Açor, surgit comme par magie ce village, un des plus beaux du pays ! Ses maisons en pierre, ses toits en ardoise noire et ses pavés irréguliers vous offrent un voyage dans le temps extraordinaire.

Si vous avez aimé Piódão de jour, vous allez l'adorer la nuit : l'effet guirlande géante dévalant les ruelles escarpées est superbe. Ambiance conte de fées garantie !

QU'EST-CE QU'ON Y FAIT ?

Battez la campagne

Autour de Piódão, la Serra do Açor déroule ses sentiers, ses terrasses d'un vert profond, ses ruisseaux et ses forêts pour un bon bol d'oxygène. Voir p. 144.

Baignez-vous chez le voisin…

… à Foz d'Égua, un autre village de schiste mignon en diable et sa merveilleuse plage fluviale.

PALAIS DE PENA À SINTRA

Le gardien du palais

Ce palais délirant est né de l'imagination d'un roi d'origine autrichienne ! Perché sur d'immenses rochers, c'est un mélange surréaliste de styles, de formes et de couleurs, qui parvient malgré tout à créer une harmonie et une ambiance uniques au monde !

Pour les couleurs, les consignes étaient simples : le rouge pour les parties anciennes et le jaune pour le nouveau palais. Apparemment, les architectes ont eu peur que ce soit fade… en ajoutant du bleu et du violet !

LA MER EST AU BOUT DU TRAMWAY !

Comme les VIP de l'époque, un *elétrico* centenaire vous bringuebale en grinçant de Sintra jusqu'à la Praia das Maças. C'est pas classe, ça ? D'autant que le trajet est franchement délicieux. Voir p. 203.

GROTTE DE BENAGIL

Cette spectaculaire grotte marine est la plus connue du Portugal et on comprend pourquoi ! Un paradis aux allures de caverne de pirates avec une lumière incroyable permise par ces trous dans la roche.

Elle a beau n'être accessible qu'en kayak, paddle ou bateau, vous risquez de ne pas être seul… Pour plus de tranquillité, la région vous propose des grottes alternatives (et pas du tout grotesques) : Alfanzina, Albandeira, la Gruta do Paraíso et, en bonus, un rocher en forme de sous-marin appelé Yellow Submarine !

SOYEZ MALIN

Ne louez pas votre kayak sur la plage de Benagil mais sur la Praia de Albandeira : il y a moins de monde, c'est moins cher et la virée sur les flots jusqu'à la grotte de Benagil vous fera découvrir un tas d'autres grottes, arches, cheminées et criques secrètes.

▸ albandeiraecotours.com

PHARE D'AVEIRO (FAROL DA BARRA)

La ville d'Aveiro est surnommée la Venise portugaise, pour son réseau de canaux et ses bateaux colorés (les *moliceiros*) qui vous feront déambuler sous les ponts et longer les façades colorées, parfois rayées, et ses bâtiments Art nouveau !

L'autre particularité immanquable de la ville, ce sont les *ovos moles*, des œufs mous sucrés qui se mangent comme des bonbons et que vous trouverez partout ! De l'énergie nécessaire avant de vous lancer dans l'ascension du phare de la ville à Praia da Barra, avec ses 62 mètres de haut et ses 291 marches, idéalement situé à la rencontre de la lagune et de l'océan.

3 FAÇONS DE PLANCHER AUTOUR D'AVEIRO

Foulez les planches

Marcher à fleur d'eau sur les passerelles d'Aveiro est le meilleur moyen de s'immerger dans les paysages de la lagune. Voir p. 126.

Faites la planche

Prenez un bain dans les salines d'Aveiro et flottez comme dans la mer Morte. Voir p. 126.

La planche vous démange ?

Entre les plages de Barra, de Costa Nova et de Vagueira, c'est pas les spots de surf qui manquent dans le coin ! Voir p. 129.

RIA FORMOSA

La Ria Formosa forme un ensemble de lagunes et d'îles sur une soixantaine de kilomètres, entre les plages et les eaux sauvages de l'Atlantique. Un paradis naturel le long de la côte de l'Algarve, qui est considéré comme une réserve à lui tout seul...

... Ce qui en fait un incroyable terrain de jeu ! Vous pourrez entre autres faire escale en bateau-taxi sur les petites îles secrètes des lagunes ou observer les dauphins et flamants roses au large.

C'est moi la star

VOUS ADOREREZ SI...

... vous aimez la nature extrême

La lagune est en perpétuel mouvement et offre des paysages changeants à chaque heure du jour. Pas étonnant, avec une mer qui monte et qui descend d'environ trois mètres toutes les six heures.

... vous êtes fondu de birdwatching

Vous pénétrez dans une immense volière à ciel ouvert, où des milliers d'oiseaux migrateurs font un break pour se régaler de poissons et de coquillages. À vos jumelles !

VILLAGE DE MONSARAZ

Gros coup de cœur pour ce petit village perché, tout près de la frontière espagnole. Avec ses ruelles pavées, ses maisons blanches aux toits rouges et ses balcons en fer forgé, vous n'allez pas regretter le voyage… dans le temps !

Monsaraz est une « Starlight Destination », un lieu où le bas niveau de pollution lumineuse permet d'observer les étoiles dans des conditions idéales (ça rime) ! Vous n'avez plus qu'à vous allonger et admirer la voie lactée…

QU'EST-CE QU'ON Y FAIT ?

Mettez les voiles

Et laissez-vous porter par le vent dans les paysages d'après-déluge de l'immense lac d'Alqueva (une vraie mer intérieure !), à bord d'un voilier hollandais de 1913… aux airs de bateau pirate ! Naviguer sur le Grande Lago au coucher du soleil ? Fabuleux ! Rendez-vous sur la plage fluviale de Monsaraz

▸ sem-fim.com, onglet « Actividades ».

RIVIÈRE ODELEITE

Le barrage d'Odeleite a créé cette rivière aux méandres hors du commun, surnommée… rivière du dragon bleu ! En raison de sa forme d'immense dragon vue du ciel et des reflets qui lui donnent une couleur spéciale. Un surnom qui lui a valu un buzz en Chine !

Nous sommes ainsi devant un magnifique exemple de paréidolie, nom technique désignant une tendance – que l'on a tous – à trouver des formes familières dans des images désordonnées. C'est ce qui fait que certains nuages nous font penser à des dragons. Intéressant, non ?

ON Y FAIT QUOI ?

Marchez / pédalez…

… sur la Grande Route du Guadiana (GR15) entre Vila Real de Santo António et Mértola, avec un break de charme dans le village blanc de chaux d'Odeleite.

guadianatrails.com

Passez la frontière…

… en tyrolienne ! Une folle descente à 80 km/h au-dessus du Guadiana, entre Sanlúcar de Guadiana en Espagne et Alcoutim au Portugal. Prenez le bac pour rejoindre l'autre rive !

limitezero.com

2 SEMAINES SANS VOITURE DE LISBONNE À PINHÃO

Pas besoin de voiture pour en prendre plein les yeux ! À pied, à vélo, en bus, en train et en bateau, il y a de quoi se remplir les poches de souvenirs made in Portugal, entre safaris urbains, plages tombées du paradis, sardines grillées et randos dans les odeurs de pins !

Dauphins et sable blanc

1 LISBONNE > SESIMBRA > LISBONNE ▸ 2 jours ▸ 78 km

On s'acclimate en douceur : arrivé à **Lisbonne**, sautez d'emblée dans un **bus** (1h) pour l'ancien village de pêcheurs de **Sesimbra** (un must pour les restos de poisson !), porte du parc naturel de la **Serra da Arrábida**, petit paradis vert et bleu au parfum méditerranéen avec ses pinèdes, ses plages de sable blanc et ses eaux turquoise.

Au programme : rando, VTT, parapente, plongée, snorkeling, kayak, *coasteering* à flanc de falaise (et au ras des eaux), découverte des grottes marines et des dauphins… l'éclate totale quoi !

Infos pratiques

Bus : ligne 3721 • carrismetropolitana.pt

Maxidose de saudade et de romantisme

❷ LISBONNE > SINTRA > LISBONNE
▸ **3 jours** ▸ 64 km

À vous les sept collines de **Lisbonne** et son méli-mélo de vieux quartiers, de *bairros* (faubourgs) à la pointe du cool ou carrément futuristes, de belvédères romantiques, de maisons de fado et de musées palpitants.
Prenez le **bac** pour **Cacilhas**, sur l'autre rive du Tage, et mangez sur les quais en tête à tête avec Lisbonne.

Le dernier jour, aller-retour en **train** à **Sintra** (30 minutes à chaque fois) pour profiter de sa montagne vivifiante, de ses palais délirants et de ses parcs exotiques.

Infos pratiques
Bac : Transtejo Soflusa • ttsl.pt
Train : (bien descendre au terminus Sintra, pas à Portela de Sintra !) • cp.pt

Sea, surf and sun

❸ LISBONNE > COIMBRA
▸ **4 jours** ▸ 250 km

Le **bus** vous dépose en 1h35 dans le port de pêche de **Peniche**. Prenez un bon bol d'embruns en faisant le tour de la presqu'île à **pied** ou à **vélo** (8 km) puis zyeutez les surfeurs sur le spot mythique de *Supertubos*… ou prenez un cours à Baleal (les écoles de surf y pullulent).
Le lendemain, montez en **bateau** pour l'archipel des **Berlengas** (30 minutes), paradis des oiseaux marins, dont les contours déchiquetés et les eaux cristallines rendent fous les mordus de snorkeling et de plongée !

Rejoignez la jolie station thermale de **Caldas da Rainha** en **bus** (1h) puis sautez dans un train pour **Coimbra** (2h), ses ruelles en escaliers, sa vieille université et ses chanteurs de fado.

Infos pratiques
Bus : Lisbonne (Sete Rios) – Peniche • rede-expressos.pt
Peniche – Caldas da Rainha • rodoviariadooeste.pt
Bateau : liste sur berlengas.org • Attention, accès à l'île limité à 350 pers./j., réservez !
Train : cp.pt

Final waouh !

❹ COIMBRA > PORTO > PINHÃO
▸ **6 jours** ▸ 391 km

En **train** (30 minutes), visez **Aveiro**, la petite Venise portugaise, ses canaux et ses façades Art nouveau : louez gratuitement le vélib' local et pédalez le long de la lagune en compagnie des flamants roses.

Pour le farniente, foncez en **bus** à la plage de **Costa Nova** et ses adorables maisons à rayures ou prenez le **ferry** à Forte da Barra pour rejoindre la réserve naturelle des dunes de **São Jacinto** et sa plage sauvage.

Train pour **Porto** (1h) le lendemain : réservez deux bonnes journées pour explorer ses ruelles bardées d'azulejos et de street art, et ses chais remplis de… porto.

Pour finir, la Linha do Douro vous réserve l'un des plus beaux **trajets ferroviaires** d'Europe le long de la **vallée du Douro**, de Porto à Pinhão (2h20) : un travelling mythique sur les collines striées de vignes plongeant dans le fleuve d'Or !

Infos pratiques
Trains : cp.pt
Bus : transdev.pt
Ferry : aveirobus.pt

15 jours **783 km**

LA ROTA VICENTINA
11 JOURS ENTRE TERRE ET MER

La Rota Vicentina se compose de deux sentiers qui se croisent régulièrement : un côté terre, baptisé « chemin historique », et un côté mer, appelé « sentier des pêcheurs ». On n'a pas su choisir, alors on vous propose un mix des deux !

2 jours pour se décider

❶ SANTIAGO DO CACÉM > CERCAL DO ALENTEJO ▸ 2 jours ▸ 41 km

L'aventure commence en douceur à **Santiago do Cacém**, avec 2 jours de bonheur en pleine campagne de l'Alentejo, entre forêts de chênes-lièges, paysages vallonnés et dégustation de vin.

Arrivé à **Cercal do Alentejo**, il faudra alors faire un choix : soit vous continuez dans le même esprit, et c'est parti pour 4 jours magnifiques dans l'intérieur des terres, soit vous bifurquez plein ouest pour rejoindre la côte et… c'est parti pour 5 jours tout aussi magnifiques !

Au cœur de l'Alentejo

❷ CERCAL DO ALENTEJO > ODECEIXE ▸ 4 jours ▸ 82 km

Vous avez fait le choix de la campagne, de la douceur des vallées et de l'authenticité des villages ? Vous n'allez pas le regretter !

En 4 étapes, vous allez passer par des parties montagneuses offrant des vues exceptionnelles à 360°, longer des cours d'eau et des étangs rafraîchissants, traverser des vallées étonnamment vertes, pour finalement rejoindre **Odeceixe**, joli village perché aux ruelles pavées avec son moulin à vent toujours en activité ! La plage est toute proche – et superbe. Foncez-y !

INFOS PRATIQUES

- **Pour préparer votre voyage :** rotavicentina.com
- **Transfert de bagages** (15 € par jour) : vicentinatransfers.pt
- **Hébergement :** Le camping sauvage est interdit, mais les étapes sont pensées pour s'arrêter à chaque fois dans un village. Il n'y a donc généralement pas de problème pour se loger, surtout sur le sentier des pêcheurs.
- **Saisons :** Le chemin est ouvert toute l'année ! Venez en novembre ou en mars pour éviter la chaleur et profiter de lumières exceptionnelles. En hiver, c'est possible aussi, mais ça risque d'être un peu humide…
- **À emporter :** Bien prévoir beaucoup d'eau pour la journée.

Jamais sans ma plage

❷ BIS CERCAL DO ALENTEJO > ODECEIXE ▸ 5 jours ▸ 93 km

L'appel du large a été trop fort et vous avez décidé de rejoindre la côte dès que possible ? Vous n'allez pas le regretter !

Après une journée de transition, l'arrivée à **Porto Covo**, avec ses maisons bleu et blanc et ses ruelles plongeant dans l'océan va vous faire du bien. C'est surtout le point de départ de 4 jours de marche sur d'immenses plages sauvages, en haut de falaises abruptes, dans des dunes (sympa au début, fatigant à force…) avec des pauses fruits de mer et poissons grillés dans les villages de pêcheurs. Et les couchers de soleil sont pas mal.

Côte sauvage en Algarve

❸ ODECEIXE > CAP SÃO VICENTE ▸ 5 jours ▸ 91 km

À partir de là, c'est parti pour 5 étapes incroyables entre mer et montagnes, falaises vertigineuses et villages blancs, direction la pointe sud-ouest de l'Europe. Quand vous partez dans les terres, vous découvrez des régions secrètes totalement préservées, et quand vous suivez le littoral, vous alternez entre côte sauvage, pins parasols et spots de surf. Ce bonheur prend fin au **cap São Vicente**, avec son phare et son ancien monastère posés en haut d'une falaise : une vue sensationnelle !

11 jours | **214 km** | **Facile**

ROADTRIP MYTHIQUE SUR LA NACIONAL 2

La route 66 du Portugal ! Immensément pittoresque, loin du tumulte, la nationale 2 fend l'intérieur du pays sur toute sa longueur, de Chaves à Faro. Montagnes vertes, campagne sans fin, plages de sable fin, c'est tout le Portugal ou presque qui défile sous vos yeux.

Le nord fait le show

1 CHAVES > PESO DA RÉGUA ▶ 1 jour ▶ 107 km

Selfie de rigueur à la borne du kilomètre zéro, dans la charmante ville thermale de **Chaves** ! Au programme, dans cette superbe région de montagnes ondulantes et boisées ? Des villes thermales au parfum Belle Époque (**Vidago, Pedras Salgadas**), **Vila Real**, porte de la Serra do Alvão (cascades et jolies randos !) et les vignobles enchanteurs de la vallée du Douro. Roulez un peu sur la N222, entre Peso da Régua et Pinhão, pour en profiter au maximum !

Montagnes secrètes

2 PESO DA RÉGUA > VISEU ▶ 1 jour ▶ 124 km

Deux perles sur ce parcours : **Lamego**, à l'extraordinaire escalier baroque, et la cité médiévale de **Viseu**. Dans l'intervalle, vous partez à l'assaut de la Serra de Montemuro, l'une des chaînes les plus méconnues du Portugal : les paysages à couper le souffle des Portas de Montemuro valent le détour ! Et vous piquez une tête dans les eaux du Paiva sur la plage de Folgosa, à **Castro Daire**.

Vignes et maisons de schiste

3 VISEU > SERTÃ ▶ 1 jour ▶ 175 km

Vous commencez par les vignobles du Dão-Lafões, la jolie ville de **Santa Comba Dão**, le lac de barrage d'Aguieira et la Livraria do Mondego, monument naturel sculpté comme une bibliothèque de pierre. Puis **Góis** vous ouvre les portes de la Serra da Lousã et de ses petits villages de schiste (**Comareira**, **Aigra Nova** ou **Aigra Velha**). Fin de l'étape au barrage de Cabril, dans le village de **Pedrógão Pequeno**, « joyau de la Beira », et à **Sertã**, au bord du Zêzere.

FAITES-VOUS TAMPONNER !

Un passeport « Estrada Nacional 2 », à retirer à Chaves ou à Faro, permet de collecter les tampons des 35 offices de tourisme situés le long de l'itinéraire.

Pile poil au centre

4 SERTÃ > MORA ▸ 1 jour ▸ 143 km

Bye-bye les montagnes, *olá* les vastes plaines de l'Alentejo ! La journée est rythmée par la grimpette au Picoto da Melriça, le centre exact du Portugal, le village templier de **Vila de Rei**, **Abrantes** et son château au-dessus du Tage, **Ponte de Sor** (terrain de jeu street art), l'énorme lac de Montargil, où la route traverse un superbe tunnel de verdure, l'écoparc de Gameiro et les vieilles ruelles de **Mora**.

On dirait le sud… profond !

5 MORA > FERREIRA DO ALENTEJO ▸ 1 jour ▸ 154 km

Cette portion est une vraie traversée du désert. La route file droit dans la campagne alentéjane, fend les champs de blé, de chênes-lièges et d'oliviers, traverse de rares villages : **Brotas**, **Ciborro** (à la borne du kilomètre 500 !), **Montemor-o-Novo** (son château ruiné), **Torrão** et le réservoir de Vale do Gaio puis **Ferreira do Alentejo**… avec sa drôle de chapelle !

Des routes vides jusqu'à l'océan

6 FERREIRA DO ALENTEJO > FARO ▸ 1 jour ▸ 147 km

Derniers arrêts en Alentejo : le parc minier d'**Aljustrel**, son décor de terre brûlée sorti d'un western spaghetti, les villes historiques de **Castro Verde** et **Almodôvar**. Puis surgit la Serra do Caldeirão. Ses 365 virages vous catapultent en Algarve : un tronçon épique jusqu'à **São Brás de Alportel**. **Faro** et ses plages sauvages entre mer et lagune, ne sont plus très loin. Un dernier selfie à la borne du kilomètre 738 : vous avez parcouru la plus longue route du Portugal, c'est pas rien !

Infos pratiques

rotan2.pt • **11 heures** de conduite • Vous pouvez faire le parcours **à vélo** : comptez **7 à 10 jours**.

6 jours

739 km

LA GRANDE ROTA DAS ALDEIAS HISTÓRICAS

VTT (GR22)

Plus de 500 km de vallées, de collines ondulantes, de vieux villages attachants et de châteaux perchés, de plages fluviales et de parcs naturels : une boucle en forme de 8 dans la Beira intérieure pour relier les 12 villages historiques du Portugal.

Coucou le Côa !

1 BELMONTE > CASTELO MENDO
▶ **2 jours** ▶ 99 km

Top départ à **Belmonte**, au pied de la Serra da Estrela. En franchissant des vallées, vous rejoignez très vite le vieux village fortifié de **Sortelha**, avec son château prêt à dégringoler de la falaise. Puis vous filez vers **Sabugal** et son château perché, où vous flirtez avec les eaux de la rivière Côa. De là, vous pédalez entre prés et champs, et le long de la rivière Cesarão, prélude à la grimpette jusqu'à **Castelo Mendo** !

Cap sur la montagne de Marofa

2 CASTELO MENDO > CASTELO RODRIGO
▶ **1 jour** ▶ 54 km

Filez plein nord en longeant les plateaux qui surplombent le rio Côa, paysages de granit déchirés de ravins, champs de vignes et céréales, jusqu'à la place forte d'**Almeida**, aux remparts en étoile. La plaine défile sous l'œil des rapaces, puis **Castelo Rodrigo**, ses murailles et ses maisons dorées empilées sur la colline, vous sautent à la figure. Vous voici à l'extrémité est de la Serra da Marofa ; la vue est fantastique !

Châteaux en pointillé

3 CASTELO RODRIGO > LINHARES DA BEIRA
▶ **2 jours** ▶ 114 km

Immersion dans le décor médiéval de trois villages historiques : visez l'authentique petite **Marialva**, puis **Trancoso**, en passant par des routes forestières et les curieuses formations granitiques de Moreira de Rei, et enfin **Linhares da Beira**, rendez-vous des mordus de parapente.

GR22 : TESTÉ ET APPROUVÉ !

▸ Labellisé « Leading Quality Trails – Best of Europe », le plus ancien sentier de grande randonnée du Portugal a été distingué pour sa durabilité et sa richesse culturelle et naturelle. Au fait, vous pouvez aussi le faire à pied ! 554 km, 156 heures, mieux vaut être en forme !

Collé serré avec les reliefs

4 LINHARES DA BEIRA > PIÓDÃO
▸ **2 jours** ▸ 84 km

Voilà l'une des étapes les plus exigeantes du parcours : un enchaînement de petites routes et de chemins ruraux, des vues renversantes sur la Serra da Estrela, des plages de rivière, des villages de montagne. Entre autres, **Sabugueiro**, le plus haut village du Portugal, et **Vide**, porte de la Serra do Açor. Terminus en beauté dans le village reculé de **Piódão**, incrusté dans le vert de petits champs en terrasses. Waouh !

Plein les yeux !

5 PIÓDÃO > CASTELO NOVO
▸ **2 jours** ▸ 82 km

Ça grimpe sec encore ! Propulsez-vous au sommet de la Serra do Açor, avec un panorama qui dépote au Picoto Cebola. Puis descendez le long de la ligne de crête, scrutant les terrils des mines de Panasqueira. Le GR22 vous emmène ensuite sur les pentes de la mince Serra da Gardunha, piquetées de cerisiers et rafraîchies de cascades : l'amphithéâtre naturel de **Castelo Novo** !

Partie de campagne

6 CASTELO NOVO > BELMONTE
▸ **2 jours** ▸ 153 km

Vous pédalez à travers champs, vergers, forêts, en passant par **Proença-a-Velha** et son musée de l'huile d'olive, **Idanha-a-Velha** et ses ruines antiques et médiévales. Le paysage se fond peu à peu dans le schiste et le granit, puis se profile, isolé et superbe, le village de **Monsanto**.
Fin de la boucle en passant par la plage fluviale de Meimoa et la réserve naturelle de la Serra da Malcata.

Infos pratiques

aldeiashistoricasdeportugal.com, onglet « Walking & Cycling » • **Réseau de Centres VTT** et de **Bikotels** sur tout le parcours, tourisme rural dans les villages historiques • **62 heures** de pédalage en moyenne.

11 jours | **525 km** | **Sportif**

CABOTAGE EN VOILIER DU NORD AU SUD

Falaises déchiquetées, rubans de sable interminables, lagunes et estuaires grouillant d'oiseaux, villes *trendy* et villages de pêcheurs… Dans un pays de marins partis à la découverte du Nouveau Monde, quoi de mieux qu'un périple en voilier pour croquer des yeux l'époustouflant littoral portugais ?

Hissez les voiles !

1 LA COSTA VERDE

Larguez les amarres sur la Côte Verte, au nord du pays. Sur fond de collines émeraude (celles du Minho) se succèdent les ports et cités balnéaires : **Viana do Castelo**, **Esposende**, **Vila do Conde**. Plages bordées de pins, criques rocheuses et plages « californiennes », avec pistes de rollers et de vélos, dans les environs de **Porto**.

Reflets d'argent

2 LA COSTA DE PRATA

Le long de la Côte d'Argent, la lagune d'**Aveiro** fait le show avec ses canaux, **Costa Nova** vous met des couleurs plein les yeux avec ses maisons typiques, **Figueira da Foz** déroule sa plage extra-large, **Nazaré** balance ses vagues géantes aux surfeurs de l'extrême, **São Martinho do Porto** déploie sa baie en forme de coquille parfaite, le port de Peniche régale de poissons et l'archipel idyllique des **Berlengas** aimante des milliers d'oiseaux marins.

Suivez l'or des caravelles

3 LA COSTA DE LISBOA

Le Cabo da Roca, cap sauvage battu par les vents, est un prélude vivifiant à la douceur des villes balnéaires de la Costa do Sol : **Cascais**, **Estoril**… et à la remontée du Tage jusqu'à **Lisbonne**, comme les navigateurs au temps des découvertes.

Vous longez ensuite les plages de la Costa da Caparica et le cap Espichel, pour gagner les criques paradisiaques de la Serra da Arrábida, entre **Sesimbra** et le port de **Setúbal**.

Un secret bien gardé

4 LE LITTORAL ALENTÉJAN

Un enchaînement de plages sauvages sur des kilomètres, de **Tróia** à **Sines**, puis des falaises de schiste entre lesquelles se lovent des baies de sable blanc. Les musts ? Le village de pêcheurs bleu et blanc de **Porto Covo**, les falaises vertigineuses plongeant dans l'océan du Cabo Sardão, et l'authentique petit port de pêche d'**Azenha do Mar**.

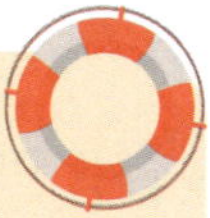

POUR METTRE LES VOILES

- Plus de **30 marinas** le long du littoral et autant d'options pour louer un bateau.
- Des sites pour louer un voilier avec ou sans skipper • portugalyachtcharters.com • nautal.com

L'Algarve sauvage

5 LA COSTA VICENTINA

Bienvenue en Algarve ! Mais pas celle des cartes postales prisées des touristes. Celle, superbement sauvage, des impressionnantes falaises battues par les vagues, avec son défilé de plages magnifiques courues par les surfeurs. À la pointe sud, vous contournez le cap Saint-Vincent, extrémité sud-ouest de l'Europe, vers **Sagres** : des airs de Bretagne et de bout du monde !

L'Algarve « au vent »

6 LE BARLAVENTO

La beauté naturelle de la côte fait oublier les stations balnéaires tentaculaires. Plages paradisiaques aux eaux chaudes et turquoise, envolées minérales de Ponte da Piedade et de l'Algar Seco, près de la plage de **Carvoeiro**, fantastique grotte marine de Benagil, Praia da Marinha (dans le top 10 des plus belles plages d'Europe), falaises jaune et ocre de la plage de Falésia, qui vous transportent dans l'Ouest américain.

Les mouillages ? **Lagos**, lové dans l'une des plus grandes baies d'Europe, **Portimão**, ancien port sardinier et **Albufeira**, le Saint-Trop' de l'Algarve.

L'Algarve « sous le vent »

7 LE SOTAVENTO

Jusqu'à la frontière espagnole, c'est encore une autre Algarve, à l'abri des vents dominants… et de la bétonisation ! Les charmes de la vieille ville de **Faro**, l'animation du port de pêche d'**Olhão** et la nature à l'état brut de la Ria Formosa, fascinant labyrinthe de lagunes, d'îles et de bancs de sable fin. Et deux petits villages à ne pas manquer : **Santa Luzia,** réputé pour son poulpe et **Cacela Velha**, blanc et bleu comme un village grec !

Durée

De quelques jours à plusieurs semaines, en fonction des conditions météorologiques et des arrêts.

“Éternels passagers de nous-mêmes, il n’est pas d’autre paysage que ce que nous sommes.”

Fernando Pessoa, *Le Livre de l’intranquillité.*

Maintenant que vous savez ça, vous avez 2 options :

- partir à Lisbonne discuter avec (la statue de) Fernando Pessoa pour creuser cette histoire de paysage;
- ou tourner la page, découvrir Porto, la porte d’entrée vers des paysages de rêve.

Dans les 2 cas, bon voyage !

VOUS ÊTES PRÊTS ? 3, 2, 1, GO !

PORTO

RÉTRO, VINHO, DOURO… BANCO !

Des petites rues escarpées, des quais colorés, des chais remplis de porto, des boutiques bien rétro, des jardins romantiques, des plages à portée de tramway, des *bairros* branchés et du street art à gogo. Sous une avalanche d'azulejos, la palpitante petite capitale du Nord qui se reflète dans le Douro est un savoureux mélange de saudade, de tradition et de créativité décoiffante. À consommer sans modération !

CE QUI VOUS ATTEND...

◁ **Coucher de soleil sur la vieille ville**

PORTO EN UN COUP D'ŒIL

BEST OF

1. Coup de foudre chromatique au quai de la Ribeira
2. Prêt pour un food tour ? Rendez-vous au marché do Bolhão
3. Attention, ça brille ! à l'église São Francisco
4. Bridge climbing sur le pont d'Arrábida
5. Half Rabbit, ou le street art en 3D… et recyclé
6. Sentez-vous comme chez vous à la maison du potager
7. L'architecture folle du palais de la Bourse
8. Bouffée d'art pur à la Fondation Serralves

Cedofeita
Rua de Gonçalo Cristóvão
Rua da Alegria
Rua da Bandeira
Rua da Firmeza
Rua de Sá da Bandeira
Almada
Rua do Almada
Rua das Oliveiras
Rua de Miguel Bombarda
Rua do Rosário
Découvrez Porto 100 % cool, p. 50
Marché do Bolhão
2
Rua do Ateneu Comercial do Porto
Rua de Passos Manuel
Rua de Santo Ildefonso
Battez le pavé à Miragaia, p. 45
Campo dos Mártires da Pátria
Tour des Clérigos
Rua dos Caldeireiros
CLÉRIGOS ET CEDOFEITA
Les quartiers qui bougent
Rua das Flores
LE VIEUX QUARTIER DE LA RIBEIRA
Rua das Virtudes
Largo de São Domingos
Museu das Marionetas
7
Palais de la Bourse
6
3
Église São Francisco
Maison du potager
1
Quai de la Ribeira
Av. de Gustavo Eiffel
Funiculaire de Guindais
Voguez à bord d'un barco rabelo, p. 55
Av. Diogo Leite
Teleférico de Gaia
Prenez de la hauteur, p. 55
5
Half Rabbit
Rua Cândido dos Reis
Avenida da República
Rua Rodrigues de Freitas
Rua Serpa Pinto
N
VILA NOVA DE GAIA
Ses chais de porto et sa vue sur... Porto !

BEST OF

1 QUAI DE LA RIBEIRA

Coup de foudre chromatique

LA carte postale de Porto, qui aimante les promeneurs de jour comme de nuit ! On y passe et on y repasse sans jamais se lasser sur le vieux **Cais da Ribeira,** irrésistible avec ses hautes maisons multicolores, ses guirlandes de linge aux balcons, ses terrasses baignées de soleil, son iconique pont métallique Dom Luís I et sa flottille de *barcos rabelos* (barques à fond plat) qui glissent sur le Douro…

2 MARCHÉ DO BOLHÃO

Prêts pour un food tour ?

Faites un tour dans **le vieux mercado** iconique de Porto ! Au creux de sa belle architecture Beaux-Arts, c'est un concentré de vie locale, de gouaille et de street food, à picorer entre les stands de produits fermiers, de fruits et légumes, d'olives parfumées, de fromages et de boîtes de sardines. Une parfaite mise en bouche !

▸ + **d'infos :** mercadobolhao.pt
• Rua Formosa, 322 • Fermé le dimanche.

3 ÉGLISE SÃO FRANCISCO

Attention, ça brille !

S'il ne fallait visiter qu'une église à Porto, croyez-nous, ce serait l'**igreja de São Francisco** qui vaut son pesant d'or ! Sous vos yeux ébahis, voilà le plus exubérant exemple de *talha dourada* du Portugal : un délire de bois sculpté du sol au plafond, croulant sous 200 kg d'or. Un décor ultra-bavard qui tranche avec le silence des sinistres catacombes sous l'église…

▸ + **d'infos :** Rua do Infante Dom Henrique • Ouverte 9h-19h • Accès payant.

4 PONT D'ARRÁBIDA

Hissez-vous haut !

C'est le moment ou jamais d'oser le *bridge climbing* ! Cette activité, unique en Europe, consiste à faire l'ascension de l'arche de béton du Ponte da Arrábida, qui date des années 1960. Une balade vertigineuse qui vous catapulte à 65 m au-dessus du Douro. Là-haut, la vue est à couper le souffle… et se savoure avec un petit verre de porto !

▸ + **d'infos** : portobridgeclimb.com (Porto Bridge Climb) • Rua do Ouro, 680.

5 HALF RABBIT

Le street art aussi, ça se recycle !

Dans la catégorie art urbain de haute volée, le lapin géant en 3D du **street-artiste Bordalo II** vous en mettra plein la vue. Dans une démarche écologique, la star lisboète sculpte ses *trash animals* avec des détritus trouvés dans la ville : une façon d'alerter sur notre surconsommation et son impact sur la faune sauvage et la biodiversité. Et le résultat est bluffant !

▸ **À Vila Nova de Gaia,** angle des rues Dom Afonso III et Guilherme Gomes Fernandes.

6 MAISON DU POTAGER

Sentez-vous comme à la maison

La Casa da Horta est une asso culturelle et environnementale alternative, à but non lucratif et au fonctionnement horizontal. Vous y trouverez un resto végane sans chef ni serveur, tenu par les adhérents, où l'on mitonne une cuisine avec des produits fermiers du coin, un éco-shop de produits locaux et faits main, une bibliothèque alternative et des instruments de musique. *The place to be !*

▸ **+ d'infos :** casadahorta.weebly.com • Rua de São Francisco, 12.

L'ART DE LA VILLE

Fresques géantes, pochoirs, collages... De Porto à Gaia, les plus grands street-artistes portugais s'en donnent à cœur joie ! Petit récap d'œuvres décapantes à shooter sans faute :

AN.FI.TRI.ÃO, l'émouvant portrait du grand-père de Frederico Draw, près du pont supérieur du pont Dom Luís I (avenida Vimara Perez).

LOOK AT PORTO, le visage sculpté sur la façade d'un cinéma par la star Vhils (rua da Ancira, 6-8).

MIRA, un portrait de vieille dame XXL au pochoir par Daniel Eime, à Miragaia (largo de Artur Arcos).

7 PALAIS DE LA BOURSE

C'est archi beau, une belle archi !

L'architecture folle du **Palácio da Bolsa** (XIXe s.) est à la mesure de l'importance du commerce à Porto, vieille cité marchande tournée vers les vignobles du Douro et ouverte sur le monde. L'impressionnant patio des Nations, l'escalier de granit sculpté (ça leur a pris 40 ans quand même) et les ors du luxueux salon arabe ne vous laisseront pas de marbre !

▸ **+ d'infos :** palaciodabolsa.com • Rua Ferreira Borges • 12 € • Visite guidée obligatoire, à réserver en ligne et choisir le créneau sur place le matin même ; le premier inscrit choisit la langue de la visite.

8 FONDATION SERRALVES

Prenez une bouffée d'art pur

À la **Fundação Serralves,** l'art est dans la nature. Dans un magnifique parc saupoudré de sculptures délirantes, l'avant-garde artistique portugaise et internationale s'affiche entre les murs minimalistes du musée d'art contemporain. Autre surprise dans les jardins : la Casa de Serralves, superbe villa Art deco rose bonbon.

▸ **+ d'infos :** serralves.pt • Rua Dom João de Castro, 210 • Billet général 20 €.

48H À PORTO

BOL DE SAUDADE ET D'AIR MARIN

JOUR 1

8H00

P'TIT DÉJ' AU MARCHÉ

Mettez-vous dans le tempo en allant cueillir un café, un *pastel de nata* et des fruits frais dans les allées du **Mercado do Bolhão,** l'un des plus vieux marchés de Porto.
▸ mercadobolhao.pt
• Rua Formosa, 322.

9H00

PRENEZ VOS REPÈRES À CLÉRIGOS

Prenez votre souffle et avalez les 225 marches de la **Torre dos Clérigos,** gratte-ciel baroque de 75 m, pour un époustouflant panorama sur le chaos de toits de la ville et le Douro.
▸ torredosclerigos.pt • Rua de São Filipe de Nery.

10H00

PASSEZ PAR LA CASE PRISON

Direction le **Centro Português de Fotografia,** ses appareils photos vintage et ses expos photos… en cellule ! (Oui, le musée s'est installé dans une ancienne prison…) Ne manquez pas les appareils d'espionnage de la guerre froide, camouflés en paquet de cigarettes ou canette de Pepsi !
▸ cpf.pt • Largo Amor de Perdição.

12H30

NE CHERCHEZ PAS HARRY POTTER

Contrairement au mythe, la **Livraria Lello,** l'une des plus belles librairies du monde, n'a PAS inspiré la saga *Harry Potter* à J. K. Rowling quand elle vivait à Porto, puisqu'elle n'y a jamais mis les pieds. Peu importe, son décor néogothique n'en reste pas moins fantastique !
▸ livrarialello.pt
• Rua das Carmelitas, 144.

13H30

BUTINEZ DANS LA RUE DES FLEURS

Dans la jolie rua das Flores, où fleurissent (forcément…) boutiques et restaurants, poussez la porte de la **mercearia das Flores** : on y grignote bio et local, des petits sandwichs super bons,

des assiettes de charcuterie et de fromage…
▸ merceariadasflores.com
• Rua das Flores, 110.

15H00

SORTEZ DES SENTIERS BATTUS

Battez le pavé dans les petites **ruelles pittoresques de Miragaia,** où perdure une vraie vie de quartier, et penchez-vous sur le Douro dans les jardins en terrasse du **Jardim das Virtudes.** Un délice !

18H00

CHILLEZ EN APESANTEUR

Pour siroter un verre à la cool à l'heure de l'*aperitivo*, difficile de trouver mieux que **Base,** un bar en plein air et son jardin suspendu, planté de pelouses et d'oliviers… sur les toits d'une galerie marchande !
▸ baseporto.com
• Passeio dos Clérigos, rua das Carmelitas.

20H00

OSEZ LA FRANCESINHA !

Prenez place au **Café Santiago** pour goûter le fameux sandwich ultra-roboratif de Porto ! *Bom apetite !*
▸ cafesantiago.pt
• Rua Passos Manuel, 226.

MINUIT

REJOIGNEZ LES FÊTARDS

Trinquez avec les oiseaux de nuit dans la bouillonnante **rua da Galeria de Paris** et ses bars à touche-touche. Une foule joyeuse envahit littéralement le trottoir à partir de minuit.

C'EST QUOI LA FRANCESINHA ?

La grande spécialité de Porto, pardi ! Inspirée du croque-monsieur, la « petite française » est un ovni culinaire : des tranches de pain de mie et de fines tranches de jambon, mortadelle, bœuf, saucisse et chorizo, le tout recouvert de cheddar fondu et de sauce épicée.

Petits appétits et végétariens, passez votre chemin !

JOUR 2

9H00
COULEUR CAFÉ

Si on a fait la fête la veille : réveil coup de fouet avec un espresso parfait au **café Guarany,** enseigne mythique des années 1930, dont le décor Art déco rend hommage aux Indiens du Brésil.

▸ cafeguarany.com
• Avenida dos Aliados, 85/89.

10H00
D'UN BELVÉDÈRE À L'AUTRE

Contemplez la vieille ville en cinémascope depuis le **Terreiro da Sé,** l'esplanade où se dresse la cathédrale romane aux allures de forteresse. Puis traversez par le tablier supérieur du spectaculaire pont Dom Luís I, conçu par un disciple de Gustave Eiffel, pour un autre panorama qui dépote.

11H00
DEVENEZ INCOLLABLE SUR LE PORTO

Poussez la porte d'une cave de porto sur le quai de Gaia pour une visite-dégustation. Chez **Sandeman,** c'est très bien, mais on vous laisse faire votre choix avec notre sélection, p.54.

▸ sandeman.com
• **À Vila Nova de Gaia,** largo Miguel Bombarda, 3.

Le super-héros du porto

12H30
PAUSE FOOD HALL

Sandwichs au cochon de lait, *francesinha*, plats végétariens, burgers, sushis… sous la vieille halle du **marché Beira-Rio,** il y en a pour tous les goûts.

▸ mercadobeirario.pt
• **À Vila Nova de Gaia,** avenida de Ramos Pinto, 148.

Et hop ! Notre carte digitale

14H00

BULLEZ SUR LE QUAI

Traversez le **pont Dom Luís I** par le tablier inférieur, flânez sur le Cais da Ribeira, posez-vous en terrasse et savourez le spectacle !

15H00

SÉQUENCE ROMANTICO-ARTY

Écumez les galeries d'art avant-gardistes de la **rua Miguel Bombarda** ou louchez avec amour sur l'art portugais du 19e s. au **Museu Nacional de Soares dos Reis**. À compléter par une grande bouffée de romantisme dans les allées du **Jardim do Palácio de Cristal** entre palmiers, oliviers et magnolias.

18H00

PRENEZ LE TRAM JUSQU'À LA MER

Grimpez dans **un vieil elétrico** (ligne n° 1) et laissez-vous bringuebaler le long du Douro jusqu'à Foz do Douro, le quartier balnéaire de Porto, ses villas et ses maisons de pêcheurs. Flânez le nez au vent sur la promenade du front de mer : un bon bol d'air marin, ça fait toujours du bien !

20H00

DÎNEZ AUX PREMIÈRES LOGES

Vous commencez à ressentir la fatigue ? Installez-vous au **Praia da Luz,** un bar-restaurant de plage quasiment les pieds dans l'eau, et savourez une délicieuse cuisine portugaise d'auteur. Vous n'aurez pas de meilleur spot pour contempler le soleil fondre dans l'océan dans un flamboiement de rose et de jaune.

▸ Instagram @praiadaluzporto • Rua Coronel Raúl Peres, 144.

22H00

UN DERNIER VERRE DE SAUDADE

Plongez une dernière fois dans la magie du **Cais da Ribeira,** de nuit, quand le pont et le quai de Gaia, en face, s'illuminent. La douce mélancolie de Porto, un petit porto vintage… et la saudade vous happe !

PORTO DANS LE RÉTRO
UN PARCOURS VINTAGE

Les charmes du vieux Porto se savourent de café historique en épicerie à l'ancienne, au détour de façades Belle Époque et de boutiques pleines de nostalgie. Un voyage dans le temps, palpitant de vie !

DES CAFÉS DANS LEUR JUS

1 Confeitaria do Bolhão

Près du marché de Bolhão, arrêtez-vous dans cette **pâtisserie centenaire** pour avaler votre *cimbalino* (espresso à Porto) avec un *pastel de nata*, en compagnie des locaux qui la fréquentent depuis 1896.

▸ + **d'infos :** confeitariadobolhao.com
• Rua Formosa, 339.

2 Café Majestic

Installez-vous sur les banquettes de ce splendide **café Art nouveau,** l'un des plus beaux du Portugal, et fondez pour une paire de *rabanadas*, du pain perdu aux noix, entre miroirs, angelots et boiseries. Magique ! Coïncidence (ou pas) : c'est ici que l'auteur de *Harry Potter* aurait écrit le premier tome de la série...

▸ + **d'infos :** cafemajestic.com
• Rua de Santa Catarina, 112.

3 Café Piolho

Le vieux café, fréquenté par les étudiants depuis 1909, s'appelle en réalité **café Âncora d'Ouro.** Les jeunes s'y échangeaient leurs poux sur les bancs de l'époque, d'où le surnom de Piolho (« pou ») donné affectueusement par les habitants. On vous rassure, ce n'est plus le cas !

▸ **+ d'infos :** cafepiolho.com • Praça de Parada Leitão, 45.

DES ÉPICERIES OLD SCHOOL

4 O Pretinho do Japão

Cette épicerie fine a conservé son charmant petit look années 1950, ses vieux bocaux pleins de fruits secs et son café moulu sur place. Un café qui sert une cuisine végane vous attend dans le jardin secret !

▸ **+ d'infos :** opretinhodojapao.pt • Rua do Bonjardim, 496A.

5 A Favorita do Bolhão

Conserves, morue salée, vins de Porto et bocaux d'olives remplissent cette petite épicerie tenue par la même famille depuis 1934. Une institution !

▸ **+ d'infos :** afavoritadobolhao.pt • Rua de Fernandes Tomás, 783.

FAITES LE PLEIN DE NOSTALGIE

6 Collectus

Cartes postales anciennes, illustrations vintage, vieilles cartes, jouets rétro, vinyles, timbres, boîtes en fer illustrées... Autant de souvenirs authentiques du Portugal d'autrefois !

▸ **+ d'infos :** collectus.pt • Travessa de Cedofeita, 8D.

7 Claus Porto

Impossible de ne pas craquer pour les savons aux délicieux emballages rétro de cette maison fondée à Porto en 1887. Les fragrances sont créées à partir de la flore portugaise.

▸ **+ d'infos :** clausporto.com • Rua das Flores, 22.

VOYAGEZ DANS LE TEMPS

8 Avenida dos Aliados

Descendez les « Champs-Élysées » de Porto le nez en l'air : une superbe enfilade d'immeubles de style Beaux-Arts et son lot de coupoles, de dômes et de lanternes.

▸ **+ d'infos :** au nord de praça da Liberdade.

9 Estação de São Bento

La gare iconique de Porto est tout droit sortie de l'âge d'or du chemin de fer. Il faut absolument voir sa salle des pas perdus, toute carrelée d'*azulejos* !

▸ **+ d'infos :** praça de Almeida Garrett.

LE QUARTIER DES ARTS

PORTO 100 % BRANCHÉ

Vous cherchez le Porto arty, créatif, alternatif et branché ? Prenez une bonne dose de hype autour de la **rue Miguel Bombarda,** dans le quartier de Cedofeita. Galeries d'art, ateliers de créateurs, épiceries bio, *concept stores*, disquaires, le tout sur fond de street art : le Bairro das Artes est *the place to be !*

FALLING MAN READING

CORAÇÃO ALECRIM

Boutique écoresponsable

Slow fashion, accessoires, bijoux, objets déco, plantes, produits de beauté, trouvailles vintage… On consomme *green* et éthique dans le *concept store* éco-friendly de Rita Dixo, : que des produits locaux, faits main, équitables, durables… et franchement craquants !

▸ coracaoalecrim.com • Travessa de Cedofeita, 28.

CRU

Coworkez avec les locaux

Hub créatif, CRU est à la fois un espace de coworking tourné vers les activités créatives, une boutique de design avec des pièces durables d'artistes portugais, un café et des expos d'art.

▸ crucreativehub.com • Rua do Rosário, 211.

TIPS À TOPER

• On évite d'y aller le dimanche, le lundi et le matin : les galeries d'art sont fermées !

• On prend date : un samedi tous les deux mois, les vernissages simultanés des galeries d'art donnent lieu à une joyeuse fête de quartier qui se prolonge tard dans la nuit.

▸ + **d'infos :** facebook.com/bombardaporto

CENTRO COMERCIAL BOMBARDA

Shoppez alternatif

Dans cette galerie marchande pas comme les autres, aucun magasin de chaîne à l'horizon, mais des boutiques indépendantes, des ateliers de créateurs et de la restauration 100 % locale. L'idéal pour cueillir cosmétiques bio, bibelots vintage, vinyles pop ou bijoux *made in Porto*.

▶ **+ d'infos** ccbombarda.pt • Rua de Miguel Bombarda, 285.

Ó! GALERIA

Spot arty

Un vrai coup de cœur pour cette galerie d'art, où l'on passerait des heures à fouiller dans les bacs débordant d'illustrations décalées, œuvres d'artistes locaux ou d'ailleurs.

▶ **+ d'infos :** ogaleria.com • Rua Miguel Bombarda, 61.

PAUSES GOÛTER

PAUSE BRUNCH CHEZ MONARCA : un brunch à tomber, en version végétarienne ou pas, et des cocktails signatures dans le palais des Princes.

▶ monarcaterrace.negocio.site • Rua de Miguel Bombarda, 18.

PAUSE THÉ À LA ROTA DO CHÁ : une maison de thé à l'ambiance zen et bohème, un jardin secret et pas moins de 300 variétés de thé.

▶ rotadocha.com • Rua de Miguel Bombarda, 457.

PAUSE APERITIVO CHEZ GENUÍNO : un bar à vins naturels, glanés chez des petits producteurs par Gustavo, et la *comfort food* de Gabriela.

▶ Instagram @genuino.porto • Rua de Miguel Bombarda, 78 R/C.

Les as du carreau

DES AZULEJOS PLEIN LES YEUX

Emblématiques du pays, les *azulejos* sont un héritage qui dépasse les frontières. Par son étymologie d'abord (de l'arabe *al zulaydj*, « pierre polie », ou de l'espagnol *azul*, « bleu »), par son esthétique ensuite, puisque ce blanc et ce bleu seraient d'influence hollandaise, elle-même héritée de la faïence chinoise... Décidément, vous n'avez pas fini de voyager !

Intérieur de la gare de São Bento

▸ Praça de Almeida Garrett.

Quem és Porto ? Œuvre collective, son titre : « Qui es-tu Porto ? »

▸ Rua da Madeira, près de la gare São Bento.

Capela das Almas, une chapelle entièrement habillée d'*azulejos*.

▸ Rua de Santa Catarina, 428.

A Pérola do Bolhão. Belle devanture Art nouveau de cette épicerie, l'une des plus vieilles de la ville.

▸ Rua Formosa, 279.

Steak 'n Shake. La façade pop art de ce restaurant est due à l'artiste lisboète Joana Vasconcelos.

▸ Rua Actor João Guedes.

Ribeira Negra, panneau de 40 m de long représentant la Ribeira par le Portuan Júlio Resende.

▸ Avenida Gustavo Eiffel.

Capela das Almas

VILA NOVA DE GAIA
UN PORTO SINON RIEN !

En face du quai de Ribeira, c'est Gaia, la rivale de Porto, et ses fameux chais où sommeille la fine fleur des vins de... Porto (vous l'aviez deviné ?). Depuis que les Anglais ont eu l'idée d'ajouter du brandy dans les tonneaux pour conserver les vins qu'ils importaient du Douro, le porto s'est hissé au rang des meilleurs vins doux du monde. Alors, rejoignez Gaia et entrez dans la légende !

CHAIS PAS MAL !

Plongez dans les odeurs de vin et de bois humide, vous allez déguster ! Dans la fraîcheur des chais (caves hors-sol) de producteurs mythiques ou confidentiels, apprenez à faire la différence entre blanc, ruby, tawny, LBV et vintage.

SANDEMAN : la plus célèbre maison de Gaia, fondée par un jeune Écossais en 1790.

▸ **+ d'infos** : sandeman.com • Largo Miguel Bombarda, 3.

TAYLOR'S : la plus ancienne maison fondée en 1692.

▸ **+ d'infos** : taylor.pt • Rua do Choupelo, 250.

CHURCHILL'S : le chais le plus récent, intimiste et authentique.

▸ **+ d'infos** : drinkchurchills.com • Rua da Fonte Nova, 5.

COCKBURN'S : à l'écart des foules, la dernière cave de porto où l'on peut observer les tonneliers réparer des fûts de chêne centenaires.

▸ **+ d'infos** : cockburns.com • Rua de Serpa Pinto, 346.

ESPAÇO PORTO CRUZ : au le porto 2.0 ! Ici, pas de visite de chais mais un immeuble tout entier dédié au porto avec espace multimédia, salle de dégustation, boutique, resto et rooftop.

▸ **+ d'infos** : espacoportocruz.pt • Largo Miguel Bombarda, 23.

BALADE EN BARCO RABELO

Voguez comme un fût de porto

Le *barco rabelo* c'est le bateau traditionnel qui servait autrefois à transporter les barriques de vin de la vallée du Douro jusqu'aux chais de Gaia. Du quai de Ribeira ou de Gaia, embarquez pour la « croisière des six ponts » (50 minutes) : vues magiques sur Porto jusqu'à l'embouchure du Douro !

▶ **+ d'infos :** cruzeiros-douro.pt

TÉLÉPHÉRIQUE DE GAIA

Prenez les chais de haut

Une balade aérienne de 5 minutes pour survoler les immenses toits des chais, où s'écrivent en lettres XXL les noms des maisons de porto, et profiter d'un fabuleux travelling sur la ville.

▶ **+ d'infos :** gaiacablecar.com • Jardim do Morro (rua Rocha Leão, 236) / Cais de Gaia (avenida de Ramos Pinto, 331).

SPA VINOTHÉRAPIE

Barbotez comme Bacchus

Plongez dans un bain barrique à la vigne rouge… avec une vue de ouf sur Porto ! Le spa du luxueux Yeatman Hotel chouchoute sous le signe du vin : gommages aux pépins de raisin broyés, massages aux extraits de raisin…

▶ **+ d'infos :** the-yeatman-hotel.com • Rua do Choupelo.

POURQUOI LES CHAIS À PORTO SONT À GAIA ET PAS À PORTO ?

Tout simplement par manque d'espace et parce que les conditions climatiques sont plus favorables sur l'autre rive : au fil du temps, les entrepôts ont migré du côté de Gaia.

6 expériences bien iodées AUTOUR DE PORTO

Prenez le large à vélo, en bus, en métro ou en train. Les environs de Porto ne manquent pas de sel !

1 Matosinhos

Checkez la pêche du jour au marché

Ne manquez pas le petit **marché couvert de Matosinhos,** logé dans une superbe halle moderniste des années 1940 et spécialisé dans le poisson et les produits frais. L'immense voûte de verre et de béton blanc inonde de lumière les étals frétillants de sardines, poulpes et calmars fraîchement pêchés du matin.

+ d'infos : matosinhoswbf.pt
• Bus 500 ou métro A.

2 Matosinhos

Taquinez la houle à la plage

Les petites plages rocheuses de Foz poussent les chasseurs de houle à migrer un peu plus au nord, sur l'immense **praia de Matosinhos** : le meilleur spot du coin, réputé pour ses vagues constantes. La *surf school* Surfaventura vous attend sur la plage de sable doré pour louer tout le matos ou prendre un cours.

+ d'infos : surfaventura.com
• Bus 500 ou métro A.

3 Matosinhos

Emballez les boîtes de sardines

Dans le superbe bâtiment Art déco des **Conservas Pinhais,** l'une des dernières conserveries de Matosinhos, partagez la bonne humeur des ouvrières. Elles garnissent les boîtes de sardines de la même façon depuis 1920 : un travail artisanal, du nettoyage du poisson à l'emballage des conserves dans du joli papier. Si ça vous chante, vous pourrez même vous y coller et profiter d'une délicieuse dégustation en fin de visite. Une immersion passionnante !

+ d'infos : conservaspinhais.com • Bus 500 ou métro A.

4 Miramar

Méditez sur la plage

À 20 minutes en train de Vila Nova de Gaia, la **praia do Senhor da Pedra,** à Miramar, est l'une des plus belles plages au sud de Porto. On y contemple avec bonheur la **Capela do Senhor da Pedra,** une chapelle perchée sur son rocher au milieu des vagues.

5 São Pedro da Afurada

Engloutissez des sardines

Enfourchez un vélo et pédalez le long du Douro (côté Gaia) en direction de l'estuaire, pour rejoindre ce petit village de pêcheurs authentique avec ses maisonnettes aux couleurs vives. Faites une pause poissons grillés à la **Taberna do São Pedro** (rua Agostino Albano, 84) et poussez jusqu'à la **réserve naturelle de l'estuaire du Douro** pour approcher les oiseaux. Vous allez être bien.

+ **d'infos :** Location de vélo, voir p. 63.

6 Leça da Palmeira

Plongez dans une piscine d'eau de mer

Quand la mer est déchaînée, ou l'eau trop froide, la **Piscina das Marés**, sur la plage de Leça da Palmeira, est la solution de repli ! Superbement incrustée dans les rochers, cette piscine d'eau salée des années 1960 est l'œuvre emblématique de l'architecte star Álvaro Siza Vieira.

+ **d'infos :** Ouvert 9h-19h • Adulte 9 €, -13 ans 5 € • Bus 507.

NOS *Super* ADRESSES

LES QUARTIERS OÙ SE POSER

RIBEIRA

Le vieux quartier de la Ribeira, inscrit au patrimoine mondial de l'Unesco, est un dédale magique de ruelles médiévales qui dégringolent de la cathédrale jusqu'au quai (de Ribeira) et son enfilade de bars et de restaurants, baignés par l'impétueux Douro.

CLÉRIGOS ET CEDOFEITA

Au pied de l'emblématique Torre dos Clérigos (tour des Clercs), phare dans la ville, ce quartier bouillonnant d'animation est le point de ralliement de la jeunesse et des étudiants entre universités, librairies, jardins, cafés et clubs.

VILA NOVA DE GAIA

Un pont sépare Porto de son éternelle rivale, Gaia, où sont concentrés les grands chais des maisons de porto. Outre les visites de caves et les dégustations, c'est ici que l'on cueille la meilleure vue sur la vieille ville de Porto.

OÙ DORMIR ?

Canto de Luz

Moderne hôtel

Niché dans une rue paisible à l'abri du chahut, un boutique-hôtel intimiste créé par un couple de Français dans une petite maison de ville. Les chambres sont super élégantes et le petit déjeuner bio, improvisé chaque matin avec les produits les plus frais du marché, fait un tabac !

▸ cantodeluz.com • Rua do Almada, 539.

Zero Box Lodge

Hôtel arty

Un hôtel décalé et arty avec cinéma, bibliothèque, sauna, installé dans une ancienne banque. On dort dans des boîtes en bois minimalistes, dans l'esprit des « capsules » japonaises. Entre autres extravagances, un petit déj' servi jusqu'à 19h et la possibilité de dormir dans une *box* vitrée et de faire de son sommeil une performance artistique.

▸ porto.thezerohotels.com • Rua do Ateneu Comercial do Porto, 13.

DES HOSTELS COOL ?

Gallery Hostel & Townhouse

La classe

Dans le très branché quartier des arts, de beaux dortoirs contemporains et des suites de luxe dans une maison de ville typique du XIXe s.

▸ gallery-hostel.com • Rua Miguel Bombarda, 222.

Porto Wine Hostel

Sans modération

Un bon camp de base pour profiter de la vie nocturne du quartier des Clérigos ! Dans cet *hostel* aux couleurs du fameux vin de Porto, on profite d'une vue imprenable sur le jardin da Cordoaria et la tour dos Clérigos.

▸ winehostel.pt • Campo Mártires da Pátria, 52.

The Passenger Hostel

Une nuit en partance

Un *hostel* pas comme les autres et super chouette, logé dans les anciens bureaux

de la gare mythique de São Bento. Chic, sous les toits, vous pourrez même accéder à l'arrière de la grosse horloge !
▸ thepassengerhostel.com
• Praça Almeida Garrett.

The House of Sandeman Hostel & Suites

La marque d'une nuit

Dormir dans une célèbre maison de porto ? C'est possible à Gaia, dans le bâtiment historique de Sandeman : de jolies chambres décorées d'œuvres d'art et de pubs vintage emblématiques de la marque, et des dortoirs design aux lits métalliques conçus comme des fûts de porto.
▸ thehouseofsandeman.pt
• **À Vila Nova de Gaia,** largo Miguel Bombarda, 67.

OÙ MANGER ?

SUR LE POUCE

A Sandeira

Dans la meilleure sandwicherie de la ville, où les sandwichs portent les noms de quartiers de Porto, on est pas mal en matière de créativité et de fraîcheur des produits. Et les soupes et les salades ne sont pas en reste !
▸ asandeira.pt
• Rua dos Caldeireiros, 85.

Gazela

Un *cachorrinho*, le hot-dog version Porto, une *cerveja* bien fraîche et le tour est joué !
▸ cervejariagazela.pt
• Deux adresses à Porto.

Munchie

Pour un burger d'auteur artisanal préparé avec des ingrédients frais et locaux.
▸ munchie.pt • Plusieurs adresses à Porto.

Venham Mais 5

Pour le meilleur *prego* de la ville, avec son steak fondant en bouche et son pain croustillant à souhait, qui vous fera dire « Venham mais 5 » : « Apportez-m'en 5 de plus » !
▸ Rua de Santo Ildefonso, 219
(+351) 220 941 990.

BRANCHÉ

BUGO Art Burgers

Bugo n'est pas un fast-food mais un restaurant de burgers d'auteur du quartier des arts. Des produits ultra-frais garnissent les burgers au bœuf, au thon, au saumon ou végétariens, que l'on peut déguster avec ou sans bun.
▸ Instagram @bugoartburgers • Rua Miguel Bombarda, 598.

Miss'Opo

À la table branchée de Miss'Opo, on se régale de savoureux petits plats de grand-mère dans un décor industriel de béton brut, entre vaisselle dépareillée et meubles de récup'.
▸ Rua dos Caldeireiros, 100
(+351) 933 240 236.

VEGGIE À TOUT PRIX

Em Carne Viva

Tenté par un *caldo verde* ou une *francesinha* version végétarienne ? Ici, la cuisine portugaise tradi est revisitée façon veggie et c'est rudement bon ! À déguster dans la belle maison aux tons pastel ou dans le jardin en été.
▸ emcarneviva.pt
• Avenida da Boavista, 868.

Quintal Bioshop

Une épicerie *eco-friendly* et sa cafétéria lumineuse pour un repas léger, végé et bio. Au menu, un plat du jour, des sandwichs, des salades, des jus de fruits et des pâtisseries.
▸ Rua do Rosário, 177
(+351) 222 010 008.

La carte digitale pour retrouver toutes nos adresses, activités et visites.

FOOD TRIP À LA MODE DE PORTO

A Cozinha do Manel

L'un des restos les plus traditionnels de Porto où l'on se régale de poulpe rôti, de morue avec du pain de maïs… et de tripes, *of course !*

▸ Rua do Heroísmo, 215 (+351) 919 787 598.

Bacalhau

Chips de peau de morue, croquettes de morue, galettes de morue… Vous avez le concept ? C'est le resto qui vous fera adorer le *bacalhau* !

▸ Muro dos Bacalhoeiros, 154 (+351) 960 378 883.

DOP

Dans la catégorie table gastronomique pour se faire plaisir, on mise sur la cuisine créative et raffinée du chef portuan Rui Paula. DOP signifie « Déguster et Oser à Porto » (en portugais, mais les initiales sont pareilles). Tout est dit !

▸ doprestaurante.pt • Largo São Domingos, Palácio das Artes 18.

Taberna Santo António

La petite taverne de quartier familiale comme on les aime, dans le quartier de Miragaia, où Dona Hermínia vous cloue le bec avec son *cozido* ou ses tripes à la mode de Porto.

▸ Rua das Virtudes, 32 (+351) 222 055 306.

MISEZ SUR LE BON POISSON !

De Porto, un petit trajet en métro A et hop, vous voilà déjà dans la mythique rua Heróis de França à Matosinhos : une enfilade de restos de poisson de compète (22 enseignes sur 500 m !), où l'on grille la pêche du jour au barbecue sur le trottoir. Hmm la bonne odeur ! Allez savoir pourquoi, on dit que c'est à Matosinhos que l'on mange les meilleurs poissons du monde. C'est le moment d'aller checker !

OÙ SORTIR ?

Aduela

Trinquez avec les locaux sur la terrasse très sympa d'Aduela. Ici, ça papote, ça papote… et ça papote ! Et toujours dans la joie et la bonne humeur. Tapas et boîtes de sardines pour l'*aperitivo*.

▸ Rua das Oliveiras, 36 (+351) 222 084 398.

Letraria

Siroter une bière artisanale du Minho avec une planchette de charcuterie et de fromage dans le *beer garden* caché de Letraria : un petit plaisir qu'on ne se refuse pas ! Passez par le sous-sol pour le débusquer.

▸ facebook.com/letrariacraftbeergardenporto • Rua da Alegria, 101.

Maus Hábitos

Les mauvaises habitudes (« maus hábitos »), on les prend volontiers en allant chercher l'avant-garde sur le toit de ce parking Art déco, entre expos d'art, performances, concerts, clubbing, bar à cocktails et restaurant avec une vue fabuleuse sur la ville.

▸ maushabitos.com • Rua Passos Manuel, 178.

Wine Quay Bar

Faites-vous une place dans ce petit bar à vin niché sur le quai de Ribeira. On n'est pas bien là, à siroter un verre de *vinho* en contemplant le Douro et la dentelle de fer du pont Dom Luís I ?

▸ winequaybar.com • Muro dos Bacalhoeiros, 111-112.

Praia da Luz

Dans le quartier de Foz do Douro, ce bar de plage est le spot parfait pour buller sur une chaise longue face à la mer à l'heure de l'*aperitivo*. Magique au coucher du soleil !

▸ Instagram @praiadaluzporto • **À Foz do Douro,** avenida do Brasil.

UN PORTO EN TÊTE-À-TÊTE AVEC PORTO FORCÉMENT, ÇA SE PASSE DU CÔTÉ DE GAIA !

Espaço Porto Cruz

Le *rooftop* de cette grande maison de porto est le perchoir idéal pour siroter un cocktail à base de porto au coucher du soleil, les yeux noyés dans le Douro et la belle Ribeira en face.

▸ espacoportocruz.pt • **À Vila Nova de Gaia,** largo Miguel Bombarda, 23.

Vinum-Graham's

C'est sur la terrasse panoramique de Vinum-Graham's, sur les hauteurs de Vila Nova de Gaia, que l'on profite de l'une des plus belles vues sur Porto. Curieusement, il flotte ici comme un petit air de campagne.

▸ vinumatgrahams.com

• **À Vila Nova de Gaia,** rua do Agro, 141.

OÙ DANSER ?

Casa da Música

Cette grosse boîte à musique vaut autant pour son architecture futuriste, signée Rem Koolhaas, que pour son acoustique exceptionnelle et sa programmation éclectique, du classique au fado, en passant par le rock et le jazz.

▸ casadamusica.com

• Avenida da Boavista, 604-610.

Plano B

En mode clubbing ? Faire du Plano B son plan A pour la soirée est le meilleur conseil qu'on puisse donner pour aller s'éclater sur le *dance floor* ou assister à un concert pop, rock ou électro avec les branchés du coin.

▸ facebook.com/planobclub

• Rua Cândido dos Reis, 30.

Pourquoi appelle-t-on les habitants de Porto les Tripeiros ?

Les *Portuenses* sont très fiers de leur surnom de « mangeurs de tripes ». Et pour cause, la légende raconte qu'au temps des grandes découvertes, ils se sacrifièrent en livrant à la flotte des explorateurs les meilleurs morceaux de viande qu'ils possédaient, ne gardant que les tripes pour se nourrir. Ainsi, les généreux *Tripeiros* ont poussé l'art d'accommoder les tripes avec leurs fameuses *tripas à moda do Porto*, ragoût de légumes et de haricots blancs à la coriandre.

LES ÉVÉNEMENTS À COCHER DANS VOTRE AGENDA

EN FÉVRIER

Essência do Vinho

Verre en main, rencontrez les meilleurs producteurs de vins du Portugal dans le Palácio da Bolsa. Pas moins de 3 000 vins sont proposés à la dégustation.

▸ **+ d'infos :** essenciadovinhoporto.com

EN MAI

Queima das Fitas

Comme à Coimbra, les étudiants en cape noire envahissent les rues et font la fête durant une semaine : concerts en plein air et défilés autour de l'avenida dos Aliados.

▸ **+ d'infos :** fap.pt

DU 23 AU 24 JUIN

Festas de São João

Concerts, bals, feu d'artifice, sardines grillées, lancer de ballons d'air chaud, sauts de feu de joie… La nuit de la Saint-Jean, c'est la plus grande fête de la ville et une ambiance de folie jusqu'à l'aube, pour voir le soleil se lever sur la plage de Foz.

Préparez-vous à en prendre plein la tête : parmi les traditions, il y en a une qui consiste à se frapper gentiment sur la tête avec des petits marteaux en plastique.

FAQ ?

On se déplace comment ?

À PIED : on fait quasiment tout à pied à Porto. Quelques montées un peu rudes à prévoir et des chaussées glissantes les jours de pluie ! Avec un bébé, on privilégie le porte-bébé à la poussette (le dénivelé, les pavés, l'absence de trottoirs, tout ça tout ça…).

À VÉLO : pentes, pavés… On va dire que c'est plutôt sportif, voire inadapté dans le centre historique, mais parfait pour pédaler (sur du plat) le long du Douro et du front de mer jusqu'à Matosinhos.

▸ Vieguini : vieguini.pt

▸ Northroad : northroad.pt

EN BUS : pour rejoindre la Fondation Serralves ou les plages de Foz do Douro et de Matosinhos.

▸ stcp.pt

EN ELÉCTRICO : 3 lignes de tramway pour des petites balades touristiques bien rétro. Le tram ne fait pas partie du réseau de transports en commun.

▸ stcp.pt

EN MÉTRO : peu utile (desserte de la banlieue) sauf pour rejoindre Matosinhos avec la ligne A ou l'aéroport avec la ligne E.
▸ metrodoporto.pt

EN FUNICULAIRE : le Funicular dos Guindais vous propulse de la Ribeira (au pied du pont Dom Luís I) au quartier de la cathédrale en 3 minutes chrono.
▸ porto.fr/funiculaire

EN TÉLÉPHÉRIQUE : le Teleférico de Gaia relie les quais de Vila Nova de Gaia au tablier supérieur du Ponte Dom Luís I.
▸ gaiacablecar.com

DES IDÉES POUR LES ENFANTS ?

WORLD OF DISCOVERIES : un musée interactif et un parc thématique pour revivre l'épopée des grands navigateurs portugais.
▸ worldofdiscoveries.com • Rua de Miragaia, 106.

MUSEU DAS MARIONETAS : un joli petit musée de marionnettes à fil.
▸ marionetasdoporto.pt • Rua de Belomonte, 61.

PARQUE DA CIDADE : à Foz, le plus grand parc de la ville pour se défouler et s'amuser avec les expériences autour de l'eau du Pavilhão da Água.
▸ **À Foz do Douro,** Estrada Interior da Circunvalação (+351) 225 320 080.

AQUARIUM SEA LIFE : le deuxième aquarium du Portugal pour fraterniser avec les requins, les raies mantas, les tortues géantes, les pingouins et les concombres de mer.
▸ visitsealife.com/porto • 1ª Rua Particular do Castelo do Queijo.

SANS OUBLIER LES PLAGES de Foz ou de Matosinhos pour faire des châteaux de sable !

WE HATE TOURISM TOURS

Visitez Porto avec un impact positif

Découvrez le vrai Porto, celui des locaux, avec des balades hors des sentiers battus.
Ce projet a été créé par des amis pour des amis, qui vous traitent comme des amis et vous montrent leur ville telle qu'elle est, le bon comme le moins bon. Une partie des recettes sert à améliorer le quotidien des habitants : nettoyage des rues, visites guidées pour les enfants défavorisés, les personnes aveugles ou les personnes âgées...

▸ wehatetourismtours.com

On prend une petite laine, un K-way ?

Il ne fait jamais très froid à Porto mais la Nortada (vent du nord) se lève l'après-midi et souffle quasiment tous les jours.
Hormis juillet-août, les pluies sont fréquentes, surtout de novembre à mars. Vous êtes prévenu !

UN FOOD & WINE TOUR AVEC UN LOCAL ?

À l'heure de l'*aperitivo*, c'est parti pour une virée gastronomique en français avec Benjamin, un frenchie installé à Porto. Un chouette moment de convivialité et de gourmandise entre dégustation de vins portugais et de *petiscos* (tapas) bien locaux.
▸ portosaveurs.com

LA VALLÉE DU DOURO ET LE TRÁS-OS-MONTES

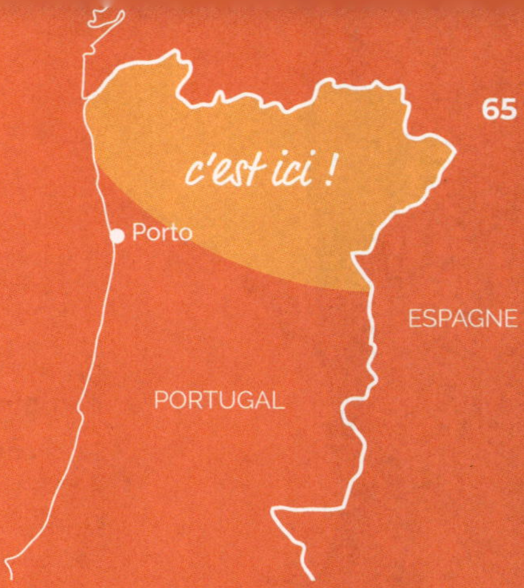

Entre dégustations dans les quintas, randos dans les vignes et croisières en rabelo, la merveilleuse vallée du Douro vous en mettra plein le gosier, les gambettes et les mirettes. Un must de tout voyage au Portugal ! Le contraste sera décapant avec les terres reculées et superbement austères du Trás-os-Montes, région où l'on peut randonner des heures sans croiser un chat. Ici, la nature est intacte et la vie s'écoule au ralenti. Vous la sentez, la déconnexion totale ?

CE QUI VOUS ATTEND...

◁ Parc naturel du Douro international

BEST OF

1. Dormir dans une (grosse) barrique de vin
2. Se la couler douce à Amarante
3. Monter au ciel par l'escalier à Lamego
4. Déguster un rosé à la Casa de Mateus
5. Sillonner les routes de la Serra do Alvão
6. Découvrir la vallée du Côa
7. Et la vallée du Côa... (encore)
8. Contempler Vilarinho de Negrões
9. Enchaîner les lacs de Sabor
10. Pagayer à Miranda do Douro

LA VALLÉE DU DOURO EN UN COUP D'ŒIL

BEST OF

1 QUINTA DA PACHECA

Dormez dans une (grosse) barrique de vin

Près de Peso da Régua, capitale viticole de la vallée du Douro, cette prestigieuse adresse propose plein d'expériences autour du vin, de l'huile d'olive et de la gastronomie, dont celle de dormir dans des foudres plantés au milieu des vignes. Vous allez adorer !

▸ **+ d'infos :** quintadapacheca.com • **À Cambres,** rua do Relógio do Sol, 261.

2 AMARANTE

Se la couler douce

Attention, petit coup de cœur pour cette petite ville ! On y glisse en *guiga* (la barque locale) ou en *gaivota* (le pédalo à chaises et parasol) sur le rio Tâmega, on y goûte les meilleures pâtisseries du coin et on y trouve l'âme sœur grâce au saint Valentin portugais. Les maisons à balcons, la coupole de l'église São Gonçalo (le fameux saint), le vieux pont fortifié… Vous n'êtes pas à l'abri d'en tomber amoureux !

3 LAMEGO

Gravissez 600 marches et faites-vous mousser

Un escalier baroque impressionnant (686 marches jusqu'à l'église Nossa Senhora dos Remédios), un ancien château maure, une cathédrale gothique, des petites rues chargées d'histoire, des cafés en plein air, un vin mousseux réputé (*l'espumante raposeira*) et un jambon fumé : cette petite ville de l'Alto Douro a tout d'une grande !

4 CASA DE MATEUS

Dégustez un fameux petit rosé

Dans ce superbe manoir du XVIIIe s. célèbre pour son vin rosé et ses confitures, commencez par visiter le palais et ses caves, puis dégustez quelques vins avant de flâner dans les magnifiques jardins à la française, entre miroir d'eau et tunnel de cyprès. Baroquissime et rafraîchissant !

▸ **+ d'infos :** casademateus.com • **À Vila Real.**

5 LA SERRA DO ALVÃO

Sillonnez les petites routes de montagne

De Vila Real à Mondim de Basto, serpentez au cœur du **parc naturel de la serra do Alvão**, entre lacs, rivières, petits bois et prairies où paissent les vaches marron. Le clou de la balade champêtre ? Le village typique de **Lamas de Olo** avec ses maisons aux toits de chaume et les belles cascades de Fisgas de Ermelo.

▸ **+ d'infos :** alltrails.com (parque-natural-do-alvao)

6 LA VALLÉE DU CÔA

Admirez les amandiers en fleur

Chaque année entre février et mars, les amandiers habillent les paysages austères de la vallée d'un manteau blanc et rose : le spectacle est superbe ! Pour en profiter au maximum, rendez-vous sur **les meilleurs spots** : les abords de Vila Nova de Foz Côa, Barca de Alva, Freixo de Espada à Cinta et Torre de Moncorvo.

7 LA VALLÉE DU CÔA (ENCORE)

Faites-vous la plus grande expo d'art rupestre en plein air

Aurochs, chèvres, chevaux ou cerfs gravés dans le schiste depuis des temps immémoriaux... Partez sur les traces des artistes rupestres et des chasseurs du paléolithique dans le **Parque Arqueológico do Vale do Côa,** le Lascaux portugais. Visites guidées à pied, balades en bateau électro-solaire ou en kayak le long de la rivière Côa, sous l'œil des vautours, des cigognes noires et des aigles royaux.

▸ **+ d'infos :** arte-coa.pt • **À Vila Nova de Foz Côa,** rua do Museu.

8 VILARINHO DE NEGRÕES

Le village qui flotte sur l'eau

On croirait à un mirage... En période de hautes eaux, ce petit village de granit posé sur une mince péninsule du lac de barrage d'Alto Rabagão semble flotter sur l'eau. Le miroir d'eau d'un bleu profond, les petites montagnes alentour, tapissées de rochers et de végétation, le charme silencieux et immensément rustique du vieux village endormi... forcément, on flashe !

9 LES LACS DE SABOR

Partez en road trip (chut, c'est un secret)

Ces trois superbes lacs, lovés au creux de collines ondulantes, sont l'un des secrets les mieux gardés du Trás-os-Montes. Trois routes panoramiques (les Roteiros dos Lagos do Sabor) permettent d'en faire le tour, de belvédère en plage fluviale et de village en château : Foz do Sabor (40 km), Lagos do Sabor (120 km) et Fragas do Sabor (111 km). De quoi collectionner les points de vue !

10 MIRANDA DO DOURO

Pagayez dans le « grand canyon européen »

Douro Pula Canhada, à Miranda do Douro, propose un tas d'activités combinant aventure, nature et culture dans le **Parc naturel du Douro international** : kayak au creux des gorges rocheuses du Douro, observation des oiseaux, balade avec un âne, VTT, atelier d'artisanat local...

▸ **+ d'infos** douropulacanhada.net • (+351) 273 431 340.

HAUT-DOURO VITICOLE
HEUREUX COMME BACCHUS

Inscrit au patrimoine mondial de l'Unesco, la splendide vallée déroule ses paysages époustouflants entre Peso da Régua et São João da Pesqueira. Ciselée en terrasses comme du *land art*, la région se vit et se goûte ! Pour explorer ces vignobles parmi les plus beaux du monde, visitez les *quintas* (domaines), où l'on fait tout à la main, ou expérimentez carrément le quotidien d'un vigneron en vous mettant dans sa peau... Histoire de pousser le bouchon encore plus loin !

1 Quinta das Sequeirinhas

Prenez un cours d'œnologie

Un charmant domaine familial où on foule encore le raisin aux pieds. C'est ici que l'œnologue Rita Sequeira vous souffle les secrets du porto et des vins du Douro lors de dégustations guidées. Et si vous avez été sage, vous pouvez participer aux vendanges et au pressurage... et même y dormir.

▸ + **d'infos :** golddrink.pt/fr • **À Penajóia,** avenida de Lagoas, 93.

2 Quinta de Ventozelo

Mangez sous les canisses

Profitez de la terrasse de son charmant restaurant et bar à vin, là où autrefois était servi le repas aux ouvriers de la ferme. De bons plats du Douro mitonnés avec des produits locaux, une vue plongeante sur les vignes... que demander de plus ?

▸ + **d'infos :** hotel.quintadeventozelo.pt • **À Ervedosa do Douro,** São João da Pesqueira.

3 Quinta do Pessegueiro

Ultra-design

Ici, on vous propose une visite guidée des chais high-tech avec dégustation. Un petit creux ? La table paysanne a le bon goût des légumes et de l'huile d'olive du domaine.

▸ + d'infos : quintadopessegueiro.com • À São João da Pesqueira.

4 Quinta das Amendoeiras

Participez aux vendanges et foulez le raisin aux pieds

Dans cette authentique ferme familiale, vous allez forcément trouver votre bonheur ! Vous pouvez y manger, dormir, visiter, participer aux vendanges ou au foulage du raisin, faire un bœuf avec les instruments de musique à dispo… et même lézarder sur la petite plage privée… Le combo parfait simplicité et convivialité !

▸ + d'infos : negreiroswine.com • À Carrazeda de Ansiães.

Boire ou conduire, il faut choisir…

JE NE CONNAIS RIEN AUX VINS DE PORTO ET DU DOURO

Alors voilà deux musées pour avoir les bases :

LE MUSEU DO DOURO À PESO DA RÉGUA : toute la mémoire vinicole de la vallée.
▸ + d'infos : museudodouro.pt
• Rua Marquês de Pombal.

LE MUSEU DO VINHO À SÃO JOÃO DA PESQUEIRA : une expo sur les vins du Douro, une salle de dégustation, une boutique et un bar à vin.
▸ + d'infos : sjpesqueira.pt
• Avenida Marquês de Soveral, 79.

LA VALLÉE DU DOURO SOUS TOUS LES ANGLES

En bas depuis le fleuve ou en haut dans les villages, à vélo ou à pied ou à travers les vignes, la vallée du Douro n'aura bientôt plus de secret pour vous !

DANS LES VIGNES

Sur le Trilho do Vinho do Porto

Une rando en boucle de 8 km (3h) au départ de Samodães. Difficulté modérée mais 300 m de dénivelé à avaler sur les deux derniers kilomètres ! Téléchargez le tracé GPS.

▸ + **d'infos :** alltrails.com, cherchez *Trilho do Vinho do Porto.*

SUR LA ROUTE

À fleur d'eau sur la N222

Entre vignes et Douro, c'est l'une des plus belles routes du monde. Et c'est tout plat ! Comptez 1h30 (25 km) entre Peso da Régua et Pinhão. Si vous êtes courageux (ou si vous êtes malin avec un vélo électrique...), n'hésitez pas à explorer les petites routes escarpées à flanc de colline.

AU FIL DE L'EAU

En silence sur le Douro

Voilà deux options 100 % green pour glisser sur le fleuve d'or et savourer les paysages à vitesse d'escargot :

MAGNÍFICO DOURO EN KAYAK ou à bord du seul *barco rabelo* électrique du Portugal : croisière de 2h de Pinhão à **Tua** et retour.

▸ + **d'infos :** magnificodouro.pt • **À Pinhão,** rua Marginal do Pinhão.

DOURO À VELA À LA VOILE, à bord du voilier Libertu's. Options pique-nique, dégustation de vin, nuit à bord... Départ de Folgosa près du restaurant DOC.

▸ + **d'infos :** douroavela.pt • **À Folgosa,** Cais da Folgosa, Estrada Nacional 222.

DE CLOCHER EN CLOCHER

Mérite un vin sur vin (ou pas loin !)

Barcos : coquettes ruelles aux maisons typiques, comme figées dans le temps.

Provesende : des manoirs, des maisons nobles et des vues sublimes sur la vallée.

Sabrosa : de très beaux panoramas autour du village natal de Magellan.

São João da Pesqueira : cherchez les chats de la rua dos Gatos (rue des Chats !), typique de l'ancienne *judiaria*, le quartier juif médiéval.

São Xisto : en balcon sur le fleuve, le minuscule village aux rues pavées et aux maisons de schiste est l'un des plus typiques du vignoble.

Le village de Sabrosa

MIRADOUROS SUR LE DOURO : NOS PLUS BEAUX BELVÉDÈRES

MIRADOURO DA BOA VISTA : vérifiez que le belvédère porte bien son nom (Belle vue) !
▸ **+ d'infos :** sur la CM1056 au nord-ouest de Lamego.

MIRADOURO DE SÃO LEONARDO DE GALAFURA : des collines striées de vignes à perte de vue.

FOZ DO RIO TEDO : prenez de la hauteur pour voir le rio Teco se jeter dans le Douro. Photogénique !

QUINTA DAS CARVALHAS : cueillez la plus belle vue sur le Douro au milieu de vignes emblématiques.
▸ **+ d'infos :** realcompanhiavelha.pt

MIRADOURO DE CASAL DE LOIVOS : pour lover son regard dans la fameuse courbe en L du Douro.

TRÁS-OS-MONTES
4 VILLAGES 100 % TRADI

Du fait de son isolement, le Trás-os-Montes (qui signifie « au-delà des monts ») est le coin du Portugal le mieux préservé. Un pays de traditions ancestrales avec fêtes païennes et petits villages communautaires. Un monde à part, profondément rural, où la vie est rude, et les habitants sont chaleureux ! Voilà le Portugal authentique et brut de décoffrage !

1 Podence

Admirez les diablotins se déchaîner

Venez assister aux déambulations bruyantes, sautillantes et… étonnantes des Caretos dans les rues du village lors du carnaval le plus authentique du Portugal, inscrit au patrimoine immatériel de l'humanité par l'Unesco.

▸ + **d'infos :** caretosdepodence.pt

Pour rester dans l'ambiance le reste de l'année, vous pourrez admirer les œuvres de street art sur le thème des Caretos dans les rues du village, et en apprendre d'avantage sur les costumes bariolés au musée… des Caretos.

2 Aveleda

Rencontrez une fine lame

On dit que les habitants gardent toujours un couteau dans la poche, car ceux qui n'en ont pas… ne mangent pas de jambon ! Dans sa forge d'Aveleda, le coutelier Gilberto Ferreira façonne d'authentiques couteaux du Trás-os-Montes, à la lame décorée d'animaux et au manche en bois naturel ou en bois de cerf.

▸ + **d'infos :** navalhasgferreira.pt • **À Aveleda,** rua do Santo, 19.

VIVE L'ENTRAIDE & LA SOLIDARITÉ !

Dans certains villages du parc naturel de Montesinho, la vie en collectivité, c'est concret et ça marche !

Ici, le travail des champs et la surveillance des troupeaux se font collectivement, la forge, le moulin, le four, les jardins, etc. sont utilisés en commun. Les recettes du café communal servent à financer les fêtes locales, les habitants échangent des heures de travail...

En vous aventurant dans ces villages, en plus d'avoir l'impression d'arriver au bout du monde, vous aurez le droit à un saut dans le temps !

Nos villages préférés ? Montesinho et surtout Rio de Onor, adorable village frontalier aux toits de lauze, qui a la particularité d'avoir un pied au Portugal et l'autre en Espagne. Ici, le temps s'est arrêté !

3 Bisalhães

Cueillez les dernières poteries noires

La poterie noire de Bisalhães est un savoir-faire unique au monde, inscrit au patrimoine immatériel de l'humanité. Vous pourrez en voir des créations, non pas à Bisalhães, où elles sont encore produites par une toute petite poignée de potiers, mais en bord de route à l'entrée de Vila Real (avenida da Noruega).

4 Miranda do Douro

Assistez à la danse du bâton

Ici perdure (notamment le 3e dimanche d'août), une étonnante choré guerrière dansée par les Pauliteiros, des hommes en jupons, coiffés de chapeaux fleuris et entrechoquant leurs bâtons.

En vigie face à l'Espagne, la petite ville médiévale, flanquée d'une cathédrale démesurée, surplombe les gorges rocheuses du Douro. Profitez-en pour écouter parler le mirandais, 2e langue officielle du Portugal... qui n'est parlée qu'ici !

▸ + d'infos : cm-mdouro.pt

EXPLOREZ 3 PARCS AU BOUT DU MONDE

LE PARC NATUREL DE MONTESINHO

Loin de tout, Bragança, la capitale historique du Trás-os-Montes, est une oasis urbaine dans une campagne déserte. Ses atouts ? Une belle citadelle endormie et une poignée de musées aux abords du parc naturel.

Explorez le Parque Biológico de Vinhais avec un âne

Ou à dos de cheval ! Sillonné de sentiers pédestres et de parcours VTT en forêt, ce parc voué aux activités de nature en plein air est un concentré du parc naturel de Montesinho, peuplé de cerfs, de sangliers et d'oiseaux de proie.

▸ parquebiologicodevinhais.com
• Alto da Cidadelha.

Pistez le loup ibérique

Partez à la découverte de la faune locale en compagnie des guides scientifiques de Dear Wolf, pour une randonnée d'une demi-journée à plusieurs jours..

▸ dearwolf.wixsite.com/dearwolf
• **À Rio de Onor**, travessa da Malhada, 4.

LE GEOPARK TERRAS DE CAVALEIROS

▸ geoparkterrasdecavaleiros.pt

Cherchez les géosites

Ce géoparc (Unesco) s'étend sur 700 km² sur le territoire de Macedo de Cavaleiros. Pas moins de 42 sites géologiques racontent ici une histoire vieille de 500 millions d'années. 24 sentiers pédestres pour un total de 180 km vous invitent à prendre une leçon de géologie grandeur nature !

Faites du beach-volley

Et ça se passe au cœur du géoparc, sur les petites plages paradisiaques de l'Albufeira do Azibo (praia da Fraga da Pegada et praia da Ribeira) et ses paysages protégés. Autres options possibles : une session kayak ou paddle sur les eaux limpides du lac (à 26 °C en été) ou une sortie en VTT ou scooter électrique pour en faire le tour. Une oasis salvatrice dans la fournaise de l'été !

LE PARC NATUREL DU DOURO INTERNATIONAL

Un vertigineux canyon de 120 km de long, où ça plane pour les vautours et les aigles royaux, des villages ancestraux où on parle le mirandais, des champs de vignes, d'oliviers et d'amandiers... L'outsider parfait pour un séjour à la marge !

Embarquez en catamaran à propulsion solaire

Rendez-vous à Miranda do Douro pour une mini-croisière avec observation de la faune et de la flore dans la portion la plus spectaculaire du fleuve, avec ses falaises verticales.
▸ europarques.com • À la station biologique internationale.

Foulez un tronçon légendaire

La Calçada de Alparajes, ce serpent de quartz en zigzag courant sur les falaises qui surplombent le Mosteiro, un petit affluent du Douro, vous attend sur le sentier en boucle de la **Vale da Ribeira do Mosteiro** (8 km ; 3h ; difficulté moyenne à élevée), dans le sud du parc.
▸ natural.pt (cherchez « PR1 FEC »)

N103

3 ÉTAPES SUR LA NATIONALE 103

Longue de 260 km, la pittoresque Estrada Nacional 103 fend le nord du Portugal d'un bout à l'autre, du village de Neiva à Bragança, la capitale reculée du Trás-os-Montes. Dans l'intervalle, vous allez profiter de mille petits virages qui sillonnent une magnifique campagne solitaire entre champs fertiles, pâtures, forêts et désert de pierre. En voiture !

1 Devenez copains comme cochons avec Chaves

Le meilleur *presunto* (jambon) du Portugal, des saucisses, des saucissons fumés et autres *folares* (friands)... Pas de doute, à Chaves, vous êtes arrivé à bon porc ! La ville a d'autres arguments : des sources d'eau chaude que les Romains fréquentaient déjà au Ier s., des jardins pour flâner sur les berges du Tâmega, un magnifique pont romain et de jolies maisons à encorbellement aux boiseries colorées. Bon appétit !

CHAVES POUR FOODIES

L'adresse pour acheter...

... son jambon : Casa do Presunto Zeca Moura. Le meilleur *presunto* de Chaves est... en dehors de Chaves !

▸ **N213, 9 km au sud-est de Chaves.**

... des folares : Forno Regional João Padeiro. Le roi des *folares*, fameux friands au porc.

▸ **Largo do Postigo, 5.**

... des pastéis de Chaves : Pastelaria Maria. L'adresse pour goûter ces feuilletés au veau.

▸ **Facebook.com/MariaPasteis**
• **Largo do Município, 4.**

2 Goûtez la solitude dans le parc naturel de Montesinho

Des paysages vallonnés de landes, de prairies et de forêts, des couleurs fascinantes et une ribambelle de sentiers pour randonner : ce havre de nature et de biodiversité, habité par le loup ibérique, vous emmène loin de tout, au fin fond du fin fond du Trás-os-Montes ! La nationale 103 flirte avec le sud du parc naturel et vous dépose dans le petit village perché de **Vinhais,** porte d'entrée du parc.

▸ **+ d'infos :** natural.pt, chercher « Montesinho Nature Park ».

3 Prenez d'assaut la citadelle de Bragança

Voilà une pépite du bout du monde : ruelles pavées hors du temps, petites maisons chaulées de blanc, une forteresse et son donjon, la magnifique Domus Municipalis, l'église Santa Maria et son magnifique plafond en trompe-l'œil... Bragança, c'est un peu tout ça... et bien plus encore ! Si vous avez soif de culture, voilà 2 musées bonus qui valent plus que le coup :

Centro de Fotografia Georges Dussaud : un émouvant fonds photographique en noir et blanc sur le Trás-os-Montes disparu.

▸ **+ d'infos :** rua Abílio Beça, 77.

Centro de Arte Contemporânea Graça Morais : des expos d'art contemporain et des œuvres de la plus célèbre artiste locale, Graça Morais.

▸ **+ d'infos :** centroartegracamorais.cm-braganca.pt • Rua Abílio Beça, 105.

Taberna do Javali

Flairez le bon gibier !

Dans la citadelle de Bragança, arrêtez-vous à la Taberna do Javali : un bar à *petiscos* et à cocktails rustique cool pour un burger, une *francesinha* ou un sandwich... au sanglier !

▸ + d'infos : ojavali.pt • **À Bragança,** rua Dom Fernão, 46/48.

CITADELLE DE BRAGANÇA

NOS *Super* ADRESSES

OÙ DORMIR ?

Des Arts Hostel & Suites

Un hôtel, une famille, une histoire…

Le plus vieil hôtel d'Amarante, transformé en boutique hostel, est plus que jamais dans l'air du temps : matériaux recyclés dans un concept durable, cuisine maison avec produits bios et locaux, café rétro, location de vélos…

▸ hosteldesarts.com • **À Amarante,** rua Cândido dos Reis, 53.

Casa Agricola da Levada

Coup de cœur à la ferme !

Vous ne regretterez pas d'être venu ! Les chambres, studios et maisons sont décorés avec soin, le jardin de 7 ha avec piscine, terrasse et forêt est magnifique, et les propriétaires, aux petits soins, font tout pour réduire l'impact environnemental de leur activité : potager servant aux repas, panneaux solaires, récupération des eaux de pluie, réduction des déchets,… Au top !

▸ casadalevada.com • **À Vila Real,** intersection rua da Capela et rua Fundadores.

Camping de Cepo Verde

Des nuits à 360°

Testez la première micro-cabane écologique rotative dans ce camping sous label écologique Clef Verte. Ou dormez dans une petite maison de montagne en pierre.

▸ montesinho.com/fr/cepoverde-microcabanas • **À Gondesende.**

Pedras Salgadas Spa & Nature Park

En toute détente

Un havre de nature dans une ravissante station thermale, parsemé d'éco houses et de cabanes design dans les arbres. Dans le parc de 20 ha, vous attendent : 8 km de sentiers, un parcours accrobranche, une piscine extérieure, des vélos, un restau… et un spa pour se faire chouchouter !

▸ pedrassalgadaspark.com • **À Pedras Salgadas,** rua Dr. Henrique Botelho.

Quinta da Côrte

On est pas bien là, à la casa ?

Sa délicieuse Casa est un superbe mix d'ancien et de contemporain, où l'on vous sert un petit déjeuner ultra-gourmand avec des produits locaux ou directement cueillis dans le domaine.

▸ quintadacorte.com • À 1,5 km au nord-est de Valença do Douro.

Parque Biológico de Vinhais

Comme dans un cocon

Dans le parc naturel de Montesinho, dormez dans un pod ou un petit chalet en bois au bord d'une piscine biologique. Parcours pédestres et VTT, petit parc aventure pour les enfants, balades avec un âne… les activités nature ne manquent pas !

▸ parquebiologicodevinhais.com • **À Vinhais,** Alto da Cidadelha.

La carte digitale pour retrouver toutes nos adresses, activités et visites.

LES MEILLEURS SPOTS POUR MANGER AU BORD DU DOURO

Derrière la baie vitrée du **Bistro Terrace de la Quinta do Tedo**, perché au-dessus du Douro.
▸ quintadotedo.com
• Au bord du Douro, sur la M512, en venant de la N222.

Sur la terrasse sur l'eau de **DOC,** le resto gastro du célèbre chef Rui Paula.
▸ docrestaurante.pt
• À Folgosa, sur la N222, au bord du Douro.

Une *picanha* chez **Veladouro,** qui donne sur la plage fluviale de Pinhão.
▸ **À Pinhão,** travessa da rua da Praia, 3 (+351) 966 358 405.

LA NUMBER ONE DES PÂTISSERIES LOCALES ?

Confeitaria da Ponte

Foguetes, lérias, papos de anjo, brisas do Tamega, colhões de São Gonçalo (littéralement les couilles de São Gonçalo, une douceur phallique liée au culte du saint patron des vieilles filles)… ainsi qu'un tas de pâtisseries de couvent à se damner, bien riches en œufs et en sucre, cela va sans dire… C'est à Amarante.
▸ confeitariadaponte.pt
• À Amarante, rua 31 de Janeiro, 186.

OÙ GOÛTER LA CUISINE DU TRÁS-OS-MONTES ?

Taberna Don Rodrigo

Une taverne typique aux murs bardés de poèmes, pour se payer une bonne tranche de *presunto* (jambon fumé) et un verre de *vinho verde*. De quoi s'improviser poète !
▸facebook.com/TabernaDonRodrigo • **À Amarante,** rua 31 de Janeiro, 39.

Solar Bragançano

Une vraie ambiance vieux Portugal et des viandes à se damner : veau à la mirandaise, *cabrito* de Montesinho… parfait pour un dîner romantico-rétro !
▸facebook.com/solarbragancano • **À Bragança,** praça da Sé, 34.

Adega Faustino

Une cuisine typique servie sur de longues tables nappées de carreaux rouge et blanc, sous la magnifique charpente en bois d'une grande halle aux vins. Commencez par des petiscos du coin : *bolos de bacalhau* (beignets de morue), *presunto* de Chaves (jambon)…
▸adegafaustino.pt • **À Chaves,** travessa Cândido Reis.

O Abel

Un bon repaire de carnivores réputé pour ses excellentes viandes grillées du Trás-os-Montes, servies en portions généreuses. Gardez de la place pour la tarte aux châtaignes !
▸oabelrestaurante.pt • **À Gimonde,** rua do Sabor, 1.

Casa da Balbina

Une cuisine typiquement *transmontana* (agneau à la mirandaise, ragoût de lapin…) mitonnée avec les produits bios de la ferme familiale.
▸facebook.com/casadabalbina • **À Miranda do Douro,** rua Rainha Dona Catarina, 1.

O Careto

Des viandes et des poissons cuits au feu de bois dans une maison de village. C'est tout simple et c'est franchement bon !
▸facebook.com/RestauranteOCareto • **À Varge,** en venant de Bragança, à la sortie de Varge sur la N308.

LE MEILLEUR MOMENT

EN SEPTEMBRE-OCTOBRE

Pour profiter de l'animation des vendanges et des splendides couleurs automnales qui habillent la vallée.

AU PRINTEMPS

Pas mal non plus, le vert des vignes au printemps et les amandiers en fleur dans la région de Foz Côa ! L'occasion de participer au carnaval de Podence (p. 76).

EN ÉTÉ, IL FAIT TRÈS CHAUD

Le meilleur moment pour s'adonner aux sports nautiques ou lézarder sur les plages fluviales.

UN DICTON QUI EN DIT LONG :

« Neuf mois d'hiver, trois mois d'enfer » !

En bref, dans le **Trás-os-Montes,** l'hiver dure TRÈS longtemps (et il fait froid...), et l'été, on est écrasé par un soleil de plomb !

FAQ ?

La vallée du Douro en train, ça vaut le coup ?

Un peu mon neveu ! Non seulement c'est plus écologique et plus rapide que la voiture, mais c'est aussi l'un des plus beaux trajets ferroviaires d'Europe. Compter 2h25 de Porto à Pinhão, avec le nez collé aux vitres quasiment tout du long (la première partie n'est pas la meilleure). À la descente du train, arrêtez-vous devant les *azulejos* de la gare, dédiés au vin !

Et en bateau ?

Difficile de faire plus belle virée sur l'eau ! Si on a peu de temps à consacrer à la région, la croisière d'une journée de Porto jusqu'au Haut-Douro viticole est une bonne option pour ne pas manquer une miette de ses paysages magiques. En prime, la visite d'une quinta et une dégustation. Entre avril et mi-octobre, en aller simple ou avec retour en bus ou en train (souvent inclus dans le prix).

▸ rotadodouro.pt • barcadouro.pt • cruzeiros-douro.pt

ON SE DÉPLACE COMMENT ?

Douro viticole

Pour se perdre dans le vignoble et visiter les quintas, difficile de faire sans la voiture. Vous pouvez en louer une à Peso da Régua. Sinon, il y a l'option taxi pour aller visiter une ou deux quintas.
Si vous arrivez en train à Peso da Régua ou à Pinhão, de nombreuses quintas sont accessibles à pied ou à vélo.
▸ Location de vélos et scooters électriques chez **Magnífico Douro** à Pinhão : magnificodouro.pt • Rua Marginal do Pinhão.

Trás-os-Montes

Dans ces terres reculées, impossible de se passer de la voiture. Entre la nationale 103, la 222, la 218 et la 221, préparez-vous à du grand spectacle !

De Porto et Braga, liaisons régulières en car avec Chaves et Bragança. Également, liaison entre Bragança et Miranda do Douro.

SI JE PRÉFÈRE L'EAU AU VIN ?

Visez les sources d'eau chaudes des **Termas de Chaves – Spa do Imperador,** que fréquentaient déjà les Romains au Ier s.

Si vous n'avez pas l'intention de prendre les eaux, rien ne vous empêche d'aller boire gratuitement un verre de cette eau chaude aux vertus thérapeutiques... qui sort tout de même à 73 °C au robinet.
▸ termasdechaves.com • **À Chaves,** Largo das Caldas.

C'EST QUOI UNE QUINTA ?

C'est une ferme.
Dans la vallée du Douro, où elles se comptent par dizaines, ce sont principalement des exploitations viticoles.
Pour faire simple, la quinta est à la vallée du Douro ce que le château est au Bordelais.

Et on y fait quoi ?

De plus en plus de quintas se tournent vers l'œnotourisme et proposent un tas d'expériences hébergement, restauration, visites du vignoble et des chais, dégustations, cours d'œnologie, pique-nique dans les vignes, participation aux vendanges... Pour une expérience authentique, zappez les grandes quintas commerciales et privilégiez les petits domaines familiaux. Dans tous les cas, réservez votre visite à l'avance, en particulier pendant la haute saison.

DES IDÉES AVEC LES ENFANTS ?

Pistez la faune autochtone au **Parque Biológico da Serra das Meadas,** du côté de Lamego : daims, sangliers, rapaces, animaux de la ferme...
▸ parquebiologico.cm-lamego.pt

Contemplez 43 espèces de papillons en pleine nature, à l'**Estação da Biodiversidade de Santa Combinha,** un circuit pédestre de 2,6 km qui suit le sentier Ricardo Maghalães, dans le Geopark Terras de Cavaleiros.
geoparkterrasdecavaleiros.pt

LE MINHO

50 NUANCES DE VERT

Ici, vous allez forcément trouver votre bonheur ! En tout cas, le programme est extrêmement varié… et prometteur : des rios aux berges bucoliques, des vignes, des petites montagnes luxuriantes, des villages suspendus dans le temps, une Costa Verde pour dorer au soleil… et un rafraîchissant vinho verde ! Sans oublier les magnifiques (et historiques) villes de Braga et Guimarães. Vous allez peut-être devoir rallonger un peu vos vacances !

CE QUI VOUS ATTEND…

◁ Sanctuaire Bom Jesus do Monte

LE MINHO
EN UN COUP D'ŒIL

CAMINHA

Cette station balnéaire vous ouvre les portes de la vallée du Minho

VIANA DO CASTELO

Si on veut se fixer sur la côte, c'est un bon camp de base pour explorer la basse vallée du Lima et la Serra de Arga

BRAGA

Pleine d'énergie, la belle capitale du Minho est bien desservie par le train et idéale pour rayonner dans toute la région

BEST OF

1. L'escalier so baroque du Bom Jesus do Monte
2. Un panorama de fou au mont Santa Luzia
3. Un vrai décor à la Game of Thrones : la Citânia de Briteiros
4. Se la couler douce à Ponte de Lima
5. Randonner avec un âne dans la Serra de Arga
6. Oser le grand saut à Melgaço
7. Découvrez Sistelo, le « petit Tibet portugais »
8. Arpentez le parc national de Peneda-Gerês sur le GR 50
9. Cascata do Tahiti, n'y cherchez pas de vahinés
10. Partez dans les nuages, jusqu'au village de Pitões das Júnias

Et hop ! Notre carte digitale

6 Melgaço
Minho
Monção
N 101
N 202
N 202
Val de Poldros
Castro Laboreiro
7 Sistelo
Peneda
ESPAGNE
Un escalier de 300 marches pour gagner le ciel, p. 104
Serra da Peneda
N 101
Serra do Soajo
N 202
Prozelo
Arcos de Valdevez
Soajo
Ermelo
N 304
Lindoso
Oliveira
8 Parc national de Peneda-Gerês
Entre-Ambos-os-Rios
Ponte da Barca
Serra Amarela
10 Pitões das Júnias
Serra do Gerês
Portela do Homem
Brufe
Campo do Gerês
N 308-1
N 207
Pédalez sur l'Ecovia du Lima, p. 98
Cascata de Fecha de Barjas (ou Cascata do Tahiti)
Gerês
ottez dans la serra sur de petits chevaux, p. 105
9
Rio Caldo
Ponte da Misarela
N 103
Rio Cávado
N 103
GERÊS
Ce village thermal constitue un camp de base central pour partir à la découverte des principaux sites du parc, avec de nombreux sentiers de randonnée à proximité
N
1 Bom Jesus do Monte
Braga
3 Citânia de Briteiros
A 11
GUIMARÃES
En version plus sage, la ville de Guimarães, classée au patrimoine mondial de l'Unesco, ne manque pas de charme non plus
N 206
Guimarães
A 7 IC 5
A 7
A 7

BEST OF

Vous êtes arrivé...

1 BOM JESUS DO MONTE

L'escalier so baroque

Préparez-vous à perdre votre souffle sur le plus bel escalier du monde. Adossé au mont Espinho, l'extraordinaire escalier baroque du sanctuaire Bom Jesus do Monte est un vrai chemin de croix. Si on a la flemme de gravir ses 581 marches (que les pénitents zélés gravissent à genoux, sachez-le !), on peut grimper dans le plus vieux funiculaire du monde. Au sommet, tout Braga est à vos pieds !

2 MONTE DE SANTA LUZIA

Panorama de fou

Prenez le funiculaire et faites waouh ! Impossible de passer par Viana do Castelo sans grimper au sommet du mont Santa Luzia, où les dômes de la basilique du Sacré-Cœur vous propulsent d'un coup d'œil sur la butte Montmartre. La vraie star ici, c'est le panorama, l'un des plus beaux du Portugal, qui balaye l'océan, le fleuve Lima et la Serra de Arga.

3 LA CITÂNIA DE BRITEIROS

Un vrai décor à la Game of Thrones !

Prenez-vous pour un guerrier celte dans les ruines de la Citânia de Briteiros : pas besoin d'être fan d'archéologie pour s'y promener ! Entre Guimarães et Braga, cette ville fortifiée de l'âge du fer imprime ses vestiges de pierre sur une colline boisée follement bucolique avec panorama sur la vallée de l'Ave.

▸ + **d'infos** : msarmento.org

4 PONTE DE LIMA

Se la couler douce

Entrez dans la carte postale : Ponte de Lima, capitale du *vinho verde*, est l'une des plus jolies villes du pays, avec son superbe pont médiéval qui enjambe les eaux paisibles du Lima et ses berges bucoliques bien vertes, où les habitants aiment se retrouver pour pique-niquer. On les rejoint volontiers !

5 LA SERRA DE ARGA

Randonner avec un âne

Sortez des sentiers battus ! La Serra de Arga est une petite montagne saupoudrée de lacs naturels, de cascades, de moulins à eau, de villages où l'on fabrique du pain de maïs, de petits chevaux en liberté et de troupeaux de moutons. Un secret bien gardé à explorer avec un compagnon à longues oreilles de DescubraMinho, spécialisé dans l'écotourisme

▸ + **d'infos** : descubraminho.com

6 MELGAÇO

Oser le grand saut

Pile poil à la frontière sur le pont international Peso-Arbo, qui relie l'Espagne au Portugal. À 30 m de haut, jetez-vous dans le vide pour un saut pendulaire au-dessus des eaux du Minho : quelques secondes de chute libre et une montée d'adrénaline de fou ! Le *ponting* ou *fly jumping*, c'est presque comme le saut à l'élastique, mais au lieu de faire le yoyo on se balance comme sur une giga-balançoire.

▸ + **d'infos :** melgacoradical.com • **À Melgaço,** Monte do Prado (+351) 251 402 155.

7 SISTELO

Le « petit Tibet portugais »

Pour en prendre plein les yeux, rien ne vaut de planter son regard dans les terrasses vert fluo du village de Sistelo. On pourrait méditer des heures devant cet amphithéâtre de potagers, de vignes et de petits champs en cascade où l'on cultive le maïs depuis des siècles. Un décor qui vous emmène loin, très loin !

8 SUR LE GR 50

Le parc national de Peneda-Gerês

Envolées granitiques, landes silencieuses, torrents fougueux, cascades magiques, forêts ancestrales aux troncs moussus et hameaux de granit oubliés du monde plantent le décor époustouflant du GR 50, un must pour se fondre dans la nature sauvage des montagnes de Peneda-Gerês : 190 km sur des voies romaines, des sentiers de transhumance, de pèlerinage ou de contrebande, 19 étapes et des dénivelés qui font les mollets !

▸ + **d'infos :** walkingpenedageres.pt

9 CASCATA DO TAHITI

N'y cherchez pas de vahinés

Une série de chutes d'eau et de petits lagons couleur émeraude emmitouflés dans une forêt verdoyante. Entre Ermida et Fafião, la rivière Arado devient mutine et vous fait un grand coup de charme à la cascata de Fecha de Barjas (leur vrai nom). Un vrai coin de paradis... qui se mérite ! La descente de 300 m jusqu'au superbe lagon final est très sportive et demande une grande prudence.

10 PITÕES DAS JÚNIAS

Le village dans les nuages

Là-haut, sur le plateau de Mourela, fouetté par des vents à décorner les bœufs, allez respirer l'air vivifiant dans le deuxième plus haut village du Portugal (1 103 m). Un bijou brut, isolé dans une émouvante solitude, sur fond de pitons rocheux. Dans ses ruelles bordées de maisons de granit, où perdure un mode de survie agropastoral, le temps semble suspendu...

3 FAÇONS DE VISITER GUIMARÃES

Un cœur médiéval joli comme tout, aux étroites venelles blindées de couvents, d'églises et de façades colorées, le tout couronné par deux châteaux et une inscription au patrimoine mondial par l'Unesco. À Guimarães, le Portugal se croque par la racine !

1 UN PARCOURS AU MOYEN ÂGE

Catapultage dans 5, 4, 3, 2, 1… De la ville haute à la ville basse, flânez à rebrousse-temps :

– sur le chemin de ronde crénelé du **Castelo**, un balcon sur la ville ;

– dans le luxe princier du **palais des Ducs de Bragance** (Paço dos Duques de Bragança) ;

– le long de la belle **rua de Santa Maria**, la plus vieille rue de la ville avec ses façades sculptées ;

– en terrasse sur le **largo da Oliveira**, entre maisons anciennes, église, baldaquin et vieilles arcades.

(Sans oublier la toute aussi ravissante praça de São Tiago.)

2 SOUS LE SIGNE DES ARTS

Fan d'architecture avant-gardiste, d'art contemporain et d'arts premiers (pourquoi pas tout ça, hein ?) : **Centro Internacional das Artes José de Guimarães.**

▶ **+ d'infos :** ciajg.pt
• Avenida Conde Margaride, 175.

Si vous aimez l'art sacré : **Museu Alberto Sampaio.**

▶ **+ d'infos :** museualbertosampaio.gov.pt
• Rua Alfredo Guimarães.

Curieux d'histoire et de friches industrielles réhabilitées : **Casa da Memória.**

▶ **+ d'infos :** casadamemoria.pt • Avenida Conde Margaride, 536.

Si vous êtes à l'affût des événements culturels : **Centro Cultural Vila Flor.**

▶ **+ d'infos :** ccvf.pt
• Avenida Dom Afonso Henriques, 701.

3 UNE ÉCHAPPÉE VERTE

Envolez-vous en téléphérique pour le Monte da Penha, une petite montagne boisée et son parc romantique piqueté de pins, d'eucalyptus et de gros rochers moussus. Là-haut, vous attendent de superbes points de vue sur Guimarães, un sanctuaire Art déco et des restaurants.

GUIMARÃES, BERCEAU DU PORTUGAL ?

La ville revendique ce titre pour deux raisons : le premier roi du pays, Afonso Henriques, y serait né en 1109, et c'est ici que le royaume du Portugal a obtenu son indépendance en 1143.

NOS ADRESSES PRÉFÉRÉES POUR…

▸CROQUER : Casa Costinhas

Attention : avalanche de calories dans cette vénérable pâtisserie où tout est bon… et fait maison !
▸ Rua de Santa Maria, 68.

▸BULLER : Rimas e Tabuadas

Un petit café-librairie où les adorables sœurs Ana et Sílvia vous accueillent pour un thé bio ou un cupcake sans gluten.
▸ facebook.com/rimasetabuadas • Largo Condessa do Juncal, 43.

▸LUNCHER : Donna Veggie

La table végétalienne, solidaire et durable : quand on sirote une bière Lince, les profits sont reversés à une société de protection du lynx ibérique.
▸ Avenida dos Combatentes da Grande Guerra, 71 (+351) 253 724 234.

▸SHOPPER : Alma Portuguesa

Boutique d'artisanat et de produits 100 % portugais, du miel naturel à l'accessoire design en matériaux recyclés.
▸ facebook.com/Almaportuguesa.Guimaraes • Rua Dr António Mota Prego, 11.

Téléchargez la carte digitale avec toutes nos adresses

À ne pas manquer

VISITEZ BRAGA
LA PETITE ROME QUI DÉPOTE

Des vestiges romains par-ci, d'extravagants palais par-là, et des églises dans tous les coins, la pieuse capitale du Minho est aussi une ville étudiante qui se laisse facilement tenter par le démon de la fête.

▶ UN CHAPELET DE SANCTUAIRES

Braga, c'est la capitale religieuse du pays, comme en témoignent ses 82 églises, ses 76 chapelles, ses deux sanctuaires, sa basilique, sa cathédrale...

Si vous n'avez pas prévu un pèlerinage marathon, voyez au moins ces deux-là :

– La plus ancienne cathédrale du pays : la Sé de Braga renferme le plus exubérant des orgues que vous ayez jamais vu.

– Le sanctuaire du Bom Jesus do Monte, pour son fabuleux escalier et sa vue sur la ville.

DEUX BONNES TRANCHES DE VIE LOCALE

Faire ses emplettes au **Mercado de São João,** l'épicerie centenaire, avec ses effluves de morue et ses conserves portugaises en pagaille. Un monument !

▸ + **d'infos :** Rua de São João, 5-9 (+351) 253 278 860.

Commander une banane et un verre de muscat au comptoir de la **Casa das Bananas** : tradition 100 % locale, née d'un petit groupe d'amis qui se réunissaient ici pour se souhaiter joyeux Noël. Le 24 décembre, la rue est noire de monde.

▸ + **d'infos :** Rua do Souto, 26 (+351) 253 262 681.

3 ADRESSES COOL

Retrokitchen : on aime les plats de grand-mère et le décor rétro cool du petit bistro de Tânia et Rui.
▸ Instagram @retrokitchenbraga • Rua do Anjo, 96.

Setra : cocktails et décibels, playlist années 70, 80 et 90 et déco vintage... dans une ancienne usine de matelas !
▸ Instagram @setrabraga • Rua de São João, 15.

Mal Amado : de la bonne musique, des bières artisanales et un pain grillé au bacon et au cheddar, le « mal aimé » a tout pour plaire et ça se sait !
▸ malamado.eatbu.com • Rua Dom Paio Mendes, 87.

TERRASSES OÙ BULLER

Pour cultiver cet art de l'*esplanadar*, visez les deux cafés historiques de la ville, tout le monde s'y croise :
Sous les arcades du **Café Vianna,** ouvert en 1871.
▸ + **d'infos :** Praça da República (+351) 253 262 336.

Devant les *azulejos* du café **A Brasileira,** dans son jus Art déco.

▸ + **d'infos :** bragacool.com, chercher « A Brasileira » • Largo Barão São Martinho, 17.

UN OVNI CULINAIRE

L'*Abade de Priscos*, fameux pudding à la crème caramel, inventé à Braga au XIXe s. On ajoute du bacon, du porto et une quinzaine de jaunes d'œufs... Une tuerie ! Commandez-le chez **O Pudim de Tia Bina,** le meilleur de la ville.

▸ + **d'infos :** Instagram @opudimdatiabina • Rua do Cidadão, 5.

PLONGEZ DANS LA FÊTE

À Pâques, ne manquez pas les spectaculaires processions de la **semaine sainte,** en particulier celle des Farricocos, pénitents aux pieds nus et encapuchonnés (c'est pas la photo, hein !).

Dans un autre genre, il y a les festivités de la **Saint-Jean**, autour du 24 juin, avec ses parades folkloriques et costumées : une ambiance de folie (ça c'est la photo) !

Minho, Lima : 2 vallées pour FAIRE LE PLEIN D'ACTIVITÉS

LE RIO MINHO VU D'EN HAUT

À Vila Nova de Cerveira, grimpez au Miradouro do Cervo, le belvédère du Cerf, emblème du Minho. Le panorama XXL sur la Serra de Arga, le fleuve Minho, qui serpente entre l'Espagne et le Portugal, l'île de Boega et l'Atlantique, est tout simplement stupéfiant.

… Pédalez

Sur l'Ecopista do Rio Minho

Élue 3e meilleure voie verte d'Europe : 40 km entre Monção et Caminha, via Valença et Vila Nova de Cerveira, avec l'Espagne en toile de fond. Des champs, des vignobles, des plages, des marais, et le fleuve magnétique avec ses *carochos* (les bateaux typiques du rio Minho), ses *pesqueiras* (d'anciennes constructions en pierre pour la pêche) et son cortège de hérons et de cormorans.

▸ **+ d'infos :** louer un e-bike Rio Minho gratuitement dans les principales localités traversées. **Itinéraire et tracé GPX** :

Sur l'Ecovia du Lima

70 km à travers les localités de Viana do Castelo, Ponte de Lima, Ponte da Barca et Arcos de Valdevez. À vous les chemins ruraux, bordés de petits champs fertiles et de pesqueiras où l'on pêche la lamproie en saison, et les passerelles en bois au cœur des rafraîchissantes lagunes de Bertiandos et de São Pedro de Arcos.

▸ **Itinéraire et tracé GPX** :

... Pagayez

À la cool, en canoë sur les eaux placides du rio Lima :

rendez-vous au Clube Náutico de Ponte de Lima pour louer un canoë, un kayak ou un paddle.

▸ + d'infos : clubenautico.pt
• À Arcozelo, São Gonçalo.

À fond les ballons, en raft dans les rapides du Minho :

une aventure collective à partager avec les fondus de sensations extrêmes de Melgaço Radical.

▸ + d'infos : melgacoradical.com
• À Melgaço, Monte do Prado.

Deux ambiances de ports

▸ À l'embouchure du Minho :

CAMINHA

Vous avez la mer, la rivière, la vue sur la montagne et la vue sur l'Espagne. La petite cité de caractère a gardé des traces de cette proximité belliqueuse. Ambiance plus détendue aujourd'hui, à voir le nombre d'Espagnols qui prennent le ferry chaque week-end pour squatter les cafés et restos de la ville.

▸ À l'embouchure du Lima :

VIANA DO CASTELO

Un centre ancien plein de charme, des palais, des musées, un navire-hôpital des années 1950 (le Gil Eannes), un pont signé Eiffel, des plages qui dépotent à deux pas, un mont de Santa Luzia pour contempler tout ça de haut... et plus de 70 fêtes dans l'année !

ET ENTRE LES DEUX PORTS C'EST LA COSTA VERDE OÙ VOUS POURREZ...

▸ **Surfer :** praia do Cabedelo (école de surf et location de planches), au sud de Viana, ou à Afife.

▸ **Faire du kitesurf :** Esposende ou Moledo pour les plus aguerris.

▸ **Brasser du vent :** la plage d'Apúlia avec ses petits moulins plantés dans les dunes.

▸ **Lézarder face à l'Espagne :** le sable blanc des plages de Moledo, de Camarido et de Foz do Minho à Caminha, d'où l'on peut prendre un petit bateau jusqu'au fort d'Ínsua, isolé sur son îlot rocheux, à l'embouchure du Minho.

LE PARC NATIONAL DE PENEDA-GERÊS

À l'extrême nord du Minho, le seul parc national du Portugal, c'est quatre serras (montagnes) pour le prix d'une (Peneda, Soajo, Amarela et Gerês), une centaine de villages de granit et une nature splendide et sauvage !

Option 1

NOS RANDOS PRÉFÉRÉES

1 km à pied ça use, ça use... mais c'est le pied !

❶ Sur le trilho de Pitões das Júnias

Dans les magnifiques paysages enclavés du Barroso, une boucle à la découverte d'une jolie cascade et des ruines émouvantes d'un monastère perdu au milieu de nulle part. ▸ 4 km

❷ Sur le trilho de 7 Lagoas de Xertelo

Une boucle facile pour aller tremper ses yeux dans les sept lagons verts de **Xertelo.** Une version plus difficile mais superbe pour les aventuriers : 12 km par le sentier **Poços Verdes do Sobroso** (PR9 MTR). ▸ 5 km

❸ Sur le trilho da Fenda e Cidade da Calcedónia (PR1 TBR)

Boucle au départ de Covide à la découverte des ruines d'une ville de l'âge du fer et de l'impressionnante faille de Calcedónia, dans laquelle les plus aguerris peuvent se faufiler. ▸ 7 km

▸ Nos randos

④ Sur le trilho das Brandas

Transhumez à l'ancienne depuis Rouças de *brandas* en *brandas*, ces hameaux d'altitude où les bergers trouvaient refuge en été.

▸ 8 km

⑤ Sur le trilho da Cascata do Arado e Poço Azul

L'un des plus beaux sentiers de Gerês où vous attendent deux trésors naturels du parc : la cascade d'Arado et le puits bleu, un lagon cristallin d'une rare beauté.

▸ 9 km

▸ **+ d'infos :** mieux vaut charger le tracé sur son smartphone, le sentier n'est pas hyper bien balisé...

⑥ Sur le trilho dos Miradouros (PR6)

Collectionnez les points de vue sur la vallée de la rivière Geres par le sentier en montagnes russes qui relie les miradouros de Junceda, Boneca, Fraga Negra et Peneda da Freira.

▸ 12 km

Des belvédères au top et des vues à tomber !

▸ **Miradouro de Tibo (800 m) :** l'une des plus belles vues sur la vallée de Peneda et un bon spot pour observer les oiseaux de proie.

▸ **Miradouro da Pedra Bela (829 m) :** à l'ombre des cèdres et des bouleaux, savourez le rio Caldo et le lac de Caniçada en cinémascope.

▸ **Miradouro do Fafião (800 m) :** un belvédère renversant avec son pont métallique posé sur deux énormes blocs de granit.

SISTELO, TERRE DE RANDOS

Il y en a pour tous les goûts au départ de ce « petit Tibet portugais » !

▸ **Le trilho das Brandas de Sistelo,** l'un des plus beaux sentiers (escarpés) du pays, s'adresse aux randonneurs aguerris (boucle de 9 km en 6h).

▸ Plus court (5 km), **le trilho dos Solcacos do Sistelo** demande moins d'effort.

▸ Pour une balade sans dénivelé, foulez les passerelles **le long du rio Vez** sur l'Ecovia do Vez. Passadiços de Sistelo (2 km · ecoviadovez.com).

▸ Vous pouvez aussi flâner sur le très court **trilho das Pontes** (1 km).

Option 2

JETEZ-VOUS À L'EAU !

Les plus belles cascades pour faire plouf !

1 Cascata de Poço Negro (Soajo) :
la plus profonde (d'où son nom de « puits noir », mais rassurez-vous, l'eau est verte !).

2 Cascata da Portela do Homem (Gerês) :
la plus accessible.

3 Cascata do Arado (Gerês) : la plus haute.

4 Cascata do Tahiti ou Cascata de Fecha de Barjas (Gerês) : la plus exotique (la plus populaire aussi !).

5 Cascata de Pincães (Gerês) : la plus sauvage.

Cascata do Arado

Pour mouiller le maillot

6 Du canyoning sur les **rios Varziela** et **Laboreiro.**

▸ canyoningcenter.com

7 Une session canoë paddle snorkeling sur le **lac de barrage de Lindoso.**

▸ canyoningcenter.com

8 En katakanu, paddle ou kayak sur le **lac de Caniçada** : Àgua Montanha Lazer.

▸ aguamontanha.com

Les plages fluviales pour se la couler douce

9 Poço das Mantas : le meilleur lagon de Soajo avec de jeunes enfants, idéal pour pique-niquer.

10 Praia Fluvial d'Alqueirão : baignade et pédalo sur le lac de Caniçada.

11 Praia Fluvial de Vilarinho das Furnas : plus sauvage, avec les ruines d'un village englouti qui émergent en période de basses eaux (fin de l'été et en automne).

DEUX OPTIONS POUR SE DÉLASSER APRÈS LA RANDO

1. **Les sources thermales de Gerês.** ▸ aguasdogeres.pt • Avenida Manuel Francisco da Costa, 296.

2. Un bain chaud en Espagne, dans la **piscine naturelle du río Caldo** (Os Baños, à 8 km de Portela do Homem) : 42 °C en hiver !

LAC DE CANIÇADA

Option 3

TRAVERSEZ LES MONTAGNES

En portugais, on les appelle des serras. Virevoltez sur les petites routes de montagne et, de petit village isolé en autre curiosité, débusquez dans tous les coins des bijoux de granit...

La Serra da Peneda

▸ Pépites historiques à Castro Laboreiro

Un village de granit isolé au creux d'un superbe paysage de roches et de bruyères, célèbre pour être le berceau du Castro Laboreiro, le chien de berger de la serra. Vous dénicherez ici de biens jolis trésors : dolmens, église romane, vestiges d'un château, ponts romains et médiévaux...

▸ 300 marches pour le paradis à Peneda

Au bout d'une petite route, il vous saute au visage sans prévenir : un escalier expiatoire de bout du monde ! Le décor ? Impressionnant avec sa cascade dévalant une vertigineuse falaise de granit. Le **sanctuaire de Nossa Senhora da Peneda** attire des foules de pèlerins début septembre.

▸ Un village de Hobbits à Val de Poldros

On parie que vous allez tomber sous le charme de l'adorable *branda* abandonnée de **Santo António.** Dans cet ancien refuge d'altitude envahi par les herbes folles, les *cardenhas*, des abris de berger en pierres sèches chapeautés de coupoles, ont des airs de maison de Hobbit.

La Serra de Soajo

▸ Goûter les petites oranges d'Ermelo

Un charmant village de granit qui vaut surtout son pesant de vitamines avec ses délicieuses petites oranges récoltées dès février grâce à un microclimat.

▸ Les espigueiros de Soajo et Lindoso

Ces mignons villages vous catapultent dans le Portugal d'un autre temps, peuplé de vieilles femmes en noir, de vaches à longues cornes et d'*espigueiros*, d'étranges greniers à maïs sur pilotis que l'on croirait sortis d'une nécropole antique.

La Serra Amarela

▸ Enchaîner les virages jusqu'à Brufe

Dans la famille « petit village de montagne pittoresque », je demande Brufe : un empilement de jolies maisons de granit, de drôles d'*espigueiros*, de chemins ruraux bordés de murs en pierre et de petits champs en terrasses.

La Serra do Gerês

▸ Dépasser les bornes sur la Via Geira

De la Portela do Homem (parking à la frontière espagnole), foulez une portion de la mythique voie romaine, jalonnée de bornes milliaires, qui reliait Braga à Astorga (en Espagne). La boucle de 4 km traverse la splendide forêt da Albergaria avec ses vieux chênes et ses lagons cristallins, et passe par une cascade.

▸ Randonner jusqu'au pont du diable

Il faut le voir, enjambant le Rabagão au fond d'une gorge escarpée, entre cascade, rochers et végétation touffue. L'image enchanteresse du pont médiéval de Misarela (l'œuvre du diable, pas de doute !) se cueille sur le trilho da Ponte da Misarela (PR5 MTR), une boucle de 12 km au départ de Sidrós.

Le pont du diable

TROTTER DANS LA MONTAGNE À DOS DE GARRANOS

Vous les croiserez forcément dans le parc national. Les garranos sont des petits chevaux autochtones qui gambadent en liberté dans la montagne et que l'on peut monter le temps d'une balade dans la Serra do Gerês avec **Equi Campo**, dont le camp de base est à Campo do Gerês.

▸ horseridinggeres.com

NOS *Super* ADRESSES

OÙ DORMIR ?

Lima Escape

Tipi au bord de l'eau

Glamping en pleine nature, sur une petite péninsule piquetée de pins et léchée par le rio Lima au pied de la Serra da Amarela.

▸ lima-escape.pt • **À Entre-Ambos-os-Rios.**

Casa de Sezim

Dans les vignes

Dans cette maison historique et familiale, on produit du *vinho verde* à grand renfort de viticulture raisonnée et de vendange artisanale.

▸ sezim.pt

• **À Guimarães,** rua de Sezim.

Quinta Ecológica da Peneda

Cuisine et nature

Jolies chambres, activités nature et cours de cuisine sont au programme dans la ferme bio de Pedro et Elisabete, où l'on cultive légumes, fruits, herbes aromatiques...

▸ penedaecofarm.com

• **À Oliveira.**

Casa do Videira

Les traditions ont du bon

Une adorable maison de granit pour se mettre dans l'ambiance rétro-champêtre de la serra. Et côté cuisine, on garde le côté familial et rustique avec des plats réconfortants du coin.

▸ casadovideira.pt

• **À Arcos de Valdevez.**

FeelViana Sport Hotel

Entre dunes et pinède

Un hôtel et des bungalows en bois à 200 m de la Praia do Cabedelo, un spa et une déferlante d'activités *outdoor* : surf, kitesurf, paddle, yoga, VTT...

▸ feelviana.com • **À Viana do Castelo,** rua Brás de Abreu Soares, 222.

Expérience rurale

Si vous n'avez pas peur de taper l'adresse de ce site, vous y trouverez quelques hébergements bonus dans le parc national de Peneda-Gerês.

▸ turismoruraleparquesdecampismogeres.com

Les meilleures pastelarias du Minho ?

1- **Nova Camir** : croquer dans une *torta* de Guimarães ou dans un « petit lardon du ciel » (*toucinho do céu*).
▸ Pastelaria Nova Camir
• **À Guimarães, largo do Toural 105.**

2- **A Colonial** : pour les excellentes *queijadas* et les macarons de Francisco Gomes (formé chez Pierre Hermé).
▸ **À Barcelos, largo da Porta Nova, 43 (+351) 253 811 365.**

3- **Pastelaria Natário** : où l'on fait la queue pour une *bola de Berlim* cueillie à la sortie du four.
▸ pastelariaconfeitariamanuelnatario.pt • **À Viana do Castelo,** rua Manuel Espregueira, 37.

4- **Confeitar a Havaneza** : pour engloutir des *madalenas* à la confiture de courge en terrasse.
▸ Facebook : confeitariahavaneza • **À Ponte de Lima, largo de Camões, 24.**

OÙ MANGER ?

Des viandes excellentes (*cachena*, *barrosã*), un fameux chevreau rôti, une *caldeirada de peixe* (bouillabaisse), du riz de lamproie ou encore des soles sèches de Lanhelas. Ne quittez pas le Minho sans avoir savouré un *caldo verde*, l'incontournable soupe au chou vert et chorizo, et siroté un verre de *vinho verde*, le fameux vin vert du Minho.

J'AI LES CROCS... DE TÍPICO !

O Pote

La meilleure viande *cachena* de la région, c'est ici, parole de locaux !

▸ **À Arcos de Valdevez,** rua Amorim Soares, 54 (+351) 258 515 245.

Tasca do Delfim

Picorer des *petiscos* avec un verre de *vinho verde* chez le roi de l'accordéon ? *Muito típico !*

▸ **À Arcos de Valdevez,** rua da Praça, 45.

Felix Taberna

La petite taverne familiale où il faut jouer des coudes pour se faire une place.

▸ Facebook • **À Braga,** largo da Praça Velha, 18-19.

Dom Pedro

Du rustique, du traditionnel, des saucisses fumées de la montagne et une *feijoada transmontana*, le ragoût du Trás-os-Montes qui tient au corps.

▸ **À Pitões das Júnias,** largo do Toleiro, 4 (+351) 276 566 288.

Cantinho do Abade

La cantine d'altitude pour du *cabrito* ou une bonne pièce de *cachena*.

▸ **À Sistelo,** rua Viscondes de Sistelo (+351) 258 563 201.

Saber ao Borralho

Le steak *barrosã* est cuit au poil !

▸ **À Soajo,** avenida 25 de Abril, Caminho da Costa Velha.

ET POUR CHANGER DU TÍPICO ?

Cor de Tangerina

Une cuisine végétarienne de haute volée, avec des produits locaux et bio.

▸ cordetangerina.pt

• **À Guimarães,** largo Martins Sarmento, 89.

La carte digitale pour retrouver toutes nos adresses, activités et visites.

Açude

Une construction en bois moderne, une excellente cave, des plats du Minho et une vue panoramique sur la vallée.

▸ restauranteacude.com

• **À Ponte de Lima,** caminho São Gonçalo.

Retro Market & Bistro

Des petits plats de bistro qui respectent la saveur naturelle des produits et des bières artisanales.

▸ amodaantiga.pt/retro-market • **À Viana do Castelo,** largo João Tomás da Costa, 63.

DE L'OCÉAN À L'ASSIETTE

Solar do Pescado

Ici, on en pince pour les homards, les coquillages, la *cataplana* de morue, les poissons du rio Minho et la lamproie en saison.

▸ solardopescado.pt

• **À Caminha,** rua Visconde Sousa Rego, 85.

Taberna Soares - Casa Primavera

Une tasca typique où l'on mange au coude à coude avec les habitants et les pêcheurs du coin. Du pain au maïs, une sardine grillée, un filet d'huile d'olive et le tour est joué !

▸ **À Viana do Castelo,** rua Góis Pinto (+351) 258 821 807.

FAQ ?

Comment y aller ?

De Porto, il existe de nombreuses liaisons en train et en bus pour Guimarães, Braga, Barcelos, Viana do Castelo, Caminha, Vila Nova de Cerveira et Valença.

Voilà un tip : pour rejoindre Guimarães ou Braga par le rail depuis Porto, les trains Urbanos sont beaucoup moins chers que les trains Intercidades et Alfa Pendular, pour un temps de trajet à peine plus long.

À NOTER DANS VOS AGENDAS

LE JEUDI

à Barcelos

À la **Feira**, le plus vieux et le plus grand marché du Portugal, le coq de Barcelos, symbole national, squatte les étals avec d'authentiques volailles.

DU 20 AOÛT AU WEEK-END SUIVANT

à Viana do Castelo

Parades de *gigantones* et de *cabeçudos*, les géants de carnaval à grosse tête, qui déambulent lors des **Festas de Nossa Senhora d'Agonia**.

La meilleure saison ?

Le printemps est la saison idéale pour partir à la chasse aux cascades dans le parc et découvrir les cours d'eau dans toute leur splendeur.
Les chauds mois d'été attirent les foules au bord des lagons et cascades.

Et le balisage, ça donne quoi ?

Pas toujours au top. Renseignez-vous avant de partir, notamment sur le site de l'Adere, téléchargez les tracés sur votre smartphone et emportez une bonne vieille carte.

▸ adere-pg.pt

ON VOIT OÙ, LES OISEAUX SUR LA COSTA VERDE ?

Dans le Parque Natural do Litoral do Norte, arrêtez-vous dans l'estuaire du rio Cávado, face à Esposende. D'un côté, l'océan et les dunes, de l'autre, le rio Cávado, et son sentier d'observation : héron, hirondelle de mer, canard royal, mouette argentée… N'oubliez pas les jumelles !

SARGACEIRO QUÈSACO ?

Le *sargaceiro* ou « ramasseur de sargasse » est sans doute l'une des figures les plus typiques du folklore régional. De juin à la fin de l'année, vous pourrez les croiser récoltant les algues en bord de mer pour en faire de l'engrais naturel sur la plage d'Apúlia.

On ramène quoi ?

Le coq de Barcelos ou **le cœur de Viana** (pendentif filigrané), devenus les icônes de tout un pays, une bouteille de *vinho verde* (de l'Alvarinho si on veut le top du top), du miel et des tisanes aux plantes de la Serra de Gerês…

Le vin vert, c'est vraiment vert ?

Désolé de vous décevoir mais non ! Le *vinho verde* n'est pas un vin de couleur verte mais un vin jeune, fruité et légèrement pétillant. À déguster bien frais avec quelques *petiscos* à l'heure de l'*aperitivo* pour faire comme les locaux !

Parc national, mode d'emploi

Que l'on explore le parc en mode *road trip* ou en rayonnant à partir d'une base, la voiture est indispensable. Attention, certaines routes en zone protégée sont interdites à la circulation ou payantes (risque d'amende).

Option 1 : *road trip* Arcos de Valdevez, Sistelo, Soajo, Gerês, Pitões das Júnias, pour avoir un aperçu des différentes serras et sortir des sentiers battus.

Option 2 : se fixer à Gerês, un camp de base central pour partir à la découverte des principaux sites du parc, avec de nombreux sentiers de randonnée à proximité.

On voit des animaux ?

Si l'ours a disparu depuis longtemps, le loup ibérique continue de rôder dans la partie la plus sauvage du parc de Peneda-Gerês, mais peu de chances que vous l'aperceviez. Vous verrez en revanche, broutant au bord des routes, les fameux *garranos* (petits chevaux autochtones laissés en liberté) et les stars locales à longues cornes, la *cachena* et la *barrosã*, dont la viande savoureuse se déguste aux tables paysannes.

De l'art et du vin

Envie de pique-niquer dans les vignes ? Et de déguster un verre de *vinho verde* ? Foncez à la quinta **Solar das Bouças**, au nord de Braga. Balade dans le vignoble, cours de cuisine… On y trouve aussi une galerie d'art et on peut y faire son nid pour la nuit.

▸ solardasboucas.com • **À Prozelo,** rua do Crasto, 1415.

OÙ LOUER UN VÉLO ?

À Braga
▸ gobybike.pt

À Ponte de Lima
(Clube Náutico)
▸ clubenautico.pt

COIMBRA ET LA BEIRA LITORAL

UN COMBO TERRE MER PARFAIT

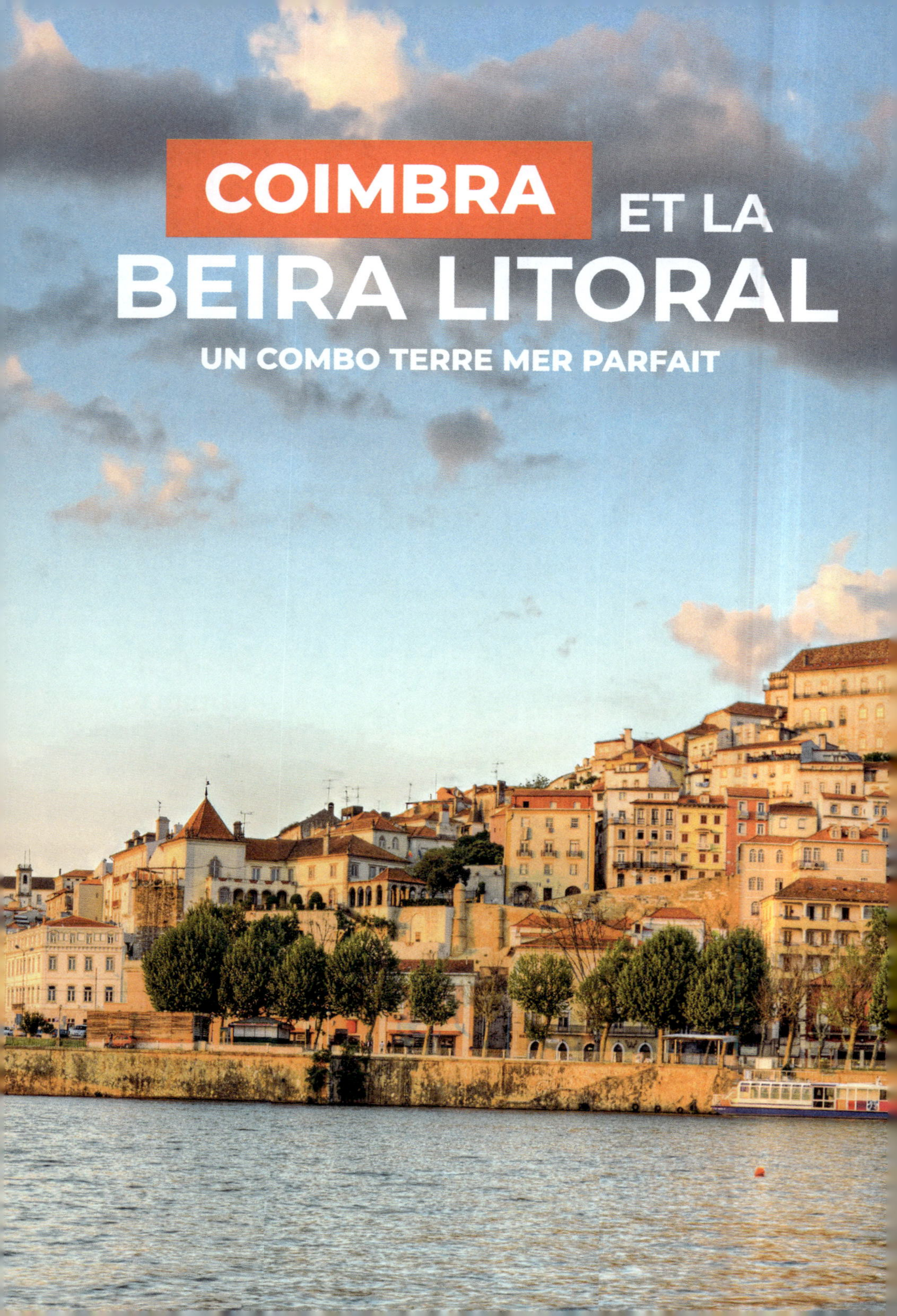

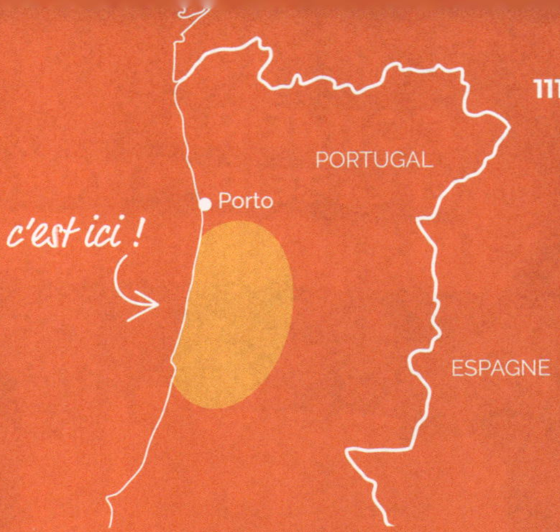

Imaginez des plages sans fin pour poser votre serviette, des montagnes secrètes pour randonner allègrement, des forêts qui sentent bon le pin et l'eucalyptus, une immense lagune gorgée de sel et d'eau, survolée par les flamants roses. Ajoutez-y des villages de schiste oubliés du monde et des villes intellos pleines de peps. Et là, vous vous dites : « Ça a l'air pas mal, la Beira Litoral »... Spoiler alerte : vous avez raison !

CE QUI VOUS ATTEND...

◁ Vieille ville de Coimbra

COIMBRA ET LA BEIRA LITORAL EN UN COUP D'ŒIL

BEST OF

1. Sérénade au clair de lune à Coimbra
2. Cerdeira, un écovillage créatif
3. Montemor-o-Velho, rizières vues d'en haut
4. La forêt magique de Buçaco
5. En haut du phare de Barra
6. Sillonnez les canaux en gondole à Aveiro
7. Costa Nova et ses baraques de plage
8. La lagune d'Aveiro avec les oiseaux
9. Compter les petits carreaux à Ovar

Sur des planches... p. 117

Et hop ! Notre carte digitale

Sur une planche ! p. 129

AVEIRO
Le spot tout trouvé pour explorer la ria (lagune) à pied ou à vélo, se régaler de crabes et de poissons frais et profiter des longues plages de sable de Costa Nova, Barra ou São Jacinto
SERRA DA LOUSÃ
Voilà un petit coin de Portugal qui vaut la peine d'être exploré !
Faites de la balançoire sur un tapis de nénuphars, p. 127
Randonnez en boucle face à l'océan, p. 129
Faites de l'accrobranche, p. 128
OCÉAN ATLANTIQUE
1 Coimbra
2 Cerdeira
3 Montemor-o-Velho
4 Buçaco
5 Farol da Barra
6 Aveiro
7 Costa Nova
8
9 Ovar
Lagune d'Aveiro
Porto
Douro
Vilarinho
Estarreja
Murtosa
Salreu
Albergaria-a-Velha
São Jacinto
Ílhavo
Vagos
Nariz
Sangalhos
Luso
Rio Mondego
Oliveira do Hospital
Penacova
Torres do Mondego
Vila Nova do Ceira
Rio Zêzere
Penedos de Góis
Serra da Lousã
Castanheira de Pera
Penela
Serra de Sicó
São Simão
Quiaios
Buarcos
Figueira da Foz
Nazaré
Tage
N
0
5
10 km

BEST OF CÔTÉ TERRE

1 COIMBRA

Sérénade au clair de lune

Le soir, de petites troupes d'étudiants en cape noire, appartenant à des groupes de fado (les *tunas*), déambulent dans la vieille ville et chantent la sérénade, genou à terre, à ces dames. Une vision de Coimbra tout à fait poétique.

(Pour voir d'autres étudiants en cape noire, rdv p. 119)

Rando, fado, dodo

2 CERDEIRA

Déconnectez dans un écovillage créatif

Un bijou de tranquillité dans la serra da Lousã. Cet ancien village de schiste abandonné a été entièrement restauré selon les principes de la bio-architecture, en optimisant l'utilisation des ressources naturelles. Vous pourrez y dormir dans d'authentiques maisons de schiste, côtoyer des artistes du monde entier en résidence, participer à des ateliers créatifs (poterie, céramique, jouets en bois...) et même faire des confitures !

▸ **+ d'infos :** cerdeirahomeforcreativity.com
• À moins de 1h au sud-est de Coimbra.

3 MONTEMOR-O-VELHO

Noyez votre regard dans le vert des rizières

Hissez-vous en haut des impressionnants remparts de **Montemor-o-Velho,** avant d'aller contempler les hérons et les spatules sur la **Rota Monumental das Aves** (PR1 MMV).

▸ **+ d'infos :** visitregiaodecoimbra.pt

4 BUÇACO

Perdez-vous dans la forêt magique

Croyez-le ou non, ce sont des moines qui sont à l'origine de cette forêt envoûtante, à la végétation luxuriante, parsemée de fontaines et d'escaliers recouverts de mousse, avec au milieu, un vieux palace à l'architecture incroyable. Sans aucun doute, la balade la plus romantique du coin !

BEST OF CÔTÉ MER

5 LE PHARE DE BARRA

Buvez l'océan des yeux

Ce vieux loup de mer qui scrute l'horizon depuis 1893 est le plus haut phare du Portugal : 60 m de haut et pas loin de 300 marches à gravir... à condition d'être là un mercredi après-midi (sinon c'est fermé) ! Et bonne nouvelle, c'est gratuit.

6 AVEIRO

Sillonnez les canaux en gondole

Montez à bord d'un *moliceiro*, les gondoles du coin, des barques multicolores à fond plat et à la proue qui ressemble à un cygne, et laissez-vous guider sur les canaux de la ville ! Typique de la lagune d'Aveiro, à l'époque ces embarcations servaient à récolter les algues, transporter le sel ou pêcher l'anguille.

▸ **+ d'infos :** ecoria.pt • Rua Carlos Silva Melo Guimarães (au bord du canal).

Shootez les baraques

À un battement d'ailes de mouette d'Aveiro, vous trouverez la plus photogénique des stations balnéaires du pays, avec ses petites rues ensablées et ses adorables maisons de pêcheurs (*palheiros*) en marinières multicolores, qui défilent le long de la plage. Vraiment craquant !

8 LAGUNE D'AVEIRO

Faites votre nid avec les oiseaux

Dans la ria de Aveiro, du côté d'Ovar, le projet **Be & See in Nature** vous invite à dormir dans une maison éco-durable adaptée à l'observation des oiseaux, à faire des promenades à vélo d'époque ou en bateau, des observations astronomiques, des excursions d'observation nocturne des oiseaux, des excursions en bateau et des parties de pêche avec les locaux. Du tourisme 100 % green comme on aime !

▸ + **d'infos :** beandseeinnature.pt
• **À Ovar,** rua de Enxemil.

9 OVAR

Comptez les petits carreaux

La ville d'Ovar est un véritable musée à ciel ouvert de l'azulejo… Une ribambelle de façades recouvertes de carreaux du XIXe s., du fleuri au géométrique ultra-graphique : il y en a pour tous les goûts ! Et en parlant de ça, profitez-en pour croquer dans un *pão de ló*, la délicieuse génoise locale.

COIMBRA IMMERSION DANS LA VILLE ÉTUDIANTE

Son université, ses grappes d'étudiants en cape noire, ses traditions académiques, ses *repúblicas*, son sens de la fête... un monde mythique qui fait de Coimbra, aussi studieuse que fêtarde, une ville unique !

▶ CHUT... ICI, ÇA BOSSE !

Saluez la doyenne des universités portugaises, inscrite à l'Unesco, avec sa tour de la chèvre (vue au top au sommet !), sa chapelle, sa prison pour étudiants et sa fameuse **bibliothèque Joanine**, où l'on trouve une colonie de chauves-souris qui habite le lieu et se nourrit des insectes qui mangent les livres !

▸ **+ d'infos :** visit.uc.pt • Largo Marquês de Pombal.

▶ JARDIN BOTANIQUE

En compagnie des écureuils, entre arbres exotiques et bambouseraie, profitez du Jardim Botânico, créé au XVIIIe s. pour la faculté des sciences naturelles : un charme fou !

▸ **+ d'infos :** le long de l'alameda Dr. Júlio Henriques.

▶ RENCARD AU MIRADOURO DO PENEDO DA SAUDADE

Ce jardin rocailleux, parsemé de poèmes d'auteurs célèbres qui ont étudié à Coimbra, est LE lieu de rendez-vous des étudiants depuis le XIXe s. On les comprend, le panorama sur Coimbra, le Mondego et la serra da Lousã a de quoi inspirer !

▸ **+ d'infos :** accès en face d'avenida Marnoco e Sousa 32.

LE FADO AUSSI, C'EST LES ÉTUDIANTS

Le fado de Coimbra n'est chanté que par les hommes, des (ex-)étudiants en cape noire, et il est plus triste que le fado de Lisbonne. À découvrir au **Núcleo da Guitarra e do Fado de Coimbra**.

HARRY POTTER STYLE

Le costume noir des étudiants de Coimbra vous rappelle quelque chose ? C'est normal, c'est la *capa e batina* ou « cape et soutane » qui a inspiré à J. K. Rowling l'uniforme des petits sorciers de Poudlard !

▶ LA FAC EN FÊTES

▶ En octobre, **Festa das Latas.** Prenez-en plein les oreilles : les petits nouveaux, déguisés par leurs parrains, défilent les ruelles avec des canettes attachées aux chevilles, à grand renfort de sifflets, de chants et de klaxons. Le but ? Faire le plus de boucan possible !

▶ En mai, **Queima das Fitas.** C'est le gros lâchage avant les exams : le « brûlage des rubans » que les étudiants ont portés tout au long de leur cursus : l'une des plus grandes fêtes du pays, avec sérénade monumentale, bals, défilé de chars, *spring break* sur la plage de Buarcos... le tout arrosé avec un peu (un tout petit peu) d'alcool...

LES REPÚBLICAS, C'EST QUOI ?

Des colocs d'étudiants qui existent depuis le XIVᵉ s. Chaque *república* a son nom, son slogan, son drapeau, ses règles, ses traditions et son décor décalé. Débusquez-les dans les rues Castro Matoso, da Matemática et do Salvador.

12 SPOTS À COIMBRA
RIVE GAUCHE

UN MONASTÈRE QUI PREND L'AUTRE DE HAUT

De la vieille pierre en veux-tu en voilà avec le monastère ruiné de **Santa Clara-a-Velha** (à Santa-Clara, rua Baixo, 57), abandonné à cause des crues du Mondego, et le monastère **Santa Clara-a-Nova** (calçada Santa Isabel), construit plus haut.

UN VILLAGE DE LILLIPUTIENS

En famille, faites des pas de géant dans le **Portugal dos Pequenitos**, le Portugal en miniature. Tous les monuments et les plus belles villes du Portugal en un après-midi !

▸ **+ d'infos** : fbb.pt/pp • Largo Rossio de Santa Clara.

UNE SCÈNE DE CRIME

Versez une larme pour Pedro et Inês, les Roméo et Juliette portugais, dans **les jardins de la Quinta das Lágrimas.** Un décor follement romantique, où l'amante du roi fut assassinée.

▸ **+ d'infos** : rua José Vilarinho Raposo 1.

UNE TERRASSE STYLÉE

Pour boire un verre, direction la terrasse de la **Galeria Santa Clara,** qui fait à la fois bar, salle de concert et galerie d'art. On n'est pas bien là, paisible, à la fraîche, à contempler Coimbra ?

▸ **+ d'infos** : rua António Augusto Gonçalves, 67.

UN PONT SUR LE MONDEGO

Regagnez l'autre rive à pied par la belle passerelle piétonne **Pedro e Inês.** Vous aurez un super panorama sur l'université depuis la plateforme centrale !

UNE VIRÉE SUR L'EAU

Glisser en paddle sur le rio Mondego, au pied de la colline de Coimbra ? On valide !

▸ **+ d'infos** : coimbrasup.com • Pavilhão 4 – Parque Verde do Mondego, avenida Inês de Castro.

RIVE DROITE

UN MARCHÉ COUVERT

Pour se fondre dans la population, rien ne vaut un tour au **mercado municipal Pedro V,** entre les étals des petits producteurs du coin.

▶ **+ d'infos :** rua Olímpio Nicolau Rui Fernandes, 208.

PAS UNE MAIS DEUX CATHÉDRALES

Deux beautés, chacune dans son style : la **Sé Velha** (Largo da Sé Velha), la vieille cathédrale romane aux airs de forteresse, et la **Sé Nova** (largo Feira dos Estudantes), « nouvelle » cathédrale Renaissance, *muito* baroque à l'intérieur.

UN CLOÎTRE QUI VOUS CLOUE LE BEC

Petit moment de plénitude dans le cloître du Silence au monastère de **Santa Cruz.** C'est dans cette église, icône de l'architecture manuéline (du roi Manuel), que reposent les premiers rois du Portugal.

▶ **+ d'infos :** praça 8 de Maio.

UN MUSÉE D'ART QUI CLAQUE

Au **Museu Nacional de Machado de Castro,** jetez un œil aux sculptures Renaissance de l'école de Coimbra… et au panorama sur la ville dans la cafet' du musée.

▶ **+ d'infos :** Largo Dr. José Rodrigues.

UN BALCON SUR LE MONDEGO

Direction **Passaporte** pour siroter un Gin Basil Smash en terrasse avec une vue plongeante sur le Mondego… Et pas n'importe où : dans l'ancien palais du gouverneur de Coimbra !

▶ **+ d'infos :** passaporte.pt • Rua Couraça da Estrela, 13.

DES TERRASSES AU BORD DE L'EAU

Ne passez pas à côté des nombreuses terrasses des bars et restaurants qui fleurissent le long de la rivière dans le **Parque Verde do Mondego.** Le risque ? Toutes les faire !

▶ **+ d'infos :** avenida Lousã.

Where is the schiste ?

Serra da Lousã

QUE LA MONTAGNE EST BELLE

À 30 km de Coimbra, la montagne de Lousã abrite 12 des 27 villages qui composent le réseau des Aldeias do Xisto du Portugal (Villages du Schiste), autant de cocons de quiétude au charme authentique. Pour le reste, oubliez le wifi, ici on se connecte à la nature !

▸ **+ d'infos :** aldeiasdoxisto.pt (infos randos, canyoning, VTT, observation des étoiles...)

3 BALANÇOIRES dans de drôles d'endroits

❶ Baloiço do Burgo

Faites de la balançoire... sur l'eau ! Dans le cadre idyllique des piscines naturelles de **Nossa Senhora da Piedade,** au pied du Castelo da Lousã.

Au sud de Lousã par la M580.

❷ Baloiço do Trevim

Se balancer au point culminant de la serra (1 200 m) ? Un must au lever ou au coucher du soleil !

Au sud de Lousã par la N236, dir. Alto do Trevim.

❸ Baloiço dos Penedos de Góis

Une balançoire sur les pentes abruptes des Penedos de Góis, entre cascades et ruisseaux, qui dit mieux ?

Au sud de Góis par la N2 et la CM1378.

3 RANDOS sur les chemins du schiste

Crapahutez de village en village sur les Caminhos do Xisto !

▶ + d'infos : myxistotrails.pt

1 Rota das Aldeias do Xisto de Lousã (PR2 LSA)

Du Castelo da Lousã, cette boucle relie les villages de Talasnal, Casal Novo (et ses bergeries en ruines), et Chiqueiro, le long du chemin touffu et escarpé qu'empruntaient les habitants de la montagne (6 km – 3h).

2 Rota das Quatro Aldeias (PR4 LSA)

Idéal pour découvrir la Serra da Lousã, praticable en toute saison. Une rando linéaire du village de schiste de Candal au Castelo da Lousã, en passant par Catarredor, Vaquierinho et Talasnal (10 km – 5h).

Retour en taxi ou à pied (2h par la N236).

3 Trilho das Aldeias do Xisto de Góis (PR1 GOI)

Cette boucle traverse tous les villages de schiste de la commune de Góis (où la superbe plage fluviale da Peneda vous attend !) : Aigra Nova, Aigra Velha, Pena et Comareira (9 km – 4h). Cerfs, loutres et cigognes noires devraient même être de la partie !

3 PASSERELLES à dévaler (ou à gravir)

1 Passadiços das Fragas de São Simão

Des paysages granitiques époustouflants remplis de chênes et de lauriers, avec en bonus une plage cachée dans les gorges. Le paradis quoi !

À 1 500 m du village de Casal de São Simão.

2 Passadiços da Ribeira das Quelhas

Plus besoin de jouer la chèvre de montagne pour profiter de ses paysages rocheux, cascades et lagons !

À 500 m du village de Coentral Grande (municipalité de Castanheira de Pera).

3 Passadiços do Cerro da Candosa

À vous la Garganta do Cabril do Ceira, de superbes gorges au pied desquelles vous pouvez vous baigner.

Départ à côté de la chapelle Nossa Senhora da Candosa, à 3 km de Vila Nova de Ceira.

AVEIRO EN 24 HEURES

LA (TOUTE) PETITE VENISE PORTUGAISE

Des canaux, des *moliceiros* et des façades Art nouveau : bienvenue à Aveiro ! Ne vous fiez pas à son surnom abusif de « Venise portugaise », Aveiro est une charmante ville traditionnelle, au vrai goût de *doce vida*.

08H00

PETIT DÉJ RÉTRO

Réveil en douceur(s) à la **Pastelaria Confeitaria Ramos,** l'une des meilleures pâtisseries de la ville. On y trouve les fameux *ovos moles* (œufs mous), la spécialité sucrée d'Aveiro.
▸ **+ d'infos :** pastelariaramos.com • Avenida Dr Lourenço Peixinho, 86-88.

Une note sucrée pour une riche journée

10H00

LE QUARTIER DES PÊCHEURS

Flânez sur le **Cais dos Botirões,** l'ancien quai aux couleurs pimpantes du sel et du poisson, et perdez-vous dans les étroites ruelles de **Beira Mar,** aux typiques petites maisons carrelées.

10H30

BALADE EN BATEAU

Quitter Aveiro sans avoir glissé sur les canaux en *moliceiro* (45 min), c'est comme voir les gondoles à Venise sans monter dedans. Rendez-vous sur le canal central !
▸ **+ d'infos :** ecoria.pt • Rua Carlos Silva Melo Guimarães (au bord du canal).

11H00

PRENEZ LA « PAUSE » ART NOUVEAU

Séquence photo le long du canal central, sur fond de superbes façades Art nouveau, suivi d'une pause thé dans la **Casa de Chà Arte Nova,** logé dans l'iconique Casa Major Pessoa.
▸ **+ d'infos :** facebook.com/casadechartenova • Rua Dr Barbosa Magalhães, 9.

Et hop ! Notre carte digitale

12H30

LA BONNE PÊCHE AU DÉJEUNER

Filez au premier étage du **Mercado do Peixe** (halles métalliques 1900 – largo Parracho Branco, 1) pour déguster une bonne *cataplana* ou une *caldeirada* (bouillabaisse). Une alternative ? **Musgo** (rua do Tenente Rezende, 37b), une excellente petite cantine végétarienne.

14H00

PARENTHÈSE SALÉE

Observez le travail millénaire des *marnotos* (les saliculteurs) qui exploitent les salines d'Aveiro.

16H00

DIRECTION LA PRAIA

Prenez le bus pour **Costa Nova** (20-30 min avec la ligne 5951, transdev.pt). Vous allez adorer ses petites maisons à rayures colorées ! Un bol de brise marine et un coucher de soleil sur la plage, et vous voilà conquis.

21H00

DÎNER BRANCHÉ

Retour à Aveiro, direction le restaurant **O Bairro** et sa cuisine portugaise inventive et décalée.
▸ + **d'infos :** facebook.com/obairrorestaurante • Largo da Praça do Peixe, 24.

23H00

LA NUIT NE FAIT QUE COMMENCER...

On vous laisse choisir (ou pas !) entre la tournée des bars autour de la **praça do Peixe** et un concert ou DJ set au **Mercado Negro.** *Boa noite !*
▸ + **d'infos :** facebook.com/acmercadonegro • Rua João Mendonça, 17.

AVEIRO AVEC LES LOCAUX

- Faites du géotourisme urbain avec Gil : une autre perspective sur la ville et son environnement naturel ! ▸ + **d'infos :** outcrop.pt • (+351) 963 305 338.
- Apprenez à préparer les *ovos moles* d'Aveiro en 30 min chrono ! ▸ + **d'infos :** oficinadodoce.com • Rua João Mendonça, 23, Letra JKL (Galeria Rossio).
- Faites le marché et cuisinez en français avec Ana Paula. ▸ + **d'infos :** fr.airbnb.be/experiences/1617985

BAIN DE NATURE XXL DANS LA LAGUNE D'AVEIRO

Des marais salants, des pins plantés dans les dunes, de verts paysages de bocage et des plages immaculées, le tout saupoudré de barques colorées, de pêcheurs de crabes, de flamants roses et de hérons blancs... l'éblouissante ria d'Aveiro déroule un écosystème unique à découvrir à pied ou à vélo !

1 Pédalez à fleur d'eau

La Grande Rota da Ria de Aveiro : faites le tour de l'immense lagune en suivant le GR57 (parcours bleu), 131 km en 6 jours.

▸ **+ d'infos :** granderota.riadeaveiro.pt

2 Flottez dans un bain d'eau salée

Rendez-vous dans les salines d'Aveiro, à la **Marinha da Noeirinha.** Prenez un bain de boue, flottez dans les salines comme dans la mer Morte et repartez avec une peau de bébé.

▸ **+ d'infos :** salinasaveiro.com/como-chegar (pour les accès en train ou à vélo).

3 Foulez les planches

Plus besoin de faire du stop en *moliceiro* pour flirter avec les roseaux, les flamants roses et les paysages de la lagune. Il vous suffit de longer les passerelles en bois d'Aveiro, du canal de São Roque à Vilarinho (**Passadiços Ria de Aveiro** ; 15 km AR).

▸ **+ d'infos :** turismodocentro.pt/artigo/passadicos-da-ria-de-aveiro

4 Observez les oiseaux de la lagune

Réserve naturelle des dunes de São Jacinto : un petit trajet en ferry et hop, vous vous retrouvez à pique-niquer entre les dunes et une pinède, à lézarder sur une plage sauvage et à chercher canards, hérons et oiseaux marins dans les mares d'eau douce.

▸ **+ d'infos :** natural.pt

BioRia Estarreja : 180 espèces d'oiseaux nicheurs ou migrateurs se laissent contempler dans un sublime paysage de vert et d'eau, au fil de sentiers pédestres et cyclables. Location de vélo, kayak et jumelles au Centro de Interpretação Ambiental.

▸ **+ d'infos :** bioria.com
• Au début du sentier de Salreu.

5 Grattez le sable à marée basse

En été, avec **Terra d'Água,** vous aurez le choix entre une partie de pêche à pied à la recherche des mollusques et des coquillages, une sortie en *moliceiro* au cœur de la ria, une session de *birdwatching*... ou carrément les 3 !

▸ **+ d'infos :** terradeagua.com • **À Pardelhas – Murtosa**, rue Dr. Carlos Barbosa, 8A.

6 Faites de la balançoire sur un tapis de nénuphars

Les deux pieds dans le vide, déconnectez instantanément devant ce champ vert de nénuphars à perte de vue ! Rendez-vous au **Lago da Pateira do Carregal,** un parc fluvial à 15 km d'Aveiro.

DANS LA PEAU D'UN MARNOTO

Passez une journée dans les salines d'Aveiro pour apprendre à effectuer les tâches du *marnoto* (saliculteur) et participer à la cueillette de la fleur de sel. Vous avez même le droit d'emporter votre récolte à la maison !

▸ **+ d'infos :** salinasaveiro.com

Beira Litoral EN MODE SPORTIF

C'est fou tout ce qu'on peut faire ici avec une paire de baskets, une planche de surf et des pagaies (mais pas les 3 ensemble !)

La dose d'adrénaline qu'il vous faut

❶ Pagayez sur le Mondego

En kayak, de Penacova à Torres do Mondego ou Coimbra, avec des pauses sur des plages fluviales. Si vous n'avez pas de moyen de transport, on vient vous chercher à Coimbra.

▶ + **d'infos :** opioneirodomondego.com • (+351) 239 478 385.

❷ Dévalez les coteaux de la Serra da Lousã à VTT

Pour un run mémorable, rendez-vous au **LouzanPark** à Lousã, la capitale du VTT de montagne !

▶ + **d'infos :** facebook.com/louzanpark • Bus Coimbra-Lousã (1h).

❸ Osez le canyoning

À **Ribeira das Quelhas** pour les débutants ou dans la rivière Pena à Góis, avec rappel de 35 m, sauts et toboggans !

▶ + **d'infos :** transserrano.com • **À Góis**, Bairro São Paulo, 2.

❹ Faites de l'accrobranche

Ponts de singe, sauts de Tarzan et tyroliennes vous attendent à Penela.

▶ + **d'infos :** expertree.pt

Osez le canyoning

Y a de la rando au bord de l'eau

❶ Face à l'océan dans la Serra de Boa Viagem

Le **trilho Boa Viagem** (PR3 FIG ; boucle de 13 km – 4h ; difficile) débute en fanfare au belvédère de Bandeira avec vue sur l'océan et la forêt nationale des dunes de **Quiaios**. Un sentier accidenté dans les collines à la découverte de la cascade de Quiaios, des plages de Quiaios et Murtinheira, des roches jurassiques du Cap Mondego, d'un phare et d'une chapelle. Ça vous tente ?

❷ Sur le GR 48 le long du rio Mondego

La **Grande Rota do Mondego** c'est 150 km de rando au fil de la rivière, entre Oliveira do Hospital et Figueira da Foz, où le Mondego rencontre l'océan. Et dans l'intervalle, des paysages de rizières, de montagnes et des miroirs d'eau.

▸ visitregiaodecoimbra.pt (rubrique « Turismo de Natureza »).

5 spots pour sortir les surfs

❶ Buarcos

Pour surfer la plus longue droite d'Europe !

❷ Cabedelo

Pour s'éclater dans les rouleaux (un des meilleurs spots de Figueira da Foz).

❸ Praia da Vagueira

Pour un cours de surf ou de paddle avec **Secret Surf School.**

▶ + **d'infos :** secretsurf.pt • **À Vagos,** Praia da Vagueira.

❹ Costa Nova

Pour rider des gauches et des droites au poil.

❺ Praia da Barra

Pour le plaisir de franchir la barre à Barra.

APRÈS L'EFFORT... L'APERITIVO !

Faites le plein de bonnes *vibes* au coucher du soleil avec les surfeurs du coin sur la terrasse du **Luna Bar Recycled,** entre mer et ria, à la Praia da Vagueira.

▸ + **d'infos : à Praia da Vagueira,** rua do Labrego.

NOS *Super* ADRESSES

SE REPÉRER

COIMBRA

Comment ne pas tomber sous le charme de ses petites ruelles pentues toutes résonnantes de la rumeur estudiantine et du poignant fado de Coimbra ?

AVEIRO

Animée toute l'année, la petite ville étudiante lardée de canaux vous ouvre les portes de la superbe lagune du même nom à l'embouchure du rio Vouga.

SERRA DA LOUSÃ

Des petites montagnes tapissées de forêts, des villages de schiste, des belvédères, des balançoires, des cascades, un château, des chapelles...

PAUSE BELLE ÉPOQUE !

Avant ou après la balade dans la forêt de Buçaco, faites une halte chez **Rosa Biscoito**, un beau café logé dans l'ancien casino Art nouveau de la station thermale de Luso, où l'on peut grignoter des *petiscos* (tapas), voir une expo ou glaner des produits locaux dans le coin boutique et épicerie fine.

▸ facebook.com/rosabiscoitoluso

OÙ DORMIR ?

Penedo da Saudade Suites & Hostel

À la cool !

Une superbe maison 1800 inspirée des traditions académiques, des chambres design, un bar et un rooftop avec une vue géniale sur la ville.

▸ penedodasaudade.pt • **À Coimbra**, avenida Dr. Marnoco e Sousa, 18b.

Hotel Oslo

Pour la vue !

Cet hôtel a (presque) tout pour lui : une vue imprenable sur la vieille ville depuis son rooftop, des chambres familiales avec séparation espace enfants et parents, et des propriétaires aux petits soins et pleins de bons conseils. Petit plus qu'on adore : un bar à oreiller pour choisir celui qui vous convient le mieux !

▸ hoteloslo-coimbra.pt/fr • **À Coimbra**, avenida Fernão de Magalhães, 25.

Ostraveiro

Nuit gourmande

Chambres posées sur un bassin à huîtres (dégustation en perspective !), avec de grandes baies vitrées pour observer les oiseaux.

▸ ostraveiro.com • **À Aveiro**, Canal Principal.

Tijosa Eco-House Camp

Des nuits éco-tendance

Une retraite éco-durable avec des chambres conçues par des créateurs de mode portugais et une vue imprenable sur la lagune.

▸ tijosaecohouse.pt • **À Ovar**, rua Pedro Homem de Mello, 147.

Villa Pedra Natural Houses

Tranquilidade !

Ici, ce sont des villas traditionnelles rénovées avec goût, de 2 à 6 personnes, qui vous attendent, et même une ancienne école dans laquelle vous pourrez dormir ! Au programme : sentir le bon parfum de la campagne portugaise et vous délecter des spécialités de la cuisine de la maison. Vous allez être bien !

▸ villapedra.com • **À Cotas**, rua do, rua Rechio e Seladas.

Sete Quintas

Posez-vous à la ferme

Dans un cadre idyllique au bord de la rivière Dueça, une ferme bio et éco-durable.

▸ sete-quintas.pt

OÙ MANGER ?

LES TABLES QU'ON AIME À COIMBRA

Zé Manel dos Ossos

Miam les travers de porc dans cette minuscule taverne, qui n'a quasiment pas bougé depuis 1959 !

▸ Beco do Forno, 10 (+351) 239 823 790.

Tapas nas Costas

De délicieuses tapas portugaises, arrosées de vins du pays et de bières artisanales.

▸ tapasnascostas.pt/menu • Rua Quebra-Costas, 19.

Refeîtro da Baixa

Des assiettes bien inspirées et des plats végés... dans un atelier de céramique !

▸ facebook.com/refeitrodabaixa • Quintal do Prior, Terreiro da Erva, 2-4.

Fangas Maior

Un super spot pour picorer des petiscos à l'aperitivo. Il y a aussi la version veggie : Fangas Veg !

▸ fangas.pt • Rua de Fernandes Thomas, 29.

Sete Restaurante

Une bonne *feijoada* de légumes, des sardines cuites dans des feuilles de brick... la cuisine portugaise réinterprétée avec goût !

▸ seterestaurante.wixsite.com/coimbra • Rua Dr. Martins de Carvalho, 10.

OÙ CROQUER LA SERRA DA LOUSÃ À PLEINES DENTS ?

O Burgo

Un must pour goûter les spécialités locales.

▸ oburgo.pt • **À Lousã,** Ermida da Nossa Senhora da Piedade, Castelo da Nossa Senhora da Piedade.

Ti' Lena

Ha, les bons petits plats de Lisete !

▸ rtilena.wixsite.com/tilena • **À Talasnal.**

La carte digitale pour retrouver toutes nos adresses, activités et visites.

LA BONNE PÊCHE CÔTÉ RESTOS

O Batel

Poissons frits, riz aux fruits de mer... dans un tout petit resto familial.

▸ facebook.com/restauranteobatel • **À Aveiro,** travessa do Tenente Rezende, 21.

Mar à Vista

Des sardines, encore des sardines, rien que des sardines ! Ici, on les mange à volonté.

▸ facebook.com/maravistabuarcos • **À Buarcos,** rua 5 de Outubro, 94.

Bronze Seafood & Lounge Bar

Un excellent resto de plage pour manger face au Grand Bleu.

▸ bronze.pt • **À Costa Nova,** rua da Nossa Senhora da Encarnação, 10.

A Peixaria

Pour tordre le cou aux pouces-pieds dans le quartier des pêcheurs. Sans chichi !

▸ facebook.com/apeixaria • **À São Jacinto,** rua Mestre Jorge Pestana.

UN VERRE ?

OÙ BOIRE UN COUP À COIMBRA ?

Bar Quebra

Un verre de *vinho*, des *tostas* et du jazz dans les oreilles ! Concerts en plein air l'été dans l'escalier de Quebra Costas.

▸ facebook.com/barquebracostas • Escadas de Quebra Costas, 45/49.

Associação Académica de Coimbra (AAC)

Le QG des étudiants en cape noire depuis 1887 : des bières à petit prix et les meilleures nuits académiques de Coimbra.

▸ academica.pt • Rua Padre António Vieira, 1.

FAQ ?

On peut venir en train ?

Oui, la région est bien desservie !
Trains fréquents pour Coimbra depuis Lisbonne (2h) ou Porto (1h). Et de Coimbra, trains toutes les heures pour Figueira da Foz et Aveiro (1h ; aussi accessible depuis Porto en 30 min).
Sinon, Coimbra est reliée aux principales villes du pays en bus.

En revanche, pour explorer la serra da Lousã, la voiture est indispensable.

À Coimbra, baskets ou pantoufles ?

Pour passer de la ville basse à la ville haute, il y a l'option baskets pour gravir les petites rues piétonnes ultra-pentues du centre historique (attendez d'avoir gravi la rua da Quebra Costas, la rue « casse-dos » !) ou l'option flemmard avec les *pantufinhas* ou « petites pantoufles », des bus électriques qui vous déposent au sommet de la colline.

▸ smtuc.pt

LE VÉLO À AVEIRO, ÇA SE PASSE COMMENT ?

Ça se passe très bien ! Vous pouvez enfourcher un BUGA, la bicyclette d'utilisation gratuite d'Aveiro. Ou alors louer un vélo gratuitement à Murtosa. 2 bons plans pour explorer la lagune d'Aveiro sans débourser un euro.

Et s'il pleut, on fait quoi ?

• Du tourisme industriel à la **Fábrica de Porcelana da Vista Alegre, à Ílhavo** (10 km d'Aveiro). La plus célèbre fabrique de porcelaine du Portugal, fondée en 1824, est une véritable ville avec palais, usine, théâtre, chapelle et cité ouvrière.

• Admirez la collection d'art sacré du **Museu de Aveiro** dans un ancien couvent.

▸ cm-aveiro.pt, chercher « Museu de Aveiro » • **À Aveiro,** avenida de Santa Joana.

• Prenez une gorgée d'art et de vinho verde à l'**Aliança Underground Museum,** un insolite musée d'art souterrain couplé à des caves à vin, avec dégustation à la clé (25 km d'Aveiro)

▸ bacalhoa.pt • **À Sangalhos,** rua Comercio, 444.

FIGUEIRA DA FOZ, ÇA VAUT LE COUP ?

Si vous avez envie de lézarder sur le sable, c'est la station balnéaire la plus proche de Coimbra avec une plage gigantesque.

J'AIME LES ANIMAUX : ON FAIT COMMENT ?

Offrez-vous un tête-à-tête avec les morues (mais pas que !) au superbe **Museu Marítimo de Ílhavo** (6 km au sud d'Aveiro).

▸ museumaritimo.cm-ilhavo.pt • **À Ílhavo**, avenida Doutor Rocha Madahil, 193.

Câlinez les alpagas à la ferme **Monte Frio Alpacas,** à Nariz (20 min de voiture d'Aveiro). Lisa y partage ses connaissances sur les méthodes durables de production de fibre de laine et propose des ateliers de feutrage, filature et tissage.

▸ Facebook.com/Monte Frio Alpacas • **À Nariz**, rua Dr Manuel Seabra, 34.

Observez le loup ibérique et l'ours brun dans **le parc biologique de la Serra da Lousã,** qui abrite le plus grand échantillon de faune sauvage du Portugal : 375 animaux dans un environnement forestier.

▸ parquebiologicoserralousa.pt • **À Miranda do Corvo.**

La fête commence à quelle heure ?

Pas avant 23h ! **À Coimbra,** privilégiez le jeudi soir : c'est carrément la folie !
Le week-end, c'est plus calme, beaucoup d'étudiants rentrent chez papa maman.

ON FAIT QUOI DANS LES ÉGLISES DE COIMBRA ?

À part prier ? On peut engloutir une tartelette aux amandes (*crúzio*) sous les voûtes du mythique **Café Santa Cruz,** logé dans une ancienne église, ou se payer une maxidose de saudade chez **Á Capella,** une ancienne chapelle éclairée aux chandelles, où se produisent les meilleurs chanteurs de fado de la ville.

▸ cafesantacruz.com • Praça 8 de Maio.

▸ acapella.com.pt • Pátio Vitória, 53.

Je veux voir des ruines !

Bonne nouvelle, on a ce qu'il vous faut ! À **Conímbriga,** il y a des ruines de villas romaines et des mosaïques peuplées de dauphins, de centaures… C'est le site archéologique le mieux conservé du pays, bucolique comme un petit coin de Toscane. Si, si !

ET S'IL NE FALLAIT VISITER QU'UN SEUL VILLAGE DE SCHISTE ?

ON VOTE TALASNAL !

Et on vous donne trois bonnes raisons d'arpenter ses trois ruelles. Le village est si petit que vous ne pouvez pas les rater.

1 Parce que c'est le plus beau de la serra, immensément pittoresque.

2 Pour goûter l'ambiance caverneuse d'un café de pays *muito tipico* : **O Curral.**

3 Pour engloutir un *talasnico*, le petit gâteau typique du coin au miel et à la châtaigne, chez **O Retalhinho**.

▸ À 12 km au sud de Lousã par l'estrada das Hortas.

La Serra da Estrela et la Serra do Açor

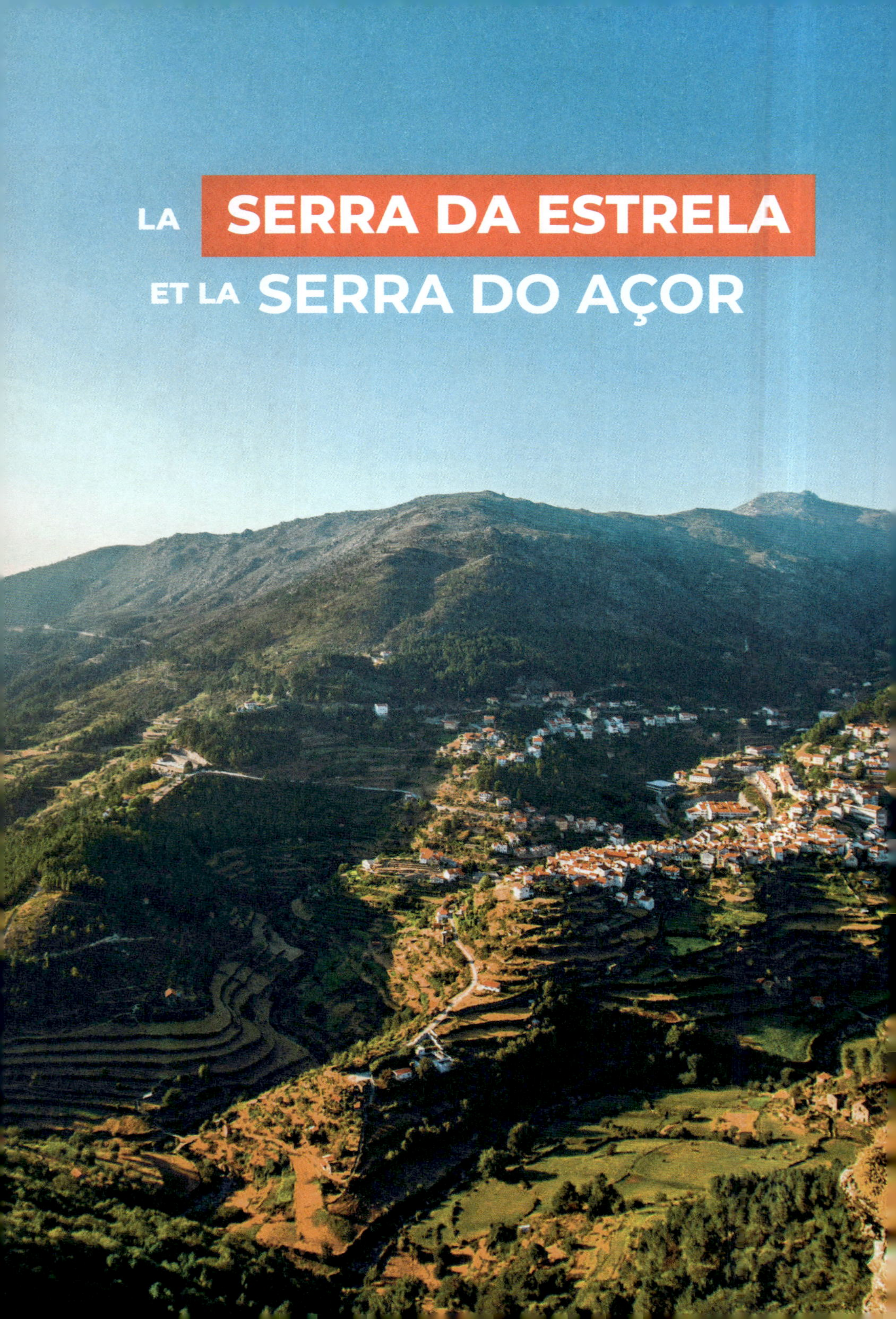

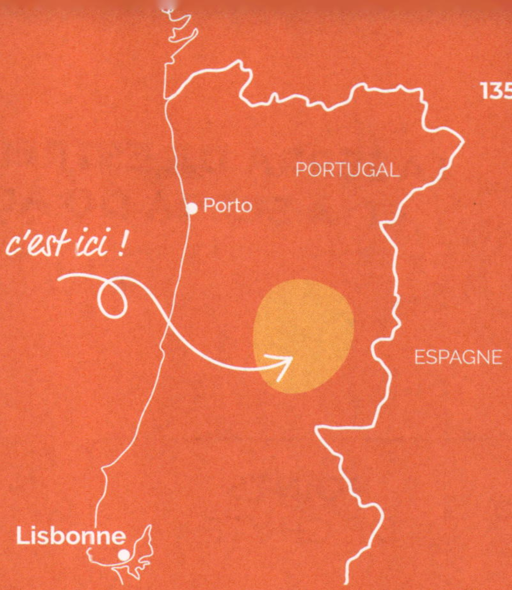

En plein cœur des Beiras, la montagne de l'Étoile (Serra da Estrela) vous catapulte sur le toit du Portugal et son époustouflant décor taillé pour crapahuter : des chaos de granit, des lacs glaciaires, des alpages saupoudrés de moutons, des torrents frétillant de poissons... et autant de petits recoins sublimes qui riment avec randos et baignades idylliques. Tout comme dans la ravissante petite Serra do Açor voisine, ouvrez grand les poumons et respirez à fond !

CE QUI VOUS ATTEND...

◁ Serra da Estrela

LA SERRA DA ESTRELA ET LA SERRA DO AÇOR EN UN COUP D'ŒIL

POINTS DE CHUTE

SEIA

Quelques-uns des sites phares du parc naturel, des kilomètres de sentiers et des piscines naturelles de toute beauté sont à portée de la jolie bourgade. Et on y mange très bien !

MANTEIGAS

Le spot le plus pratique pour flirter avec les sommets ! Point de ralliement des fourmis randonneuses, d'où partent de nombreux sentiers. Ses atouts ? Son environnement montagnard, ses commerces pour se ravitailler et ses petits restos où l'on sert les spécialités de la serra !

LORIGA

Ici, il y a de superbes sentiers pour crapahuter et l'une des plus belles plages fluviales du coin, que l'on croirait tout droit sortie d'une contrée exotique. La vallée glaciaire de Loriga est un de nos coins préférés dans la Serra da Estrela. Avec ses petites terrasses découpées à flanc de colline, la « Suisse portugaise » vous met du vert plein les yeux

BEST OF

1. Bain en pleine nature à Lapa dos Dinheiros
2. Rando jusqu'au siphon de Covão dos Conchos
3. Visitez la filature Burel Factory
4. Chassez le street art à Covilhã
5. L'adorable village de Piódão

Et hop ! Notre carte digitale

Piscines naturelles à Loriga ! p. 143
Volez en parapente, p. 143
Skiez sur le toit du Portugal, p. 142
Pagayez sous les étoiles, p. 145
SERRA DA ESTRELA
SERRA DO AÇOR
Celorico da Beira
Guarda
Linhares da Beira
Folgosinho
Gouveia
SEIA
Plage fluviale Doutor Pedro
Cabeça da Velha
Sabugueiro
MANTEIGAS
Vale do Rossim
Lagoa Comprida
Lagoa das Salgadeiras
1 Plage fluviale Lapa dos Dinheiros
2 Covão dos Conchos
3 Burel Factory
4 Covilhã
5 Piódão
Cascade Poço do Inferno
Covão d'Ametade
Miradouro da Varanda dos Carqueijais
Cabeça
LORIGA
Torre
Covão do Boi
Fontão
Alvoco da Serra
Foz d'Égua
Chãs de Égua
Sobral de São Miguel
Lac de Santa Luzia
Via Ferrata Barragem Santa Luzia
Rio Mondego
Rio Zêzere
N 102
N 310
N 221
A 25
N 234
N 17
N 231
N 232
N 338
N 230
N 339
N 18-3
A 23 IP 2 E 802
N 233
N 239
N
PETIT FUTÉ
0
2,5
5 km

1 LAPA DOS DINHEIROS

Baignez-vous en pleine nature

Au sud de Seia, un petit paradis (faisant partie du réseau *Aldeias de Montanha*) pour la baignade dans un paysage touffu tout vert, au milieu de châtaigniers centenaires, face au pont de Caniça qui enjambe la rivière du même nom. Allez admirer les chutes d'eau depuis le belvédère.

▸ + **d'infos :** aldeiasdemontanha.pt • À 1,3 km à l'est de Lapa dos Dinheiros par la rua do Cemitério.

2 COVÃO DOS CONCHOS

Randonnez jusqu'au trou sans fond…

Une jolie balade rocheuse entre deux lacs qui claquent ! Du Lagoa Comprida, plus grand lac de la serra, allez vous tremper l'œil dans les eaux du Covão dos Conchos. Comme dans un roman de SF, un gigantesque entonnoir des années 1950 aspire l'eau du lac pour la déverser plus loin dans le Lagoa Comprida. Pas d'autre choix que de marcher (10 km aller-retour) pour débusquer cette curiosité… et c'est tant mieux !

▸ + **d'infos :** alltrails.com (Lagoa Comprida) • **Au barrage** sur la N339, suivre la route de gravier qui longe la rive nord du **Lago Comprida.**

3 BUREL FACTORY

Filez à la portugaise à la Burel Factory

Le renouveau d'un savoir-faire local et écoresponsable ! Naturel, durable, recyclable, chaud, waterproof, typique de la montagne (il servait de cape aux bergers), le burel portugais a tout pour plaire. Relancé par deux Lisboètes dans une vieille fabrique de Manteigas, il est fabriqué avec la laine des moutons de la serra sur les mêmes machines qu'il y a cent ans et se décline en vêtements et accessoires branchés grâce à des collabs de designers. Réservez une visite guidée et faites un tour dans la boutique !

▸ + **d'infos :** burelfactory.com
• **À Manteigas,** rua dos Amieiros Verdes.

4 COVILHÃ

Chassez le street art

Qui s'attendrait à débusquer des graffs de haute volée à la montagne ? Dans les rues escarpées du Manchester portugais, un parcours d'art urbain redonne des couleurs à l'ancienne capitale de l'industrie lainière et à ses usines désaffectées. Chaque année, à l'occasion du WOOL Festival, les plus grands noms du street art portugais, de Vhils à Bordalo II, impriment leur talent en façade en rendant hommage à la tradition textile de la ville.

▸ + **d'infos :** visitcovilha.com

5 PIÓDÃO

Coup de foudre au village !

De hautes maisons de pierre noire empilées à flanc de coteaux, une dégringolade de terrasses d'un vert éclatant… Il faut se faufiler dans les replis de la mystérieuse Serra do Açor pour dénicher le village historique de Piódão, adorable hameau aux airs de crèche grandeur nature. Un petit bijou qui caracole en tête des plus beaux villages des Beiras !

▸ + **d'infos :** à 38 km au sud-est de **Seia.**

Itinéraire 3 jours ou plus DANS LA SERRA DA ESTRELA

Au programme : mille virages, des villages de montagne, des plages tombées du paradis, des lacs bleus, des rochers étranges... Un itinéraire à couper le souffle, à faire dans le sens que vous préférez !

VILLAGE DE LORIGA

PLAGES FLUVIALES ET VILLAGES DE CARTE POSTALE

JOUR 1 SEIA > COVILHÃ

▸ 115 km

Tout commence à **Seia** avec une bonne tranche de pain tartinée de fromage de brebis au beurre, le fameux *queijo da serra* ! Au sud de Seia, visez le sanctuaire aux dix chapelles **Senhora do Desterro** et la forêt de conte de fées de **Desterro,** où se cachent la *Cabeça da Velha,* un rocher en forme de tête humaine, et la plage fluviale Doutor Pedro.

Plus bas, la **plage de Lapa dos Dinheiros** est ultra-photogénique, tout comme Cabeça, LE village de Noël, mignon en diable (et carrément magique quand il revêt ses habits de fête !).

PETITE BOUCLE

De Cabeça, on peut se dégourdir les jambes sur la Rota dos Socalcos (PR3 SEI), petite boucle entre terrasses agricoles, rivière et moulins (2,8 km, 1h45, facile).

Pique-niquez au bord de l'eau à **Loriga,** enchaînez les lacets jusqu'à l'adorable petit hameau isolé de Fontão et redescendez vers **Covilhã,** la ville universitaire la plus haute du pays, son musée de la laine et son street art décapant.

+ d'infos : aldeiasdemontanha.pt (onglet « Routes »).

BELVÉDÈRES ET PAYSAGES LUNAIRES

JOUR 2 COVILHÃ > GOUVEIA

▸ 158 km

Sur la N339, dites bye-bye à Covilhã au Miradouro do Varanda dos Carqueijais, puis partez vers les sommets trouver votre bonne étoile devant la gigantesque sculpture de **Nossa Senhora da Boa Estrela,** dans les rochers du Covão do Boi. Torre, le plus haut sommet du Portugal (1 993 m), est à deux pas : un vrai décor de SF avec ses vieilles stations météorologiques balayées par les vents et des vues fantastiques !

Plus loin se profile l'immense miroir d'eau du **Lagoa Comprida,** d'où part la rando jusqu'au surréaliste **Covão dos Conchos** (voir p. 133). Faites une halte à **Sabugueiro,** le plus haut village du Portugal (1 200 m), puis bifurquez sur la N232 pour rallier le joli centre historique de **Gouveia.**

LE GRANIT C'EST FANTASTIQUE !

JOUR 3 GOUVEIA > COVILHÃ

▸ 122 km

Commencez votre journée par le village de montagne de Folgosinho et l'historique Linhares da Beira, avec son magnifique château et ses maisons de granit, avant d'atteindre **Vale do Rossim,** la plus haute plage du Portugal, 1 437 m de haut quand même !
Filez ensuite vers **Manteigas** admirer la **cascade du Poço do Inferno** (voir page suivante) et entamez la montée de la vallée glaciaire du rio Zêzere, le long de la fantastique N338.
Votre dernière mission sera de trouver la **source du Zêzere au Covão da Ametade,** où l'eau cristalline serpente au milieu des bouleaux. Un lieu plein de poésie, entouré de géants emblématiques aux énormes dents de granit prêtes à croquer le ciel !

SHOOT DE NATURE ET D'ADRÉNALINE
AU SOMMET

SKIER SUR LE TOIT DU PORTUGAL

Vous ne vous attendiez pas à sortir les spatules ? Eh bien si ! Dans ses manteaux d'hiver, la **Serra da Estrela** est magique et c'est ici que se trouve la seule et unique station de ski naturelle au Portugal : Torre, ses trois remontées mécaniques et sa petite poignée de pistes.

▸ + **d'infos :** skiserradaestrela.com

MARCHER JUSQU'AU « PUITS DE L'ENFER »

Près de Manteigas, la **Rota do Poço do Inferno** (PR1 MTG ; 2,5 km ; 1h30) traverse une forêt de chênes et de châtaigniers jusqu'à la superbe cascade Poço do Inferno qui jaillit dans les gorges de la rivière Leandros. À voir au printemps (débit optimum !) ou en hiver, quand l'eau se fige en glace. Sublime

▸ + **d'infos :** alltrails.com (PR1 MTG)

Si vous voulez plus de randos autour de Manteigas, les Trilhos Verdes (« Sentiers Verts ») sont pour vous (18 itinéraires balisés et 200 km de randonnée en perspective !).

▸ + **d'infos :** manteigastrilhosverdes.com

SE SENTIR POUSSER DES AILES À LINHARES DA BEIRA

C'est la Mecque portugaise du parapente, où se déroulent des championnats de la discipline : conditions op-ti-males !

▶ **+ d'infos :** Escola Aventura, à Linhares da Beira (+351) 967 467 746.

À L'OMBRE DES CHÂTAIGNIERS SUR LA ROTA DO CANIÇA

Au départ de **Lapa dos Dinheiros,** ce petit sentier idyllique flirte avec la rivière Caniça et une myriade de cascades. Il se faufile sous les chênes centenaires de Souto da Lapa et rencontre la curieuse formation rocheuse des Cornos do Diabo (cornes du diable !), ainsi que le Buraco do Sumo, où le ruisseau s'écoule sous des blocs de granit. Boucle modérée de 7 km. Baignade possible aux plages fluviales de Lapa dos Dinheiros.

▶ **+ d'infos :** visitseia.pt (rando PR10 - SEI/Route de Caniça).

CANYONING ET BAIGNADE À LORIGA

Aventurez-vous dans les eaux tumultueuses de la **Ribeira da Nave,** entre sauts et descentes de cascades en rappel (entresocalcos.pt), ou lézardez tranquillou sur les rochers de la **plage de Loriga,** l'une des plus belles plages fluviales de la serra, dont les eaux cristallines baignent les vivifiants paysages de la « Suisse portugaise ».

▶ **+ d'infos :** sur la N231, à 1 km à l'est de **Loriga.**

SE POSER AU BORD DES PETITS LAGONS DE SALGADEIRAS

Plusieurs sentiers invitent à marcher aux abords du **Lagoa das Salgadeiras,** un joli chapelet de petits lacs naturels, incrustés dans une dentelle de rochers de granit sculptés par la glace. Autant de havres paisibles pour laisser filer le temps.

▶ **Entre autres parcours :** le **Trilho das Lagoas da Torre** (boucle modérée de 8 km et 3h depuis Torre). On y accède facilement à pied depuis la N339, à 2,6 km au nord de Torre : au parking se diriger vers l'est.

LES VILLAGES DE SCHISTE DE LA SERRA DO AÇOR

Une montagne peut en cacher une autre ! Dans le prolongement de la Serra da Estrela, le plaisir se poursuit dans l'irrésistible montagnette d'Açor. Ici, les petites routes virevoltent sans fin entre d'adorables villages de schiste, parmi les plus beaux du Portugal.

▶ Sobral de São Miguel

« Cœur de schiste »

C'est le surnom de ce village de schiste blanc, aux façades enduites, qui a de quoi éblouir avec ses trois ponts, ses fontaines, ses moulins, ses pressoirs et ses fours communautaires.

▶ Benfeita

Complètement sonné !

Si vous y passez un 7 mai, vous allez vous faire sonner les cloches 1 620 fois ! 1 620 coups pour commémorer la fin de la Seconde Guerre mondiale, autant de jours que dura la « Paix portugaise » (car le pays était neutre pendant la guerre). Mais on est surtout là pour prendre la clé des champs sur le **Caminho do Xisto de Benfeita** !

▶ Fajão

T'as le look coco

Un bien joli dédale de schiste au milieu d'une nature vivifiante : baladez-vous dans la **forêt de Margaraça** et débusquez la cascade magique de **Fraga da Pena.**

▶ Foz d'Égua

Plouf, plouf

Bullez sur l'adorable **plage fluviale de Foz d'Égua,** au charme tout rural avec ses deux petits ponts de pierre !

▶ Vila Cova de Alva

La « Sintra des Beiras »

Admirez les vieux manoirs du **plus grand village de schiste** de la Serra do Açor.

LE PLEIN D'ACTIVITÉS AU LAC DE SANTA LUZIA

Après ce shot de villages, partez au sud faire un tour au lac de Santa Luzia, très belle étendue d'eau logée au milieu d'une chaîne de montagnes verdoyantes. Un beau programme vous y attend !

CANOË SOUS LES ÉTOILES : Un ciel pur, sans pollution lumineuse, idéal pour ramer sous la voie lactée et s'essayer à l'astrophotographie.

VIA FERRATA DE SANTA LUZIA : Un défi physique ? Voilà 200 m en ligne droite à gravir au barrage de Santa Luzia, à Pampilhosa da Serra.

STOP OU ENCORE : Le lac de Santa Luzia, c'est aussi des pistes cyclables, une piscine fluviale, un centre de vélo de montagne et un skatepark.

+ d'infos : myxistotrails.pt

NOS *Super* ADRESSES

OÙ DORMIR ?

inXisto Lodges

Se loger très schiste

Dans la Serra do Açor, des maisons de schiste contemporaines en pleine nature, avec de grandes baies vitrées pour contempler la serra… et des petits renards !

▸ inxisto.wixsite.com/turismo • **À Chãs d'Égua,** CM1354.

Quinta Madre de Água

Retraite agricole

Vous voulez vivre une expérience de berger ou de vigneron ? Monter sur un pur-sang lusitanien ? Alors faites une halte dans cette propriété agricole tenue par un couple de passionnés depuis 2007. Restaurant, fromagerie, cave… Il y en a pour tous les goûts dans cette ferme-hôtel.

▸ quintamadredeagua.pt/fr • **À Gouveia.**

Convento de Belmonte

Le son du silence

Voici un ancien couvent du XIIIe s. situé entre une vallée verdoyante et les montagnes de la Serra da Estrela. Transformé en hôtel-restaurant, il vous propose des chambres qui portent les noms des frères qui ont vécu au couvent. Le lieu idéal pour prendre du recul.

▸ conventodebelmonte.pt • **À Belmonte,** Serra da Esperança.

Vale do Rossim Ecoresort

Yourte es-tu ?

À deux pas de la plus haute plage fluviale du Portugal, on dort sous la yourte été comme hiver ! Le petit déjeuner se prend au bord du lac et les activités ne manquent pas : vélo, escalade, kayak, pédalo…

▸ valedorossim.pt • **À Gouveia,** Vale do Rossim.

OÙ MANGER ?

Truticultura do Aguincho

Des *petiscos* de poissons directement sortis du vivier à truites et un cadre naturel idyllique pour passer une journée d'été au calme.

▸ **À Alvoco da Serra,** à la sortie est d'Aguincho : au sud de Loriga, quitter la N231 au niveau de Vasco Esteves (+351) 968 248 257.

Alkimya

Une politique zéro plastique, une cuisine de la serra inventive, à base de produits locaux, des options végétariennes et véganes, des vins du cru… La bonne alchimie d'un bistro dans l'air du temps !

▸ restaurantealkimya.wordpress.com • **À Covilhã,** avenida Frei Heitor Pinto, 1.

O Pascoal

Morue rôtie au four, *chanfana* de chèvre, fromage de la serra… des spécialités de la région à déguster au cœur du petit village de schiste. Simple, trad', délicieux !

▸ **À Fajão,** rua Germano Augusto Ramos (+351) 235 751 219.

OÙ GOÛTER LE QUEIJO DA SERRA ?

Au **Solar do Queijo**, le manoir du fromage, à Celorico da Beira. À déguster sur du pain de seigle avec un petit verre de porto !

▸ Praça de Santa Maria, 5.

O Albertino

3 entrées, 5 plats, 3 desserts… mieux vaut avoir une faim de loup pour arriver à bout de son menu gargantuesque ! Un must de la gastronomie locale dont on repart repu sans être ruiné.

▸ oalbertino-folgosinho.com • **À Folgosinho,** Adro de Viriato, 8

Là Em Casa

Des produits frais et de saison, travaillés pour mettre en valeur les influences multiculturelles de la cuisine portugaise et d'excellents vins du Dão, produits sur les pentes de la Serra da Estrela.

▸ laemcasagouveia.com • **À Gouveia,** avenida Dom Manuel I.

Museu do Pão

Au musée du Pain, on mange bien ! Le cadre est raffiné et la cuisine puise dans la tradition : morue au pain de maïs, poulpe façon lagareiro, agneau rôti, pudding aux œufs…

▸ museudopao.pt • **À Seia,** rua de Santana, quinta Fonte do Marrão.

La carte digitale pour retrouver toutes nos adresses, activités et visites.

FAQ ?

Comment on y va ?

En train bien sûr ! Il y a des gares à Guarda (2h30 depuis Coimbra), Celorico da Beira et Covilhã, Trois bons points de départ pour le parc naturel.

▸ cp.pt

L'option **bus** est pratique aussi. De Coimbra, comptez 1h40 de trajet pour Seia, et 3h pour Covilhã. Des bus partent aussi d'Aveiro, Porto et Lisbonne, et desservent Guarda et Covilhã.

▸ rede-expressos.pt

Et pour se déplacer ?

Si des bus régionaux desservent les principales localités de la serra, la voiture reste indispensable pour relier les petits villages du massif. En hiver, en raison de l'enneigement, des routes sont fermées.

▸ Renseignements aux centres d'info du parc naturel de Seia et de Manteigas (voir ci-dessous).

On s'informe où sur les randos ?

Pour les infos, randos et activités dans la Serra do Açor, c'est ici que ça se passe :

▸ aldeiasdoxisto.pt

Et pour la Serra da Estrela, passez voir les centres d'information à Seia ou Manteigas, ou directement sur le site.

▸ cise.pt

Le parc naturel a été élevé au rang de géoparc mondial par l'Unesco, en raison de sa richesse géologique. Plusieurs parcours thématiques à la découverte des géosites :

▸ geoparkestrela.pt

Les **Trilhos Verdes** « Sentiers Verts » autour de Manteigas, c'est pas moins de 18 itinéraires balisés et 200 km de randonnée en perspective !

▸ manteigastrilhosverdes.com

On fait quoi avec les enfants ?

On file à **Seia,** au **museu do Brinquedo,** le musée du Jouet ou au **museu do Pão,** le musée du Pain, où les enfants peuvent s'amuser à pétrir le pain et faire des petits gâteaux.

BEIRA ALTA
ET BEIRA BAIXA
BEIRA BIEN QUI BEIRA LE DERNIER !

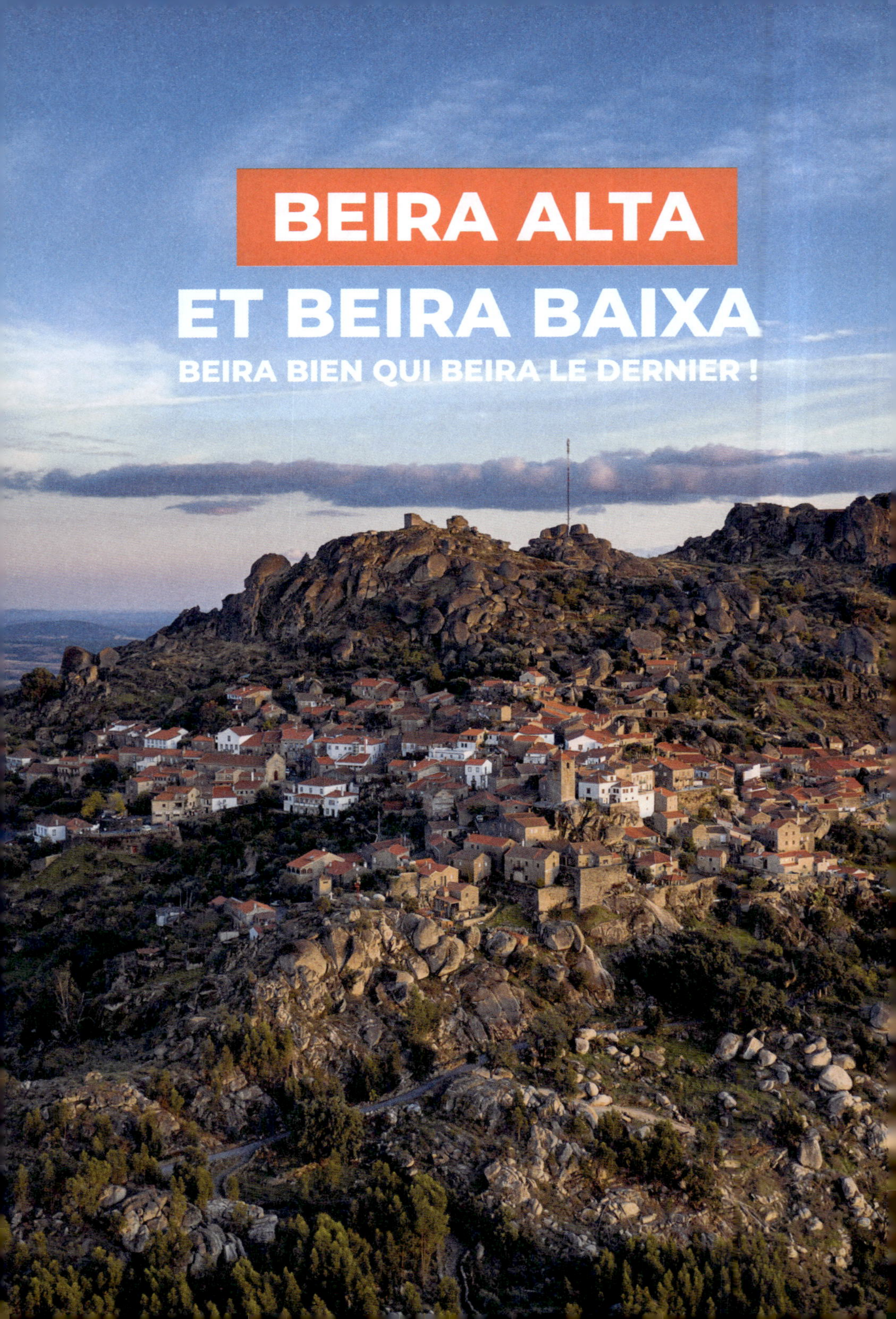

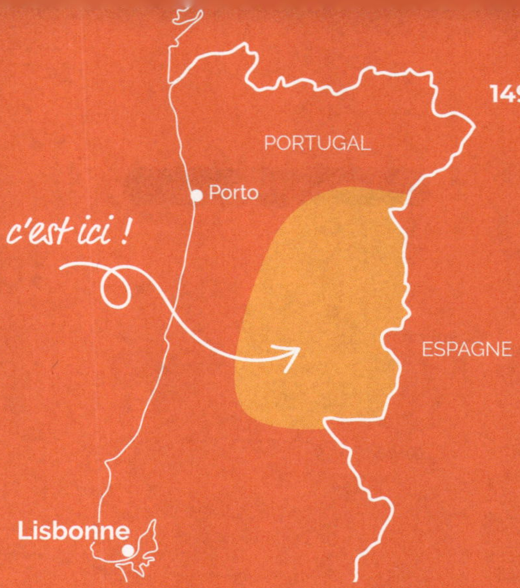

Des coins de nature sauvage, des curiosités géologiques, des villages perchés oubliés du monde, des crus excellents (coucou les vins du Dão !), des châteaux et des forteresses qui témoignent en silence de batailles épiques... Depuis les plaines vallonnées de la Beira Alta (Haute-Beira) jusqu'aux montagnes ondulantes de la Beira Baixa (Basse-Beira), qui fleure déjà bon l'Alentejo, les bonnes surprises ne manquent pas !

CE QUI VOUS ATTEND...

◁ Village de Monsanto

S'éclater en eaux vives, p. 162
CASTELO RODRIGO, SORTELHA, MONSANTO...
Autant de petits bijoux de pierre où l'histoire et la beauté surgissent à tous les coins de rue
Douro
Géoparc d'Arouca
Espiunca
1
3
Pont 516 Arouca
Passerelles du Paiva
Regoufe
Drave
VISEU
La petite ville sympa pour se poser
Penedono
Marialva
BEIRA ALTA
Belvédère de Marofa
Castelo Rodrigo
Trancoso
Pinhel
Almeida
GUARDA
Desservie par le rail, c'est le point de départ idéal pour partir à l'assaut des forteresses de l'Est
Castelo Bom
Côa
Castelo Mendo
Torredeita
Viseu
4
Santar
Silgueiros
Gandufe
Caramulinho
Penedo do Equilíbrio
Faia
2
Guarda
Videmonte
Barragem do Caldeirão
Passerelles du Mondego
Rio Mondego
Nagozela
Pereiro
Travancinha
Santa Comba Dão
Belmonte
Sortelha
Sabugal
Serra da Estrela
Serra da Malcata
Penamacor
7
Fundão
Alcongosta
Rio Zêzere
Colmeal
Route des fossiles
6
5
Proença-a-Velha
Monsanto
N
Fraga de Àgua d'Alta
Passadiços do Orvalho
Tinalhas
9
Boom Festival
BEIRA BAIXA
Faire du paddle sur le Tage, p. 163
Castelo Branco
Maxi-rando, p. 160
Tage
Foz do Cobrão
Rosmaninhal
Parc naturel du Tage international
8
Alares
Monumento Natural das Portas de Ródão
Vila Velha de Ródão
0
5
10 km
A4
A24
A42
N101
N222
N108
N226
N229
N102
N221
N332
N340
N324
N16
A25
N230
N234
N231
N232
N17
N18
IC12
N233
N235
N110
N2
N236
N342
N238
N239
N112
IC8
N240
A13 IC3
A23 IP 2 E 802
IP 3 E 801

BEIRA ALTA ET BEIRA BAIXA EN UN COUP D'ŒIL

BEST OF

1. Dévalez les passerelles de la rivière Paiva
2. Une rando qui dépote sur les passerelles du Mondego
3. Traversée vertigineuse sur le pont 516 Arouca
4. Prenez un verre de vin dans la ville jardin de Santar
5. Explorez Monsanto, un village roc'n'roll
6. Cherchez des empreintes de serpent sur la route des fossiles
7. Faites la fête... des cerises !
8. Observez les oiseaux (et pas que) sur les bords du Tage
9. Ouvrez vos chakras au Boom Festival

Et hop ! Notre carte digitale

ESPAGNE

Cathédrale de Guarda, *voir p. 157*

1 LES PASSERELLES DU PAIVA

Randonnez sur des planches

Dans le **géoparc d'Arouca,** inscrit par l'Unesco au patrimoine géologique de l'humanité (rien que ça), des passerelles se faufilent le long du rio Paiva entre gorges, cascades et petites plages fluviales. Une superbe rando balisée de 8 km entre Areinho et Espiunca (plus sportive dans l'autre sens !). Parfait aussi pour le farniente, la baignade et les pique-niques une journée d'été.

▸ **+ d'infos :** accès limité et payant, réservez sur passadicosdopaiva.pt (1-2 € sur Internet, le double sur place).

2 LES PASSERELLES DU MONDEGO

La rando qui dépote !

Dans la famille passerelles de dingue, on demande la fille ! Aux portes de Guarda, les **Passadiços do Mondego** longent les rives de la rivière sauvage qui s'écoule entre des falaises abruptes. Une balade à couper le souffle entre forêts de chênes et de châtaigniers, ponts suspendus, moulins ruinés, cascades et piscines naturelles !

▸ **De Videmonte au Barragem do Caldeirão :** 12 km (4h-5h) – niveau modéré.

▸ **+ d'infos :** passadicosdomondego.net, pour réserver votre billet (1 €) et un taxi pour le retour.

3 LE PONT 516 AROUCA

Traversée vertigineuse

Cap ou pas cap de franchir à pied l'un des plus longs ponts suspendus au monde ? Dans le **géoparc d'Arouca,** cette petite merveille d'ingénierie s'élance à 175 m au-dessus du rio Paiva, l'une des rivières les plus sauvages d'Europe. 516 m de sensations vertigineuses dans un paysage grandiose !

▸ **+ d'infos :** 516arouca.pt, rens. et billetterie.

4 SANTAR

Un verre de vin dans la ville jardin

La destination pour les épicuriens et les promeneurs à l'âme romantique ! Selon un concept unique de visite guidée (2h, 25 €), l'ancien village aristocratique vous ouvre ses splendides jardins en terrasses (et interconnectés !) et ses jardins de vignes. Et bingo ! En guise de point final, vous avez le droit à une visite de caves et à une dégustation de vins du Dão !

▸ **+ d'infos :** santarvilajardim.pt • **À Santar,** avenida Viscondessa de Taveiro.

5 MONSANTO

Un village roc'n'roll

Jouez au Petit Poucet dans l'un des plus beaux villages du Portugal avec ses maisons incrustées dans les rochers (oui oui, vous avez bien lu) : ici, les maisons se fondent littéralement dans les énormes blocs de granit, qui leur servent de murs ou de toits !

Solide comme le roc

6 LA ROUTE DES FOSSILES

Cherchez les empreintes des serpents

Depuis **Monsanto,** filez sur la N239 jusqu'au pittoresque village de **Penha Garcia** : une délicieuse carte postale (c'est une image hein) avec sa forteresse dans les rochers, son lac, ses moulins à eau, sa magnifique piscine naturelle de Pego et ses fossiles de serpents préhistoriques imprimés dans les rochers (là aussi c'est une image)... À découvrir le long de la Rota dos Fósseis (PR3 IDN ; boucle de 3 km, 1h, facile), qui appartient au Geopark Naturtejo.

▸ **+ d'infos :** naturtejo.com

7 FUNDÃO

Faites la fête... des cerises !

Pas besoin de s'envoler au Japon pour s'émerveiller du spectacle des cerisiers en fleurs. Dans la **Cova da Beira,** une vallée gorgée d'arbres fruitiers, la région de Fundão se couvre d'un manteau blanc poétique fin mars-début avril, comme si les arbres étaient recouverts de neige. Et c'est en juin, au moment de la cueillette et de la fête de la cerise de Fundão (2e week-end), que l'on se régale de l'irrésistible petit fruit rouge.

▸ **+ d'infos :** visitfundao.pt

8 LE PARC NATUREL DU TAGE INTERNATIONAL

Birdwatching et champs de lavande

Écoutez le craquètement des cigognes noires, guettez les rapaces à la jumelle… Très sauvage, le **Parque Natural do Tejo Internacional** est un spot réputé pour observer les oiseaux qui viennent s'installer ici entre février et septembre. Et les options parfum de lavande au printemps et brame du cerf à l'automne sont tout à fait possibles !

9 IDANHA-A-NOVA

Ouvrez vos chakras au Boom Festival

Pendant une semaine en été, tous les deux ans, ce grand festival alternatif et écolo s'installe au bord du lac d'**Idanha-a-Nova.** Au programme, danse et musique psychédéliques, arts visuels, yoga ou encore conférences sur l'harmonie avec la nature. Et rien n'est laissé au hasard : panneaux solaires, toilettes sèches, cuisine végane et bio, compost, création de jardins secs et plantation d'arbres… Les places partent vite : guettez les dates sur Internet et préparez-vous à un voyage intérieur !

▸ **+ d'infos :** boomfestival.org

VISEU VS GUARDA
LA BEIRA DES VILLES

Deux villes, deux ambiances ! Entre la douceur de Viseu, la jolie capitale de la Beira Alta, et la rudesse de Guarda, la plus haute ville du Portugal, c'est à vous de choisir !

VISEZ JUSTE À VISEU

Les charmes de la vieille ville ? Ici, on bat le pavé dans un charmant dédale de ruelles sinueuses en quête de terrasses de café et de bons restos.

Un monument ? La **cathédrale** (Sé), où l'on se tord le cou pour admirer la splendide voûte des nœuds.

Une pause gourmande ? Faites la queue à la **Confeitaria Amaral** pour croquer dans un *pastel de Viriato* à la sortie du four ! C'est bon mais c'est chaud...

▸ + **d'infos :** rua Alexandre Lobo, 52.

Pour remplir son panier ? Direction le marché du mardi matin, le plus grand de la région, le long de la rivière Paiva.

Un musée ? Découvrez le top de la peinture portugaise de la Renaissance au **museu Grão Vasco,** l'un des plus beaux musées d'art du Portugal.

▸ + **d'infos :** museunacionalgraovasco.gov.pt • Adro Sé (à côté de la cathédrale).

Une activité ? Foncez déguster un vin du Dão au **Solar do Vinho do Dão,** dans le parc de Fontelo. Après tout, vous êtes au cœur de la « Bourgogne portugaise » !

▸ + **d'infos :** cvrdao.pt • Rua Dr. Aristides Sousa Mendes Apartado, 10.

Le rendez-vous à ne pas manquer ? La **feira de São Mateus,** la plus ancienne foire agricole (30 jours en août), avec fête foraine, concerts, stands gourmands et d'artisanat local.

▸ + **d'infos :** feirasaomateus.pt

VISEZ HAUT À GUARDA

Les charmes de la vieille ville ?

Des petites rues étroites et sombres, des maisons de granit brun noir : le vieux Guarda, perché sur sa colline, se la joue rugueux, authentique et sans fard !

Un monument ?

La **Sé,** l'une des plus belles cathédrales du pays, au look de forteresse.

Une pause gourmande ?

La **Pastelaria Cristal** pour goûter l'authentique et irrésistible *Dom Sancho*, le fameux gâteau de Guarda avec sa pâte feuilletée fourrée de crème…

▸ + **d'infos :** facebook.com/cristal98pastelaria • Avenida Cidade de Safed, 4.

Pour remplir son panier ?

Il y a un superbe échantillon des vins du coin au **Solar do Vinho da Beira Interior,** vous devriez trouver votre bonheur !

▸ + **d'infos :** vinhosdabeirainterior.pt • Largo das Freiras.

Un musée ?

Il fait froid ? Pas de panique, réfugiez-vous au **Museu da Guarda,** qui a posé ses collections d'art et d'archéologie dans le palais épiscopal.

▸ + **d'infos :** museudaguarda.pt • Rua Alves Roçadas, 30.

Une activité ?

Il fait chaud ? Cette fois, plongez dans la piscine flottante de la plage fluviale du **lac de barrage de Caldeirão.**

▸ + **d'infos :** à 5 km au sud-ouest de Guarda par la N338.

Le rendez-vous à ne pas manquer ?

Les **Festas da Cidade** en juillet pour découvrir les groupes de musique traditionnelle.

▸ + **d'infos :** festasdacidade.pt

CATHÉDRALE DE GUARDA

VISITES EXPRESS
DES FORTS DE L'EST

Un chapelet de châteaux (castelos), de forteresses et de petits villages perchés constelle l'est des Beiras, l'œil braqué sur le voisin espagnol depuis des siècles. Partez à l'assaut de ces bijoux incrustés entre champs de pierre et vallons piquetés d'oliviers, de chênes-lièges et de vergers... et touchez l'âme de la région !

▶ Château de Penedono

Cinégénique

Un coup d'œil aux tours crénelées du château triangulaire de Penedono et vous voilà catapulté dans un épisode de *Game of Thrones* !

▶ Trancoso

Remontez le temps

Trancoso était l'une des principales villes du **Portugal médiéval** et elle en a gardé tout le charme : un entrelacs de ruelles corseté de murailles et des maisons de granit à l'ombre d'un vieux château.

▶ Castelo Rodrigo

Panorama XXL

Ses petites rues pentues, ses robustes maisons de pierre et les ruines de son château posées sur la colline... Une curiosité à voir surtout quand les amandiers sont en fleurs ! Du chemin de ronde, on surveille toute la campagne alentour.

▶ Sabugal

Comptez bien

Parce qu'il y a de quoi être dérouté par le **donjon à 5 coins** du château de Sabugal, joli village baigné par la **rivière Côa.**

Almeida

Forteresse canon

Dans l'idéal, il faudrait la voir du ciel : son plan en étoile est fascinant ! Passez la **porte São Francisco** et filez droit dans ses rues rectilignes, bordées de palais militaires au garde à vous.

Castelo Mendo et château de Pinhel

Faites la foire !

Vous voulez pousser le trip médiéval à fond ? Mêlez-vous aux chevaliers, manants et gentes dames à la **Feira Medieval de Castelo Mendo** en avril, ou à celle de Pinhel en juin, dans un authentique décor moyenâgeux.

TAVERNIER, IL FAIT GRAND SOIF !

Ça tombe bien, au **Cantinho Café**, à Castelo Rodrigo, on a le choix entre 80 références de bières artisanales. Le spot parfait pour découvrir le savoir-faire des brasseurs portugais. Siroter une blonde locale bien fraîche avec des petiscos sur la terrasse au coucher du soleil ? On n'est pas loin de la définition du bonheur !

▸ **+ d'infos :** facebook.com/cantinhocafe.cr • **À Castelo Rodrigo,** rua da Sinagoga, 1.

PHOTO PERCHÉE

Près de Castelo Rodrigo, rendez-vous au **belvédère de Marofa,** où une petite réplique du Christ Rédempteur à Rio ouvre les bras aux vastes paysages et plateaux des Terras de Riba-Côa.

Sortelha

Coup de foudre à fleur de roche

Cherchez les pierres du baiser éternel dans ce superbe **village médiéval,** l'un des mieux préservés du Portugal, qui se fond dans les rochers.

Belmonte

Cap sur le Brésil

Revivez l'**épopée de Cabral,** le découvreur du Brésil en 1500, dans son charmant village natal.

LES PLUS BELLES RANDOS

CASCADE À CÔTÉ DE DRAVE

LE TRILHO DO DRAVE (PR14 AROUCA)

Rando fantôme

Depuis **Regoufe,** rejoignez à pied le village abandonné de **Drave,** petit « village magique » aux maisons de schiste incrustées dans les replis de la Serra da Freita.
Une petite rando dans le **géoparc d'Arouca** avec une montée raide en début de parcours et sans ombre mais avec de rafraîchissantes petites chutes d'eau et piscines naturelles à la clé ! Le dernier habitant de Drave a quitté le village fantôme en 2009.

▸ **+ d'infos** : aroucageopark.pt

Départ et arrivée : Drave
Distance : 8 km AR
Durée : 3h
Niveau : Facile

LA ROTA DOS VEADOS (GR29)

Maxi-rando

La Route des Cerfs vous emmène à la découverte des forêts du parc naturel du Tage International. Au village d'**Alares**, on peut emprunter la variante GR29-1 pour rejoindre l'observatoire des oiseaux d'Alares. Privilégiez l'automne pour rencontrer les cerfs !

▸ **+ d'infos** : natural.pt

Départ et arrivée : Rosmaninhal
Distance : boucle de 37 km
Durée : 2 ou 3 jours de marche

LA ROTA DOS CALEIROS

Plein la vue

Randonnez entre alpages et blocs de granit dans la **Serra do Caramulo,** poche de nature vivifiante entre la Beira Litoral et la Beira Alta. Top départ au **belvédère de Caramulinho,** point culminant de la serra (1 074 m), reconnaissable à son dôme rocheux pyramidal. Dans le village de **Pedrógão,** coup d'œil au **Penedo do Equilíbrio,** un énorme bloc de granit qui se balance sur un autre !

▸ **+ d'infos :** visitviseudaolafoes.pt

Départ et arrivée : Caramulinho
Distance : boucle de 8 km
Durée : 2h30
Niveau : facile

DANS LA SERRA DA MALCATA

Loin du monde

Au sud-est du village de **Sabugal** la réserve naturelle de la Serra da Malcata, établie pour préserver le **lynx ibérique,** dévoile la facette la plus sauvage de la Beira Intérieure. Forêts de chênes, vastes étendues de garrigues méditerranéennes et mille petits ruisseaux plantent un décor à peine touché par l'homme. Une poignée de sentiers faciles permet de s'y aventurer à pied ou à vélo. Rendez-vous au **Centro de Educação Ambiental Senhora da Graça** près du barrage de Sabugal.

▸ **+ d'infos :** natural.pt, chercher « Serra da Malcata ».

Top 4… non, top 5 ! DES ACTIVITÉS NATURE

1 S'éclater en eaux vives

Fondé par l'un des pionniers du rafting au Portugal, Octávio Canhão, **Luso Rafting** propose différents parcours en rafting, canyoning et rando aquatique dans la rivière Paiva et ses affluents. Il y en a pour tous les goûts et pour tous les niveaux !

▸+ d'infos : lusorafting.pt • **Au cœur du géoparc d'Arouca,** sur la plage fluviale d'Espiunca.

2 Pédaler sur l'Ecopista do Dão

Facile à parcourir, la plus longue piste cyclable du Portugal s'étire sur 49 km (3h sans les pauses) dans la vallée du Vouga, le long de la vieille ligne ferroviaire **de Santo Comba Dão à Viseu.** Vous pédalez entre vignes, chênes et châtaigniers, flirtez avec les rivières Dão et Paiva, traversez de superbes ponts métalliques, pique-niquez sur la **plage de Nagozela,** découvrez les petites gares abandonnées, montez dans une locomotive à vapeur à Torredeita… *La boa vida* comme on dit !

▸+ d'infos : ecopistadodao.pt Location de vélo et service de transfert : ecopista-portugal.com • (+351) 963 444 663.

3 Voir la plus haute cascade de la Beira Baixa

Pas besoin de se lancer dans une éprouvante randonnée linéaire sur la GeoRota do Orvalho, au cœur du Geopark Naturtejo da Meseta Meridional, pour aller admirer la superbe cascade **Fraga de Água d'Alta** et sa chute d'eau de 50 m qui vient mourir dans un idyllique petit lagon vert. Il suffit de dévaler les raides escaliers des **Passadiços do Orvalho,** au sud du village d'Orvalho (forcément, dans le sens inverse, ça grimpe sec !). Une fois au lagon, marcher à l'ombre le long de la rivière est un vrai bonheur.

▸ **+ d'infos :** naturtejo.com

ON VA À LA PISCINE ?

Oui mais pas n'importe laquelle : une piscine naturelle ! Avec son gros rocher dans l'eau, la piscine fluviale à débordement de Foz do Cobrão est un secret bien gardé seulement connu des locaux... alors chut !

▸ À 30 km au sud-ouest de Castelo Branco par la N3.

4 Faire du paddle sous l'œil des rapaces

Jetez-vous à l'eau dans le décor épique du **Monumento Natural das Portas de Ródão,** l'un des joyaux naturels du Geopark Naturtejo da Meseta Meridional, près de Vila Velha de Ródão. Le Tage rétrécit subitement ici entre deux gigantesques parois abruptes de quartzite, dessinant des portes de 170 m de haut. Optez pour le tour *Birdwatching SUP*, 3h30 de paddle et d'observation de la plus grande colonie de vautours fauves du pays.

▸ **+ d'infos :** letssup.pt

NOS *Super* ADRESSES

POINTS DE CHUTE

VISEU

Du bon vin (on est au cœur de la région des vins du Dão et de Lafões), une gastronomie de haute volée, un centre historique plein de cachet, truffé de restaurants et de cafés… La petite métropole de la Beira Alta est une ville où il fait bon vivre ! Et pour ne rien gâcher, elle est très peu touristique. Pour les envies de nature, la Serra do Caramulo et le village jardin de Santar sont à deux pas.

GUARDA

Perchée à 1 000 m d'altitude à l'est de la Serra da Estrela, la « Gardienne » est la ville la plus haute du Portugal. Une place forte aux murs de granit, battue par les vents, qui vous met un sérieux coup de fouet dans son austère solitude ! Mais ne vous fiez pas à son dicton qui la dit « laide, forte, froide, cossue ».

LES VILLAGES FORTIFIÉS DE L'EST

Pour une bonne dose d'authenticité, de calme et de charme rural, rien ne vaut de se poser à la marge, dans les petits villages perchés le long de la frontière espagnole entre le Douro, au nord, et Castelo Branco, au sud.

OÙ DORMIR ?

Colmeal Countryside Hotel

Au calme

Bien caché dans la Serra de Marofa, cet hôtel contemporain s'est installé dans le village abandonné de Colmeal. Loin du monde, déconnexion et silence garantis !

▸ colmealhotel.com
• **À Colmeal** (+351) 271 312 352.

Casa do Fundo

Dormez éco

Au nord de la Serra da Estrela, au cœur d'un éco-village, cet éco-hôtel intimiste de 6 chambres (label *Clé Verte*) loge dans une maison traditionnelle, où Dona Sílvia vous sert des petits déjeuners authentiques.

▸ casadofundo.com • **À Pereiro,** rua Dona Augusta Borges de Melo.

Espírito Cabana

Auprès de mon arbre

Au milieu des oliviers, des orangers et des chênes-lièges, un B&B nature hors des sentiers battus… Rien que pour vous ! Une unique chambre, un petit déj local en terrasse, une piscine dans les rochers et des vélos électriques en location.

▸ espiritocabana.com/fr • **À Tinalhas,** vallée de Buzio, N352.

Casa das Palmeiras

Retour aux sources

Une ferme eco-durable et pédagogique, idéale pour les familles.

▸ casadaspalmeiras.pt
• **À Gandufe,** avenida da Liberdade, 33.

Chão do Rio

Nuit cosy

D'adorables chalets en pierre aux toits de chaume posés au bord d'une piscine biologique où l'on nage au milieu des nénuphars…

▸ chaodorio.pt • **À Travancinha,** rua da Calcada Romana.

Natura Glamping

Naturellement glam

Dans la Serra da Gardunha, près de Fundão, retirez-vous dans un dôme géodésique et profitez d'une vue imprenable sur la Cova da Beira et la Serra da Estrela. Déco nature, articles de toilette bio, piscine d'eau salee et activités nature vélo, rando, cours de yoga, équitation…

▸ naturaglamping.com
• **À Alcongosta,** Caminho da Casa do Guarda.

Senses

Ça le fait

À 12 km de Guarda, un petit paradis de quiétude avec ses tentes de luxe : yourte, tipi, safari lodge, tente cloche ou cottage. Piscine sans chlore, bar avec terrasse et jardin pour laisser filer le temps dans un morceau de campagne magique !

▸ sensescamping.com • **À Faia.**

OÙ MANGER ?

O Caçador

Ici, on casse du crabe et du homard à coups de marteau. Cette marisqueira familiale reçoit quotidiennement sa cargaison de poissons et fruits de mer fraîchement pêchés à Péniche. Comme quoi, même à la montagne on peut arriver à bon port !

▸ restauranteocacador.com

• **À Guarda,** rua Batalha Reis, 121.

Petiscos e Granitos

Boulotter des *migas* et autres *petiscos* locaux avec un petit verre de vin sur son incroyable terrasse enchâssée dans les blocs de roches ? Un moment inoubliable, surtout au coucher du soleil !

▸ **À Monsanto,** rua do Castelo, 16 (+351) 964 200 974.

Mesa de Lemos

Une petite folie ? Alors craquez pour la gastronomie durable et ultra-créative du chef étoilé Diogo Rocha. Une expérience inoubliable dans un superbe bâtiment contemporain planté au milieu des vignes.

▸ mesadelemos.com

• **À Silgueiros.**

Soadro do Zêzere

Attention pépite !
Si vous voulez découvrir la cuisine traditionnelle portugaise, pensez à réserver et attablez-vous sur la large terrasse et sa vue sur la montagne environnante.
La cuisine de ce restaurant familial est divine.

▸ soadrodozezere.com

• **À Valhelhas,** rua Dr. Álvaro de Castro, 2.

Vintage Bistrô Viseu

Envie d'un bon hamburger maison à la sauce locale ? Et de frites croustillantes à souhait ? Le tout servi avec le sourire dans une ambiance chaleureuse ? Posez-vous au Vintage Bistrô !

▸ vintagebistroviseu.pt • **À Viseu,** Rua Miguel Bombarda, 76.

La carte digitale pour retrouver toutes nos adresses, activités et visites.

FAQ ?

Comment on y va ?

Guarda est desservie par le rail. En car, liaisons pour Viseu, Guarda et Castelo Branco depuis Coimbra, Porto et Lisbonne. Liaisons quotidiennes entre Viseu, Guarda et Castelo Branco. Difficile de se passer de la voiture pour relier les petits villages.

Y A PAS DES MUSÉES DANS LE COIN ?

Si : à **Castelo Branco,** la capitale de la Beira Baixa, dont l'intérêt sont ses musées, comme le **museu Cargaleiro** ou le **Centro de Cultura Contemporânea.**

▸ fundacaomanuelcargaleiro.pt

• Rua dos Cavaleiros, 23.

▸ CCC : rua Cadetes de Toledo.

Puisque vous êtes là, flânez dans les allées baroques du **Jardim do Paço Episcopal !**

▸ cm-castelobranco.pt

• Rua Bartolomeu da Costa, 5.

Dans les environs de Viseu, vous pourrez loucher simultanément sur une toile de Dalí et une Bugatti de 1936 au **Museu do Caramulo,** un étonnant musée qui rassemble une collection d'art et des voitures de luxe dans un ancien sanatorium des années 1920.

▸ museudocaramulo.pt

• **À Caramulo,** rua Jean Lurçat, 42.

LISBONNE

SEPT COLLINES DE BONHEUR

Depuis les Phéniciens, Lisbonne n'a cessé de se réinventer, de recevoir des visiteurs de toute la planète et d'en envoyer à l'autre bout du monde. Le résultat est une ville d'une incroyable richesse, cosmopolite, artistique, vivante... et vallonnée ! Pour vous en convaincre, on vous a préparé un joli programme qui sent bon les pauses miradouros, les façades multicolores, les lieux branchés, les tramways jaunes et les pastéis de nata au goûter. Quelle chance vous avez d'être ici !

CE QUI VOUS ATTEND...

◁ La vue depuis le belvédère de Santa Clara

LISBONNE EN UN COUP D'ŒIL

AVENIDA DA LIBERDADE

L'artère principale de la ville pombaline, plantée de platanes et pleine de boutiques de luxe. On la compare souvent aux Champs-Élysées

PONT DU 25 AVRIL

Jumeau du Golden Gate de San Francisco, il dessert la rive sud du Tage, à partir du quartier d'Alcântara

CAIS DO SODRÉ

En train, en tram ou en ferry, vous passerez forcément par ce quai. Zone de bars et de discothèques prisée de la jeunesse

PARQUE DAS NAÇÕES

À l'extrême est de la ville, le quartier de l'exposition universelle de 1998 est un centre d'affaires et de congrès

BEST OF

1. Perdez-vous dans les ruelles de l'Alfama
2. Visitez la cathédrale en prenant le tram 28
3. Prenez-en plein la vue sur la praça do Comércio
4. Allez voir le coucher de soleil à Cacilhas
5. Grimpez la colline par le funiculaire de Bica... ou à pied !
6. Flânez perché au jardin de Príncipe Real
7. Encore une vue sur la ville ! Comme le marquis de Pombal, au parc Eduardo VII
8. Épousez les courbes du musée MAAT, à Belém

CATHÉDRALE

Centre religieux de la vieille ville, marque l'entrée du quartier de l'Alfama lorsque vous arrivez de la Baixa (ville basse)

PRAÇA DO COMÉRCIO

Toute la Baixa s'articule à partir de cette gigantesque place (du Commerce), au bord du fleuve

BEST OF

1 LES RUELLES DE L'ALFAMA

Perdez-vous dans l'Alfama, ancienne médina formée d'un dédale de minuscules ruelles dans lesquelles vous trouverez des sardines grillées et des bougainvilliers à tous les coins de rue. À l'ombre du château São Jorge, vous voici dans la partie la plus emblématique de la ville, celle qui a résisté au tremblement de terre de 1755. Si vous venez au printemps, ne manquez pas les petites places comme le largo de São Cristovão, décorées de guirlandes. Plus typique, y a pas !

2 LA CATHÉDRALE PAR LE TRAM 28

Bâtie sur les fondations de l'ancienne mosquée centrale, la Sé est le cœur historique d'une ville où la religion a pesé de tout son poids au cours des siècles. Positionnez-vous en contrebas de cette mythique cathédrale et attendez que le tram 28, ce fameux tram jaune plus que centenaire, monte la côte. Le cliché le plus cliché !

▸ **+ d'infos :** carris.pt (tramway).

3 LA PRAÇA DO COMÉRCIO

La place du Commerce, avec le quai des Colonnes en son centre, constitue le point névralgique de la Baixa (ville basse) et de la ville pombaline (celle qui a été reconstruite après le tremblement de terre de 1755). Pendant de longues années à partir du XIXe s., cette place a été le point d'arrivée des délégations étrangères. Le meilleur point de vue sur la place tout entière, avec les colonnes au premier plan et l'arche de la rua Augusta : le fleuve. En prenant ce cliché, vous comprendrez une partie importante de la mentalité portugaise, puissance coloniale portée essentiellement vers la mer.

4 LE COUCHER DE SOLEIL DEPUIS CACILHAS

Sur l'autre rive du Tage, à Cacilhas, vous trouverez une des vues les plus belles sur Lisbonne. Ce n'est que face à la ville blanche que vous vous rendrez compte véritablement de sa beauté. Positionnez-vous sur les quais de Cacilhas, à la terrasse de **Ponto Final** à l'heure de l'apéro. C'est là que les chaudes couleurs du soleil qui plonge dans l'Atlantique se reflètent sur la cité. Un tip en plus ? Faites la traversée en bateau grâce au Transtejo.

▸ **+ d'infos :** Instagram @pontofinalrest (Ponto Final) · ttsl.pt (Transtejo).

5 LE FUNICULAIRE DE BICA

Pour échapper aux dénivelés infinis de la ville, vous ne vous lasserez pas des trams et funiculaires vintage en bois et en métal, l'un des plus anciens systèmes de transport public en fonctionnement en Europe. Essayez de monter la côte de l'Elevador da Bica à pied et sans entraînement. Absolument déconseillé si vous avez le vertige ! À l'arrivée en haut, cliché vertigineux (avec *elevador* jaune) garanti !

▸ + **d'infos :** lisboa.net/elevador

6 LE JARDIN DE PRÍNCIPE REAL

Plusieurs éléments vont vous faire de l'effet dans ce petit jardin du quartier de Príncipe Real. Il y a déjà cet incroyable néflier du Brésil de 20 mètres d'envergure et taillé en tonnelle qui vous fera de l'ombre été comme hiver. Et puis il y a ces allées bordées d'arbres et de fleurs où il fait bon flâner et s'arrêter boire un café. Et puis un petit marché bio le samedi matin. Et puis... et puis c'est tout en fait. Et c'est parfait pour sentir l'âme lisboète, faire une pause, et repartir.

7 LE PARC EDUARDO VII

Attention, jardin monumental ! Le parc Eduardo VII est la suite logique de l'avenue de la Liberté. Entourées de pavillons d'exposition Art déco, ses imposantes pelouses aèrent le centre-ville. Rendez-vous tout en haut des escaliers du parc, au pied du drapeau national. Mettez-vous dans l'axe de l'avenue de la Liberté : vous avez sous vos yeux la vue de la ville voulue par le marquis de Pombal. D'ailleurs, le type en statue au milieu du rond-point avec la main sur la tête d'un lion, c'est lui !

8 LE MAAT

Sur le quai de Belém, vous trouverez une des architectures contemporaines les plus connues de la capitale. Les courbes du MAAT (Museu de Arte, Arquitetura e Tecnologia) sont différentes à toute heure du jour. L'architecte britannique Amanda Levete y représente la reconquête du fleuve et de ses quais par les Lisboètes. Si vous n'êtes pas branché photo, vous pourrez toujours passer devant en faisant un footing le long du Tage.

▸+ d'infos : maat.pt • **Quartier Belém,** avenida Brasília.

48 HEURES À LISBONNE

L'ESSENTIEL À PIED

Et hop ! Notre carte digitale

Pas de panique surtout : si Lisbonne a sept collines, la ville se parcourt très bien à pied… avec de bonnes chaussures ! Ça vous laissera le temps de flâner, découvrir des trésors cachés… et sentir l'énergie de la ville à tous les coins de rue !

JOUR 1

TÔT LE MATIN

À partir du **Panthéon**, entrez dans l'**Alfama** par la rua dos Remédios. Cap vers l'est pour se perdre dans la plus grande médina d'Europe. Au milieu de la balade, le **Miradouro de Santo Estêvão** et l'église du même nom offrent une oasis de calme. L'église de style baroque a été construite en 1733 et restaurée après le tremblement de terre de 1755.
Plus bas, vous croiserez l'église **São Miguel**, sur le *largo* du même nom (esplanade). Les passionnés d'architecture seront aux anges : l'édifice est un exemplaire unique du style maniériste.

MILIEU DE MATINÉE

Prenez **l'ascenseur de Santa Luzia** (*elevador*) pour quitter l'Alfama. Arrivé en haut, admirez le quartier que vous venez de parcourir et profitez d'un bon café en terrasse sur le **Miradouro de Santa Luzia**. Ne manquez pas, dans le jardin du belvédère, le mur d'*azulejos* représentant le sacrifice de Martim Moniz : en 1147, il permit la conquête de la ville en empêchant les Maures de fermer les portes.
▸ Largo das Portas do Sol e de Santa Luzia.

FIN DE MATINÉE

Finissez le versant sud de la colline de l'Alfama par le château maure São Jorge, avec ses pierres, sa végétation luxuriante et ses paons qui se baladent en liberté. Et si vous n'êtes pas branché paons, il est toujours possible de faire le tour par la rua da Costa do Castelo.
▸ castelodesaojorge.pt
• Rua de Santa Cruz do Castelo.

APRÈS-MIDI

Plongez dans la vertigineuse **Mouraria**. L'ancien quartier maure transpire encore une énergie de quartier populaire très modeste, ce qu'il était jusqu'à il y a peu. Sur le **largo dos Trigueiros**, arrêtez-vous pour vous imprégner de l'ambiance multiculturelle qui règne ici. Des Indiens, des Chinois, des Cap-Verdiens... Vous retrouverez toutes les cultures liées aux anciennes colonies portugaises !
À Lisbonne, on descend, on monte, on redescend, puis on remonte ! Après la Mouraria, le **jardim da Graça**, petit espace vert dans la densité des vieux quartiers, sera votre porte d'entrée vers un curieux escalier public en colimaçon. Ce *caracol* (littéralement « escargot ») vous mènera au quartier de **Graça**, dernière étape de la journée.

FIN D'APRÈS-MIDI

Profitez du coucher de soleil derrière le pont du 25-Avril, depuis le **Miradouro da Graça**. Cette grande esplanade populaire est toute l'année un rendez-vous immanquable des Lisboètes.

DEPUIS 1944, LE PORTUGAL SOIGNE SES MAUX DE GORGE GRÂCE À LA FRANCE

Les très populaires pastilles du Docteur Bayard, que vous verrez souvent en hiver sur les comptoirs lisboètes, ont été inventées par un médecin français. Ce dernier, réfugié à Lisbonne pendant la guerre, a donné la recette à la famille qui fabrique encore aujourd'hui les bonbons, en reconnaissance de son hospitalité.

▸ + **d'infos :** drbayard.com

JOUR 2

TÔT LE MATIN

Commencez votre parcours au bord du fleuve, au pied du quartier de Santos. Une fois passé le **palais Santos**, actuelle ambassade de France, vous montez dans les ruelles de ce vieux quartier. Il y a quelques années encore, vous y auriez croisé des *varinhas*, vendeuses ambulantes qui portaient leurs marchandises sur la tête.

▸ patrimonium.pt/palaciosantos
• Rua Santos-o-Velho 5.

Avec un peu de chance, vous rencontrerez la boutique **Flor da Selva**, un torréfacteur familial où on se fera un plaisir de vous recevoir. Possibilité de prendre un cours de dégustation de café avec le fils de la famille, Francisco.

▸ flordaselva.com
• Travessa do Pasteleiro, 32.

MILIEU DE MATINÉE

Il y avait encore des lavoirs publics à Lisbonne jusqu'au milieu des années 2010. Dans la même ruelle, une centaine de mètres plus haut après Flor da Selva, vous trouverez le **Lavadouro das Francesinhas**, aujourd'hui transformé en galerie d'art. Poussez jusqu'à São Bento, vous vous retrouverez face au **Parlement** dont vous pourrez visiter le musée.

MIDI

Praça da Alegria : la place bobo lisboète par excellence. Pour manger sur le pouce, testez le **café Tehran** et ses nombreuses options végétariennes, sous les jacarandas.

▸ Instagram : @tehrancafeh

LA RUA DE SÃO BENTO

DÉBUT D'APRÈS-MIDI

Regagnez la **rua de São Bento**, paradis des antiquaires. Au milieu de la rue, laissez-vous embarquer par l'histoire de la plus grande diva portugaise, icône de toute une ville, reine du fado : **Amália Rodrigues**.

▸ amaliarodrigues.pt • Rua de São Bento, 193.

APRÈS-MIDI

À un jet de pierre, le **jardin botanique** se déploie sur 40 000 m². Créé à la fin du XIXᵉ s. par des paysagistes allemands et français, ce lieu enchanteur abrite une multitude d'essences exotiques : pas moins de 1 500 espèces d'arbres et de plantes. Terminez l'après-midi au kiosque de Príncipe Real, debout parmi les habitants, pour un rafraîchissement *afterwork* bien mérité.

▸ Rua da Escola Politécnica, 54.

SOIR

Pour dîner pas trop loin : **A Cevicheria**. Sous un poulpe géant, une farandole de ceviches « plus frais y a pas ! » et de pisco sour, le fameux cocktail péruvien, le tout baigné de bonne humeur : bienvenue chez le chef Kiko !

▸ acevicheria.pt • Rua Dom Pedro V, 129.

SOUS LES PAVÉS LE BAGNE

On raconte que c'est pour occuper des bagnards et résoudre le problème des boues dans Lisbonne que fut inventée la *calçada portuguesa* lors de la reconstruction de la capitale, dans les années 1780. Ces pavés à motifs, exportés dans tout le Portugal puis dans toutes les colonies, ont depuis été élevés au rang d'art. Sur la praça do Rossio, les pavés blanc et noir en forme de vagues donnent un rendu particulièrement photogénique.

5 FAÇONS DE VOIR LA VILLE BLANCHE

Depuis toujours, Lisbonne a vu se croiser des communautés et des réalités multiples qui se sont croisées, enrichies et parfois confondues. Ce mix de culture et de créativité se retrouve partout dans la ville et s'expérimente au quotidien ! Choisissez la Lisbonne qui vous plaît : on vous emmène y faire un tour !

1 Tour street art

Avec « *Yes ! You can spray !* »

Autour de figures de proue telles que Bordalo II ou Alexandre Farto aka Vhils (photo), le street art a pris une place prépondérante à Lisbonne. Aujourd'hui, des artistes du monde entier viennent colorer les murs de la ville qui a élevé le street art au rang de politique publique. Ils ont aussi créé dans la capitale des collectifs pour organiser les œuvres et leur création : qui est mieux placé qu'eux pour vous présenter les graffs *made in Lisboa* ?

▸ **+ d'infos :** yesyoucanspray.com

2 Lisbonne l'Africaine

Avec « *African Lisbon Tour* »

Empire colonial de grande ampleur, le Portugal a laissé une trace douloureuse dans certains pays d'Afrique. Les quartiers de la ville, port de commerce avec le continent noir, ont gardé les marques de cette présence. Naky, un jeune Togolais passionné d'histoire, nous fait découvrir cet héritage puisque d'importantes communautés issues de ces anciennes colonies vivent aujourd'hui à Lisbonne. Pour certains pays, la capitale de la lusophonie a énormément d'impact dans la vie du pays : les Cap-Verdiens par exemple la surnomment leur « onzième île ».

▸ **+ d'infos :** africanlisbontour.com

3 Lisbonne à vélo

Avec « *Lisbon Cycle Tours* »

Envie de vous muscler les mollets ? Vous avez choisi la bonne destination ! Relevez le défi de gravir les sept collines sans poser le pied à terre ni vous mettre en danseuse ! Pour les autres, l'enseigne propose des vélos à assistance électrique ou des parcours le long des quais.

▸ **+ d'infos :** lisboncycletours.com

4 Une histoire juive

Avec « *Lisbon Jewish Tours* »

Si l'histoire de Lisbonne est fortement marquée par l'empreinte musulmane, elle l'a aussi été par celle de la communauté juive. Chassés d'Espagne au début de l'Inquisition en 1496, puis persécutés à nouveau au Portugal, les Juifs ont vécu leur religion de manière clandestine, se masquant derrière une fausse conversion au christianisme. Au début de la Seconde Guerre mondiale, Lisbonne est à nouveau un refuge, ou une porte de sortie vers l'Amérique. Découvrez les marques de ces différents passages.

▸ **+ d'infos :** lisbonjewishtours.com

5 Tour azulejos

Avec « *Mon Lisbonne* »

À Lisbonne, on avait inventé le street art avant l'heure. Les azulejos, faïences décoratives très populaires dès la moitié du XVIe s. dans les grandes familles et ordres religieux, ornent palais et églises de la capitale. Leçon numéro 1 : non, le mot azulejo ne vient pas de « azul », bleu en portugais, mais de l'arabe « al zulaydj », qui signifie « petite faïence ». Si la balade vous a plu, faites un tour au **Museu Nacional do Azulejo** : les panneaux de faïence blanc et bleu n'auront plus de secret pour vous !

▸ **+ d'infos :** monlisbonne.com

DANS LES YEUX DES LISBOÈTES CÉLÈBRES

Les personnages célèbres de Lisbonne vous accueillent dans leur ville ! Rendez-leur visite et vous vous retrouverez à coup sûr dans des coins ou vous ne seriez jamais allé sans eux !

SAINT ANTOINE DE PADOUE

Igreja de Santo António

Vous croyez qu'il était originaire de Padoue ? Eh bien non ! Le saint est né à Lisbonne, il y est même célébré tous les ans lors des fêtes de la Saint-Antoine. Il est mort à Padoue en 1231, durant son périple à travers l'Europe pour diffuser la bonne parole. L'église qui lui rend hommage, de style post-baroque et pombalin (l'édifice original a été rasé par le tremblement de terre de 1755), comprend un petit musée qui retrace son histoire.

▸ **+ d'infos :** stoantoniolisboa.com
• Largo de Santo António da Sé.

VASCO DE GAMA

Ponte Vasco da Gama

Le natif de Sines, qui a ouvert l'époque de l'Empire colonial portugais, est sans doute le navigateur portugais le plus connu et le mieux célébré par le roman national. C'est probablement parce qu'il fut le premier à partir en expédition à travers le globe (1497). Il fallait au moins un pont de cette grandeur, inauguré lors de l'Exposition universelle de 1998, pour lui rendre hommage. Ses courbes au-dessus du Tage sont réservées à la circulation automobile :(

MAGELLAN

Praça do Chile

Cinquante ans après Vasco de Gama, un jeune noble portugais déchu et un tantinet tête brûlée partait outre-mer pour le compte de la couronne espagnole : Fernão de Magalhães. Est-ce pour cette raison que la ville de Lisbonne ne lui consacre qu'une statue dans le modeste quartier d'Arroios ? Qu'importe, allez lui rendre visite place du Chili, vous ferez l'expérience d'un quartier vivant en pleine réhabilitation.

POMBAL

Praça Marquês de Pombal

Le marquis de Pombal est à Lisbonne ce que le baron Haussmann est à Paris. Du haut de sa colonne, le « sauveur de Lisbonne » contemple la Baixa, la ville nouvelle qu'il a fait élever sur les ruines du séisme de 1755 : des rues larges et rectilignes, des édifices identiques... Une ville modèle, dans l'esprit des Lumières, qui va faire sensation dans toute l'Europe. Pour cueillir la même vue que le marquis, grimpez sur les hauteurs du parc Eduardo VII voisin. La perspective jusqu'au Tage est saisissante !

AMÁLIA RODRIGUES

Colina de Santana

Il n'y a pas que l'Alfama qui a été épargné par le tremblement de terre de 1755. La colline Sainte-Anne, au-dessus de la Baixa (ville basse), a elle aussi résisté à la catastrophe. C'est dans ces petites rues qu'a grandi Amália Rodrigues, diva du fado. Sa maison natale conserve une petite plaque commémorative dans la cour. L'occasion de découvrir aussi un quartier authentique qui sort des sentiers battus.

▶ + **d'infos :** Rua de Martim Vaz, 86.

FERNANDO PESSOA

Café A Brasileira

Le poète aux petites lunettes rondes est décédé en 1935, mais il reste éternellement attablé à la terrasse de A Brasileira, son café préféré. Il vous recevra par tous les temps pour faire un brin de causette autour de son journal, *Le Livre de l'intranquillité*.

▶ + **d'infos :** abrasileira.pt • Rua Garrett, 120/122.

EUSÉBIO

Estádio da Luz

Tout un peuple a le cœur qui bat pour Eusébio ! Le peuple rouge et blanc des supporters de Benfica, club de foot du quartier populaire le plus emblématique de Lisbonne. « La panthère noire », comme le surnomment les Lisboètes, a fait entrer le club dans la légende du football européen. Il a sa statue devant le stade de la Luz, emblématique du club. Ambiance folle les soirs de match... surtout lors des derbys contre l'autre club de la ville, le Sporting, où a joué un certain Cristiano Ronaldo. Si vous trouvez des places, foncez-y !

▶ + **d'infos :** slbenfica.pt

LISBON BY NIGHT : MAINSTREAM ?

Vous êtes plutôt bohème sans le sou ou plutôt bien sous tous rapports ? Pour vous faire une petite idée de ce qui vous attend, voici un déroulé de deux soirées parallèles, un soir de fin de semaine classique à Lisbonne. Deux zones de la ville, deux budgets, deux ambiances, mais toujours l'esprit ouvert de la ville blanche en toile de fond.

▶ LE ROOFTOP

Park Rooftop

Comme son nom l'indique, c'est le *rooftop* d'un parking ! Il se maintient depuis des années comme la référence à Lisbonne. Pour sa vue, pour ses cocktails et pour son ambiance cosmopolite. Mêlez-vous à la multitude de touristes et de locaux venus terminer leur journée ou commencer leur soirée. Vous ferez facilement des rencontres en admirant le coucher de soleil sur le Tage.

▸ **+ d'infos :** Instagram @parklisboa • Calçada do Combro, 58.

▶ LE BAR

Bars du Bairro Alto

Dans les ruelles du Bairro Alto (littéralement « quartier haut »), écoutez les dernières musiques à la mode et parlez anglais. Le quartier festif de Lisbonne n'a plus besoin de parfaire sa réputation, qui va bien au-delà des frontières de la ville. Dans cette zone de fête, il y en a pour tous les goûts : salsa cubaine et mojito ? Optez pour **Aché Cohiba**. Rock et pintes de bière ? À vous l'**Eclipse**.

▸ **+ d'infos :** Instagram @achecohib • eclipsebairroalto

LE FOOD COURT TIME OUT MARKET

Mangez ce que vous voulez au Mercado da Ribeira ! Le marché de la rive (Mercado da Ribeira), restauré en 2014 abrite désormais un gros *food court* géré par *Time out*, avec grandes tables et toutes les cuisines du monde à disposition : sandwich, fruits de mer, morue, *petiscos*, De quoi bien se préparer avant le reste (début ?) de la soirée !

▸ **+ d'infos :** timeoutmarket.com/lisboa • Avenida 24 de Julho • Tous les jours.

▶ LA BOÎTE

Lust in Rio

À Lisbonne, plus la nuit avance plus on descend vers le fleuve. À l'heure de passer en boîte de nuit, on se retrouve au niveau de l'eau. Ne vous perdez pas sur le chemin de Lust in Rio, sur le quai (Cais) do Sodré. Attention, conservez bien le ticket qui vous sera donné à l'entrée sinon vous payerez plein tarif même si vous n'avez rien consommé !

▸ **+ d'infos :** lustinrio.pt • Rua da Cintura do Porto de Lisboa.

OU UNDERGROUND ?

LE ROOFTOP

Rooftop Grupo Desportivo da Mouraria

En haut d'une côte cachée dans la Mouraria, entrez dans le vieux palais dos Távora. De l'extérieur il paraît abandonné. Au fond du premier couloir, vous trouvez un bar hors d'âge, qui semble ne pas avoir bougé depuis son ouverture. Prenez une bière à un euro et posez-vous à l'extérieur, sur la terrasse des celliers du palais qui fait office de *rooftop*. Pas de service à table, pas de boissons sophistiquées mais des chaises en plastique et, surtout, une des plus belles vues sur la ville qui soit !

▸ + **d'infos :** Travessa da Nazaré, 21.

LE BAR

Bars de la Mouraria et du quartier Anjos

Les artistes se retrouvent autour d'Anjos ou dans les bars de la Mouraria. Plongez un peu plus dans la vie alternative lisboète en allant faire un petit tour du côté de **Casa Independente**, un bar et centre culturel aménagé sur deux étages avec cour intérieure et salle de concert intégrée.

▸ + **d'infos** : Instagram @casa_independente

LA BOÎTE

Lux Frágil

Les oiseaux de nuit les plus exotiques se retrouvent dans cet ancien hangar au bord du Tage. Amateur de musique électronique, vous trouverez des DJ venus de partout. Les grosses nuits lisboètes au Lux Frágil n'ont rien à envier aux nuits berlinoises. Guettez la programmation, vous serez surpris !

▸ + **d'infos :** luxfragil.com • Avenida Infante Dom Henrique, Cais da Pedra à Santa Apolónia.

5 LIEUX POUR VIVRE LE LISBONNE ARTY ET BRANCHÉ

L'art est revenu pour de bon dans la capitale portugaise depuis une quinzaine d'années ! Choisissez parmi ces institutions privées, associatives ou non, l'ambiance qui vous convient. Traînez dans les galeries à la fin de vos journées, vous serez surpris par la vie bouillonnante qui règne dans ces lieux alternatifs.

LXFACTORY

1 Galerie Underdogs

Pépinière du street art

Tournée vers le street art, cette galerie est l'une des plus modernes de la capitale. Elle a longtemps représenté Alexandre Farto aka Vhils et excelle dans ses deux rôles : faire connaître des artistes lisboètes émergents grâce à ses connexions européennes, et présenter aux Lisboètes les meilleurs artistes contemporains internationaux.

▸ **+ d'infos :** under-dogs.net • Rua Fernando Palha, Armazém, 56.

2 Fábrica Braço de Prata

DIY parmi les pros

Cette ancienne fabrique d'armes, au départ squattée par des artistes, est devenue un lieu alternatif et créatif extraordinaire. Café-concert, projections, expositions, bars, restaurants, cours et ateliers : il se passe toujours quelque chose dans ce temple de l'éducation et de la sensibilisation aux arts et à la culture. Pour partager du temps avec des artistes et découvrir un lieu insolite, sans aucun doute *this is the place !*

▸ **+ d'infos :** fabricabracodeprata.com • Rua da Fábrica de Material de Guerra, 1.

3 LxFactory

Caverne d'Art-li Baba

Une ancienne usine aux murs en briques abrite désormais un centre où se réunissent plusieurs disciplines. Dans ces 23 000 mètres carrés, vous trouverez de nombreux ateliers, restos branchés, brasseries, boutiques *trendy*, librairie sur-mesure... Si certains critiquent le côté commercial du lieu, il reste plaisant à visiter et il permet à des dizaines de jeunes créatifs de vivre de leur travail. LxFactory est devenu une vitrine pour de nombreux artistes et artisans portugais. Allez-y le week-end lors du marché hebdomadaire : atmosphère familiale et foule d'exposants seront au rendez-vous...

▸ **+ d'infos :** lxfactory.com • Rua Rodrigues de Faria, 103.

4 Secret Garden LX

C'est cool, on adore

Sous le belvédère de Nossa Senhora do Monte (dans le quartier de Graça), ce petit bar associatif organise des après-midi et des soirées animés par des artistes locaux. Si vous voulez faire la connaissance de musiciens ou d'artistes plastiques lisboètes, le lieu est idéal. Laissez-vous aller dans le jardin secret de la bohème locale !

▸ **+ d'infos :** Instagram : @secretgarden_lx • Largo Monte.

5 Centro Português de Serigrafia

Expérience graphique et souvenirs qualis

Un voyage dans les archives du Centre portugais de la sérigraphie vous donnera l'occasion de balayer un large éventail de styles d'artistes nationaux. En plus des rencontres, découvertes et apprentissages que propose le centre, vous pourrez repartir avec un souvenir ou un cadeau unique et original, sérigraphie ou reproduction.

▸ **+ d'infos :** cps.pt • Rua dos Industriais, 6.

LISBONNE-SUR-MER : LE QUARTIER DE BELÉM

À un quart d'heure du centre-ville, l'ambiance change totalement en arrivant à Belém. Ici, ça respire les grandes découvertes et l'appel du large sur les bords du Tage. Des musées et des monuments magnifiques sont d'ailleurs là pour vous le rappeler.

▶ LE MUSÉE DE LA MARINE

La collection de maquettes de bateaux, de cartes, d'instruments de navigation, d'astrolabes et de reproductions grandeur nature de galiotes royales vous transporte dans l'univers passionnant de l'aventure maritime du Portugal. La salle consacrée aux découvertes met en lumière les avancées fulgurantes de la construction navale à partir du XVe s. Ça donnerait presque envie de mettre les voiles sur l'Amérique.

▶+ **d'infos :** Praça do Império • Ouvert tous les jours.

▶ LE MONUMENT AUX DÉCOUVERTES

Venez contempler les aventuriers des mers en file indienne gravés dans la pierre. Dans un pur style Estado Novo (il a été commandé par le dictateur Salazar pour l'exposition « Mundo Português »), le monument se dresse face au fleuve pour célébrer les 500 ans de la mort d'Henri le Navigateur (1460). Un tantinet imposant et un peu sévère, ce symbole est pourtant apprécié des Lisboètes.

▶+ **d'infos :** Avenida Brasília • Ouvert tous les jours.

LES MEILLEURES PASTÉIS DE LISBONNE !

La mer, ça creuse ! Alors ne manquez pas un passage à l'incontournable pâtisserie **Pastéis de Belém**, d'où sortent du four de merveilleux pastéis saupoudrés de cannelle et de sucre glace. Un délice.

pasteisdebelem.pt • Rua de Belém, 84-92.

▶ LA TOUR DE BELÉM

Conçue pour protéger le port, elle est devenue un symbole de la puissance navale portugaise. Depuis sa construction (1514-1520), elle a servi d'arsenal, de prison, de résidence pour les capitaines. La salle d'artillerie abrite une batterie de canons. Par les ouvertures dans le sol, on précipitait dans les eaux les condamnés à mort. La forteresse est ornée de nombreux éléments décoratifs typiquement manuélins : blasons, cordages, et créneaux marqués de la croix de l'ordre du Christ.

▸ + **d'infos :** Avenida Brasília • Fermé le lundi.

▶ L'AQUARIUM ET MUSÉE VASCO DE GAMA

Qui dit grandes découvertes, dit Vasco de Gama. Il a le droit à son petit musée d'histoire naturelle qui est bien resté dans son jus du XIXe s. Quant à l'aquarium, il conserve une collection unique en son genre, parce qu'au Portugal, depuis toujours, on s'intéresse à ce qu'il y a sur... et sous l'eau !

▸ + **d'infos :** Rua Direita do Dafundo, 18 • Ouvert tous les jours.

▶ LE MONASTÈRE DES HIÉRONYMITES

Préparez-vous à en prendre plein les yeux : on nage ici en plein âge d'or des grandes découvertes ! Le monastère est un pur chef-d'œuvre de l'art manuélin, tout décoré d'algues, de coraux, de nœuds et de cordages. Un colosse de pierre qui fait dans la démesure (300 m de façade tout de même !), une prouesse architecturale (visez la superbe voûte de l'église, comme en apesanteur) et d'inventivité : son cloître sculpté, grouillant de végétaux et d'animaux fantastiques, est l'un des plus beaux du monde. Un conseil ? Évitez de venir le matin (cars de touristes).

▸ + **d'infos :** Praça do Império • Fermé le lundi.

NOS *Super* ADRESSES

La carte digitale pour retrouver toutes nos adresses, activités et visites.

REPÈRES

PRÍNCIPE REAL

Un des quartiers les plus chics de la capitale. Branché, coquet et gay-friendly ; le spot des créateurs.

SANTOS

Quartier historiquement lié au pouvoir. Zone de palais et de musées incontournables.

BAIRRO ALTO

En dessous de Príncipe Real, ce « quartier haut » est une succession de ruelles où tous les commerces ou presque sont des bars et restaurants. Pour la fête, c'est ici que ça se passe.

GRAÇA

En haut de la « septième colline de Lisbonne », comme l'appellent les Lisboètes, se trouve Nossa Senhora du Monte, petite chapelle et plus haut belvédère de la ville.

OÙ DORMIR ?

Pensão Londres

Incroyablement bien situé

Découvrez un incontournable. Cet *hostel* au style pombalin, situé à l'entrée du Bairro Alto, joue entre son côté suranné (mobilier en bois ciré, nappes bordeaux au petit déjeuner) et sa clientèle très ouverte d'esprit. La combinaison parfaite de l'ancien et du moderne, un hôtel plein de vie à ne pas manquer !

▸ pensaolondres.com.pt • Quartier **Príncipe Real**, rua Dom Pedro V, 53.

Selina Secret Garden & Cowork

Digital Nomades

Situé dans le quartier historique d'Alfama, le Selina est un lieu de rencontre pour les nomades digitaux du monde entier. Avec une décoration bohème et artistique, cet hôtel propose des chambres colorées, ainsi que des espaces communs accueillants conçus pour le travail comme pour la détente. Le *rooftop* offre une vue imprenable sur la ville et le fleuve.

▸ selina.com • Quartier **Alfama,** Beco Carrasco, 1.

262 Boutique Hotel

Charme et histoire

Niché dans une rue pavée du charmant quartier de Chiado, c'est un véritable havre de paix. La décoration intérieure est chic et élégante, avec des touches modernes et de nombreux éléments d'époque. Les chambres sont spacieuses et confortables, avec des équipements haut de gamme.

▸ 262boutiquehotel.com • Quartier **Chiado,** rua Nova do Carvalho, 15.

Tings Lisbon

Haut perché

C'est pas l'Himalaya mais c'est tout de même haut, la colline de Graça ! Annette et Thomas, un couple danois expérimenté, ont déjà ouvert un hôtel-boutique à Katmandou avant de s'installer à proximité d'un des plus beaux points de vue de la ville. L'ambiance zen du Népal est omniprésente dans les couloirs, les chambres et le charmant jardin intérieur de cet hôtel réservé aux initiés.

▸ tingslisbon.com • Quartier **Graça,** rua da Senhora do Monte, 37-43

Home Lisbon Hostel

L'auberge de compète

Un *hostel*, un restaurant, un café et beaucoup de joie. Côté dodo, vous aurez le choix entre des chambres charmantes privées ou partagées et côté cuisine, c'est la « Mamma » comme on la surnomme qui régale de merveilleux plats préparés avec beaucoup, beaucoup d'amour.

▸ homelisbonhostel.com • Quartier **Baixa**, rua de São Nicolau, 13.

OÙ MANGER ?

LES MEILLEURES TASCAS (CANTINES TRADITIONNELLES)

Le menu sur une nappe en papier dans la vitrine, un repas ouvrier pour 10 euros vin compris et une convivialité imbattable. Entrez dans l'univers des *tascas*, encore bien présentes dans le centre-ville !

Cervejaria Cabine

Il n'y a pas beaucoup de *tascas* dans la zone de Belém, quartier de musées et d'ambassades. Mais celle-ci fait bien le job. Testez les abats pour les amateurs, le patron adore, donc la cuisine les fait bien !

▸ Quartier **Belém**, rua da Junqueira, 188A (+351) 213 641 822.

O Satélite da Graça

La décoration lunaire montre que la cuisine populaire traditionnelle peut aussi voir loin dans l'espace et dans le futur. Les poissons et calamars grillés font partie des incontournables de cette *tasca* qui fonctionne un peu comme une coopérative : tous les serveurs sont partiellement propriétaires des murs et du business.

▸ Quartier **Graça**, travessa Pereira (+351) 218 862 679.

Cantinho da Fátima

Fátima est de ces tenancières dont la voix porte depuis des décennies dans le quartier. Elle connaît tous les notables et ouvriers des alentours par leur prénom. Si on arrive en fin de service, il n'y a plus vraiment le choix, mais la patronne choisira pour vous ce qui reste. Difficile de dire non !

▸ Quartier **Graça**, rua da Graça, 111 (+351) 218 878 772.

Zé da Mouraria

Une déco folklorique et une ambiance galvanisante tous les soirs. N'oubliez pas le must de la maison, la morue au four ! Pensez à réserver, on affiche souvent complet !

▸ Quartier **Mouraria**, rua João do Outeiro, 24 (+351) 218 865 436.

O Tachadas

Ici se côtoient ouvriers des chantiers environnants et fonctionnaires de l'ambassade de France. Les sardines grillées en plat du jour sont à tomber ! Vous serez très agréablement surpris par les tarifs comparés aux autres options dans la zone.

▸ Quartier **Santos**, rua da Esperança, 178 (+351) 213 976 689.

LES NOUVEAUX RESTOS HEALTHY

On ne mange pas que des sauces et de la morue (*bacalhau*) à Lisbonne ! Vous y trouverez aussi de la cuisine plus légère, tournée vers les préoccupations alimentaires de notre époque.

Augusto Lisboa

Les brunchs légers avec du saumon, les toasts à l'avocat et les jus verts, c'est par ici. Une adresse *fancy* qui ne tombe ni dans la caricature ni dans l'arnaque. À tout moment de la semaine !

▸ Quartier **Alfama**, rua Santa Marinha, 26.

Mezze

Venez découvrir les délicieux mezze de ce restaurant créé pour venir en aide aux réfugiés syriens. Plusieurs familles arrivées dans la capitale portugaise à partir de 2017 y travaillent et font connaître les spécialités de leur pays.

▸ mezze.pt • Quartier **Arroios**, Mercado de Arroios, rua Ângela Pinto, 40D 22/23.

Granos

En moins d'un an, Granos s'est fait une belle place dans le paysage de la cuisine verte à Lisbonne. Petite pâtisserie qui sert le midi de la nourriture uniquement végétarienne ; ses pains et desserts ont aussi des déclinaisons sans gluten !

▸ granos-espacovegetariano.com • Quartier **Campo de Ourique**, rua Saraiva de Carvalho, 358.

The Food Temple

Le nom peut faire un peu pédant mais l'équipe n'est pas prétentieuse. Cette cantine aux inspirations asiatiques vous accueillera à bras ouverts. Un des plus vieux restaurants végétariens au Portugal !

▸ thefoodtemple.com • Quartier **Mouraria**, Beco do Jasmim, 18.

Vegan Junkies

De la viande qui n'en est pas mais qui a le même goût que la viande. Idéal pour les végétariens ou si, pour des raisons de santé, vous devez éviter les protéines animales. En plus, vous ne vous rendrez compte de rien ! Cerise sur le tofu, l'adresse est bon marché.

▸ veganjunkies.pt • Quartier **Santana**, rua Luciano Cordeiro, 28.

OÙ SORTIR ?

Vino Vero

Bistrot incontournable pour les amoureux du vin naturel. Les propriétaires sélectionnent des vins de petits producteurs à travers l'Europe pour créer une expérience conviviale de partage de connaissances et de rires. Découvrez une autre vision de la vigne et de la vinification.

▸ vinovero.wine • Quartier **Graça**, travessa do Monte, 30.

Crew Hassan

Le Crew Hassan est un sous-sol devenu le QG de la jeunesse underground lisboète. Avec deux salles dédiées aux concerts et aux soirées clubbing, l'endroit est idéal pour les amateurs de musique électronique. Attention, la fumée y est dense. Entrez dans l'univers de la nuit lisboète par la grande porte !

▸ Quartier **Anjos**, rua Andrade, 8A.

Água de Beber

Dans ce bar à cocktails et lieu de musique live, les accents se tournent résolument vers le Brésil. Les amateurs de bossa auront remarqué la référence à la chanson de Jobim ! Découvrez des cocktails originaux et créatifs ou optez pour un classique revisité. Le soir, profitez de groupes locaux ou internationaux. Le personnel est accueillant et l'ambiance propice aux rencontres et aux échanges. Un endroit unique pour découvrir de nouveaux cocktails et échanger avec les habitants !

▸ Quartier **Bairro Alto**, rua Poiais de São Bento, 73.

Majong

Il faudra un peu de patience et de stratégie pour trouver l'endroit et s'y dégoter une place. Mais une fois dedans, ce bar calme reservé aux groupes de bons copains révèle tous ses secrets. Idéal pour une soirée amicale en intimité loin du tumulte des ruelles alentour.

▸ Quartier **Bairro Alto**, rua da Atalaia, 3 (+351) 915 214 803.

Groove Bar

Un bar dansant qui porte son nom à merveille au cœur de la Lisbonne festive. Une atmosphere jeune et internationale et de super mixologues derrière le comptoir pour préparer vos verres. Un cocktail qui marche à tous les coups !

▸ Quartier **Cais do Sodré**, rua da Rosa, 148.

Café Novas Nações

Chez Marco et Tina, on vit la vie de quartier autour de délicieux cocktails et de doses généreuses de pastis. Un endroit parfait pour refaire le monde avant de se lancer dans la nuit lisboète. Rencontrez les habitants et vivez une expérience authentique au comptoir.

▸ Quartier **Novas Nações**, rua de Moçambique, 38 (+351) 920 579 007.

Finalmente

Ce club gay et burlesque accueille tout le monde sans code vestimentaire ni ségrégation par tranche d'âge. Lieu unique ancré depuis des dizaines d'années dans les nuits lisboètes. Rien que pour les shows burlesques, il vaut le détour ! Pour les fans, il est possible d'acheter le calendrier de l'équipe de volley-ball du night-club en souvenir.

▸ Quartier **Príncipe Real**, rua da Palmeira, 38 (+351) 213 479 923.

Ginjinha Sem Rival

La *ginjinha* est une liqueur de cerises bien connue à Lisbonne. Cette petite boutique près de la place du Rossio vous permet de déguster la boisson locale, avec une option sans cerise (?). Profitez-en pour vous plonger dans l'histoire de cette spécialité, et de cette marque, née d'une rivalité.

▸ Quartier **Rossio**, rua das Portas de Santo Antão, 7 (+351) 213 468 231.

Clube Ferroviário

Un lieu insolite situé derrière la gare de Santa Apolónia. Sa grande terrasse accueille des brunchs, des *afterworks* et des soirées de musique électronique. La carte des vins et des cocktails est à la hauteur. Vue panoramique sur le Tage.

▸ grupochamp.pt/ferroviario • Quartier **Santa Apolónia**, Rua de Santa Apolónia, 59.

ON RAMÈNE QUOI ?

Des fromages et de la charcuterie

Manteigaria Silva

Cette boutique propose une grande variété de produits artisanaux, notamment du fromage de chèvre de l'Alentejo et des saucissons de porc noir. Vous pourrez accessoirement y trouver des confitures, des vins et autres produits locaux de qualité.

▸ manteigariasilva.pt • Quartier **Alfama**, rua Dom Antão de Almada, 1A.

Des gants

Luvaria Ulisses

Depuis 1925, chaque paire de gants est cousue à la main par des professionnels passionnés. Cuir de haute qualité, fourrure de laine de l'Alentejo : un produit authentique, confortable, durable et qui soutient un savoir-faire familial pour un prix très raisonnable.

▸ luvariaulisses.com • Quartier **Chiado**, rua do Carmo, 87A.

Des conserves

A Loja das Conservas

Sans conserve de sardines, le Portugal ne serait pas le même ! Ici, vous trouverez une grande variété de marques de ce caviar local et d'autres types de conserves de fruits de mer et de légumes. La boutique est simple, décorée à la manière d'une épicerie, et le personnel expert en la matière est prêt à vous conseiller sur les différents millésimes et conserveries. Si vous cherchez des souvenirs culinaires authentiques, c'est l'endroit idéal.

▸ alojadasconservas.pt • Quartier **Cais do Sodré**, rua do Arsenal, 130.

Des bibelots en tout genre

A Vida Portuguesa

Plongez dans l'univers charmant et nostalgique de cette boutique. Savons, céramiques, jouets traditionnels, tous produits artisanaux de qualité. Sinon, des liqueurs, du miel, des produits textiles, des ustensiles de cuisine, de la papeterie, tous fabriqués au Portugal. Allez-y rien que pour flâner, vous repartirez forcément avec quelque chose !

▸ avidaportuguesa.com • Quartier **Chiado**, rua Anchieta, 11.

Des chocolats artisanaux

Arcádia

Oui, il y a une culture du chocolat à Lisbonne. Chez ce chocolatier portugais, large sélection de chocolats artisanaux de haute qualité. Tous produits localement avec des ingrédients de première qualité, notamment de la vanille de Madagascar et du cacao 100 % pur.

▸ arcadiachocolates.com • Quartier **Príncipe Real**, rua Augusta, 24.

ON SE DÉPLACE COMMENT, DANS LISBONNE ?

EN MÉTRO

Quatre lignes particulièrement pratiques aux heures de pointe, lorsque les autres transports sont encombrés.

▸ metrolisboa.pt • De 6h à 1h30.

EN TRAM

Trams traditionnels, aux intérieurs bois lancés en 1901, mais aussi rames modernes ! Le réseau est particulièrement dense et fiable.

▸ carris.pt • De 8h à 20h45.

EN BUS

Plus cher que le métro et le tram si vous achetez le ticket à bord, mais permet parfois des trajets plus directs.

▸ carris.pt • Horaires et prix selon la ligne.

EN FERRY

Le meilleur moyen pour se rendre sur la rive sud du Tage. En 5 minutes, au départ de Cais do Sodré, vous êtes à Cacilhas !

▸ ttsl.pt • Horaires et prix selon la ligne.

EN SCOOTER OU EN TROTTINETTE ÉLECTRIQUE

Lisbonne est une des villes pionnières, en Union européenne, sur le déploiement des trottinettes et des scooters électriques en libre-service.

▸ Applis scooters : Ecooltra • Trottinettes : Bird, Bolt, Lime, Link, Whoosh.

COMMENT ON VIENT ?

En train

Pour l'instant, le train de nuit direct depuis la France (Hendaye) n'existe plus. On peut combiner son parcours en utilisant habilement les connexions de la RENFE (compagnie nationale espagnole).

LE BON PLAN : PASS PARTOUT !

La Lisboa Card est un passe touristique à durée limitée (24h, 48h ou 72h), qui donne un accès gratuit à plusieurs attractions, musées et transports en commun (inclus, les trains pour Sintra et Cascais. Tous les musées gérés par la ville sont gratuits avec cette carte, et elle propose des réductions très significatives dans d'autres. En plus, vous aurez des réductions dans certains restaurants et boutiques partenaires.

▸ shop.visitlisboa.com/products/lisboa-card

LES MUSÉES INCONTOURNABLES

GULBENKIAN
Le Museu Calouste Gulbenkian vous transporte à travers les époques avec ses collections d'art égyptien, islamique, européen et bien plus encore. Vous pourrez admirer des œuvres uniques et fascinantes dans un cadre prestigieux. Le jardin botanique et la bibliothèque sont également des lieux à ne pas manquer.

▸ gulbenkian.pt/museu • Quartier **Avenidas Novas**, avenida de Berna, 45A.

BERARDO
Le Museu Coleção Berardo est un lieu incontournable pour les amateurs d'art contemporain. Vous y trouverez des œuvres de Picasso, Warhol, Miró, Dalí, et bien d'autres grands artistes. Les expositions temporaires sont très intéressantes.

▸ museuberardo.pt • Quartier **Belém**, praça do Império.

ART ANCIEN
Le Museu Nacional de Arte Antiga abrite une collection unique d'art européen, du Moyen Âge au XIXe s. Peintures, sculptures, textiles et arts décoratifs provenant du Portugal et du Vieux Continent. Les expos temporaires valent le coup.

• Quartier **Santos**, Rua das Janelas Verdes.

Où écouter du fado ?

TASCA DO CHICO

Cette taverne est une institution pour les amateurs de fado, la musique traditionnelle portugaise. Les soirées sont animées par des artistes locaux qui se produisent en acoustique. Les clients viennent pour l'ambiance chaleureuse, les petits plats simples mais corrects et le vin de la maison. Attention, la place est limitée et l'attente peut être longue.

▸ Quartier **Bairro Alto**, rua do Diário de Notícias, 39 (+351) 961 339 696.

CANTO DA ATALAIA

Situé dans le quartier historique de Bairro Alto, ce petit bar propose une ambiance chaleureuse et des petits *petiscos* (tapas) pas trop gras. On y écoute du bon fado dans un format à mi-chemin entre le bar et le dîner concert.

▸ Quartier **Bairro Alto**, rua da Atalaia, 8 (+351) 213 461 928.

A TASCA DO JAIME

Ici, on ne sert pas à manger, ou si peu. En revanche, on se nourrit des chanteurs locaux, professionnels et amateurs, qui perpétuent à l'heure de l'apéro la vraie tradition du fado populaire, le *fado vadio*. On ne chante pas toujours juste mais on chante avec son cœur dans ce petit bistrot. Essayez, si la saudade vous prend !

▸ Quartier **Graça**, rua da Graça, 91.

LA GRANDE LISBONNE

TOUTE LA GRANDEUR

DU PORTUGAL

La Grande Lisboa est un vrai concentré de Portugal ! Si vous êtes amoureux de nature et de bons produits, vous allez aimer vous promener sur les petites routes de l'intérieur rural. Si vous êtes plutôt belles pierres, ne ratez pas Sintra, ancienne capitale perchée dans une montagne remplie de palais à l'architecture exubérante. Et si vous êtes venu pour la mer, laissez-vous charmer par la furia de l'océan, les falaises vertigineuses et les plages de sable d'or du Cabo da Roca à Ericeira.

CE QUI VOUS ATTEND...

◁ Quinta da Regaleira, à Sintra

LA GRANDE LISBONNE EN UN COUP D'ŒIL

TORRES VEDRAS

L'intérieur authentique à très peu de kilomètres de la capitale.
Le Portugal pur et dur, ça commence ici

BEST OF

1. Arpentez 40 000 m² de grandeur, au palais de Mafra
2. Moulez le blé à l'ancienne, dans les moulins à vent de l'ouest
3. Mettez le pied sur le point le plus à l'ouest du continent européen
4. Tombez amoureux dans la montagne de Sintra
5. Défiez le diable à la bouche de l'enfer
6. Vous avez dit « rococo » ? C'est le palais de Queluz
7. Devenez volontaire au Centre de conservation du loup ibérique de Mafra

ERICEIRA

Le spot des surfeurs

Palácio Nacional da Pena, à Sintra p. 204

Et hop ! Notre carte digitale

N

3 jours sur la route des moulins, p. 206
Reguengo Grande
Moinho do Boneco
Cadaval
Lourinhã
Moita dos Ferreiros
Praia de Valmitão
Vimeiro
Miradouro da Cruz Salve Rainha
Serra de Montejunto
Mexilhoeira
2 Moulins à vent de l'ouest
Castelo de Torres Vedras
Torres Vedras
Ventosa
Moinho do Avô
VILA FRANCA DE XIRA
Une bonne étape sur le chemin des Beiras sur les bords du Tage
Vila Franca de Xira
7 Centre de sauvegarde du loup ibérique
Plage des pêcheurs
Ericeira
1 Palais de Mafra
Casal dos Pianos
Plongez à la piscine... dans l'océan, p. 202
Azenhas do Mar
Praia das Maçãs
4 Montagne de Sintra
Colares
Almoçageme
Sintra
Palais national de Sintra
Bringuebalez dans un tramway centenaire, p. 203
Tage
Sanctuaire de Peninha
3 Cap da Roca
6 Palais de Queluz
LISBONNE
Santa Cruz
Station Rossio
Estoril
5 Bouche de l'Enfer
Cascais
Oeiras
Cais do Sodré
Station Cais do Sodré
Palácio dos Arcos
Tage
Phare du Bugio
0 5 10 km

BEST OF

1 LE PALAIS NATIONAL DE MAFRA

Arpentez 40 000 m² de grandeur

Le monument des superlatifs à la portugaise : 40 000 m², 1 200 pièces, 4 700 portes et fenêtres, 156 escaliers, le tout pour composer un palais royal, une basilique, un couvent et un parc ! Ce monument, inscrit au patrimoine mondial de l'Unesco, risque de ne pas vous laisser indifférent, notamment la visite des plus belles salles du palais, et l'exceptionnelle bibliothèque... souvent classée dans le top 3 des plus belles du monde.

▸ **+ d'infos : À Mafra,** Terreiro Dom João V • Fermeture le mardi.

moinho
de vento

2 LES MOULINS À VENT DE L'OUEST

Moulez le blé à l'ancienne

La zone de Silveira, à proximité de Torres Vedras, battue par les vents, était jadis parée de moulins (*moinhos*) sur chaque colline. De cette tradition, il reste quelques aficionados qui vous permettront d'apprendre à moudre la farine sur la pierre du moulin. Au moulin de **Caixeiros,** vous pourrez observer la mouture des céréales ainsi que la fabrication du pain.

▸ **+ d'infos : À Silveira,** rua do Moinho, 1.

3 LE CAP DA ROCA

Conquérez le point le plus à l'ouest du continent européen

« Où s'arrête la terre et où la mer commence », écrivait Luís de Camões au sujet de ce lieu battu par les vents et les embruns. Outre la symbolique de ce point, vous verrez au Cabo da Roca de superbes falaises et un phare, toujours en fonctionnement, qui annonce aux marins qu'ils sont de retour sur le vieux continent.

il était une fois...

4 LA MONTAGNE DE SINTRA

Tombez amoureux, c'est le meilleur lieu

Si le romantisme était un lieu, ce serait sûrement Sintra et sa serra. Il règne ici une atmosphère mélancolique et un calme propice aux week-ends en couple. Des palais colorés, de la brume tombant des sommets, des jardins fantastiques, des eaux de source auxquelles on attribue mille vertus et des rochers magiques. En espérant que vous aimiez les ambiances romantiques à la Tim Burton...

5 LA BOUCHE DE L'ENFER

Défiez le diable

Si vous n'avez jamais entendu le bruit de l'enfer, c'est que vous n'êtes jamais allé à la Boca do Inferno. Lieu de croyances depuis des siècles, c'est un creux dans la falaise où viennent se briser les vagues de l'Atlantique. Ce puissant son grave et rauque, particulièrement impressionnant lors des tempêtes et des grandes marées, serait en réalité les râles provenant de chez Lucifer.

6 LE PALAIS DE QUELUZ

Vous avez dit « rococo » ?

Si vous ne savez pas ce que majestueux veut dire, rendez-vous à Queluz. Œuvre majeure du rococo en Europe, le Palácio Nacional de Queluz transpire de grandeur et d'histoire. Ses dimensions et sa finesse d'abord émerveillent, mais son importance politique ne vous échappera pas. Ici s'est joué le destin de la maison de Bragance, puissante dynastie contrainte à l'exil au Brésil en 1807 par les invasions napoléoniennes.

▸ **+ d'infos** : parquesdesintra.pt (onglet Monument/Queluz).

7 CENTRE DE SAUVEGARDE DU LOUP IBÉRIQUE À MAFRA

Expérimentez le volontariat

N'allez pas crier au loup, il a presque disparu ! Grâce à une poignée de volontaires, le loup ibérique, animal en voie d'extinction dans les années 1970-1980, a survécu. Dans ce refuge, vous travaillerez avec l'équipe de vétérinaires et de bénévoles et vous apprendrez à vous défaire des préjugés attachés à cet animal.

▸ **+ d'infos :** grupolobo.pt • **À Mafra,** Quinta da Murta, Gradil.

La plage autrement
LA PREUVE PAR 5

Le long de la côte, du cap da Roca à Ericeira.

1 Azenhas do Mar

Plongez à la piscine… dans l'océan !

Posé sur un rocher, ce petit village a trouvé la solution pour ceux qui ont peur des vagues et pour les enfants. Façonnée dans la roche, une grande piscine océanique, alimentée par l'eau de l'Atlantique, rend la baignade accessible à tous. Bonus non négligeable : l'eau est (un petit peu) plus chaude que sur la plage.

2 Praia dos Pescadores

Faites une partie de beach-volley

Vous avez toujours rêvé de maîtriser le service smashé ou les attaques long de ligne comme un pro ? Voici une occasion inespérée de s'initier à ce sport. Sur cette plage d'Ericeira protégée du vent, aux grains de sable parfaitement calibrés, le club BVE se fera un plaisir de vous accueillir.

▸ **+ d'infos :** beachvolleyericeira.com

3 Ericeira

Vous prendrez bien un cours de surf ?

Pour sa proximité avec Lisbonne, pour la qualité de ses vagues, Ericeira s'est convertie en quelques années en un hotspot des surfeurs du monde entier. Avertissement : quand on s'y met, on ne peut plus se passer d'enfiler le néoprène !

▸ **+ d'infos :** World Surfing Reserves • savethewaves.org

4 Praia da Ursa, Casal dos Pianos

Pratiquez l'escalade sur les falaises

C'est quand même mieux que de grimper un mur dans un hangar en banlieue. Face à l'océan, gravissez les parcours aménagés sur les falaises d'Ericeira. Retournez-vous de temps en temps pour admirer les vagues à vos pieds. Attention : certains parcours peuvent être fermés au public selon la saison et les marées.

▸ **+ d'infos :**ericeiraboulder.com

BRINGUEBALEZ DANS UN TRAMWAY CENTENAIRE

Jouez aux curistes aristocrates du début du XXe s., en embarquant dans un tramway électrique monument national. Depuis Sintra, vous plongerez dans la forêt jusqu'aux dunes de la Praia das Maçãs. Un parcours féerique, idéal pour admirer les paysages. Les week-ends, arrêt obligatoire pour les fans de déco à la brocante de Colares : on y trouve des perles.

▸ **+ d'infos :** visitsintra.travel

5 Peninha

À découvrir, la serra de Sintra côté mer

Prenez de la hauteur pour admirer l'océan ! Au cœur du parc naturel de Sintra, le sanctuaire de Peninha offre une vue époustouflante. Possibilité de s'y rendre à pied depuis le village de Malveira da Serra. Une ascension de 12 km aller-retour avec un dénivelé de 480 m sur les chemins rocailleux. Prévoyez un coupe-vent !

▸ **+ d'infos :** alltrails.com (Peninha via Malveira da Serra)

TOP 6 DES PALAIS DE SINTRA

Une oasis de fraîcheur, des lieux mystiques et une grosse dose d'architecture romantico-délirante, à seulement quelques encablures de Lisbonne : plus qu'un détour, la montagne de Sintra est un voyage entier !

1 Palácio Nacional da Pena

Le plus délirant

Emblématique de la région et faisant officiellement partie des 7 merveilles du Portugal, ce palais va vous en mettre plein la vue ! Mélangeant joyeusement les styles (néogothique, néo-mauresque, néo-manuelin...) et les couleurs (du bleu, du rose, du jaune canari...), il saura vous séduire par ses terrasses colorées, ses remparts décoratifs et son immense parc tout autour. Un patchwork comme on aime !

2 Quinta da Regaleira

Le plus spirituel

À deux pas du centre de Sintra, ce domaine abrite un palais construit au début du siècle dernier dans un style néogothique fort apprécié à l'époque. Dans le parc de 4 ha autour du palais classé au patrimoine mondial de l'Unesco, ne ratez pas l'extraordinaire puits initiatique à 9 paliers : accessible par un escalier en colimaçon et orné de symboles ésotériques et alchimiques, il aurait servi de lieu de réunion de sociétés secrètes au Xᵉ s.

▸ **+ d'infos :** regaleira.pt

3 Palácio Nacional de Sintra

Le plus symbolique

Ce palace urbain en plein centre de Sintra est antérieur au tremblement de terre. Construit pour accueillir la cour au XIVᵉ s., il s'est enrichi à l'époque manuéline, qui reste aujourd'hui le style dominant de l'édifice malgré de nombreuses restaurations et améliorations. Ses deux énormes cheminées blanches en sont les signes distinctifs majeurs.

❹ Castelo dos Mouros

Le plus médiéval

Surnommée le château de Sintra, cette forteresse perchée domine la région depuis le Moyen Âge. Vous pourrez y faire le tour des murailles et monter dans le donjon, mais surtout, admirer de là un panorama extraordinaire sur tout Sintra et jusqu'à l'océan.

❺ Palácio de Monserrate

Le plus mauresque

Dans la famille des palais exubérants de Sintra, celui-là tient une très très belle place. Un bâtiment aux influences gothiques, indiennes et mauresques, avec tout autour un parc de 33 ha composé de jardins thématiques aux essences exotiques rares, avec ruines, lacs et cascades en bonus. Superbe.

❻ Palácio Biester

Le plus cinéphile

Bien sûr, vous pourrez vous prendre pour Johnny Depp qui parcourt ses salons romantiques dans le film *La Neuvième Porte*. Mais surtout, vous allez pouvoir admirer un superbe palais aux pièces décorées par les meilleurs artistes de l'époque, et un jardin admirable et son belvédère Descobertas, qui offre une vue grandiose sur les environs.

▸ + d'infos : biester.pt

POURQUOI TANT DE PALAIS À SINTRA ?

Lieu de villégiature du pouvoir monarchique durant des siècles, Sintra doit une grande partie de ses palais actuels à l'époque post-tremblement de terre de 1755. Tandis que Lisbonne sort de son chaos, on reconstruit également Sintra, qui, par sa proximité avec la capitale, son climat plus frais et sa tranquillité, devient un lieu privilégié de l'aristocratie. Les grandes familles rivalisent alors d'originalité et de grandeur pour avoir la plus belle demeure dans cette ville.

▸ Infos tous palais, accès, horaires, tarifs et conditions de visites : parquesdesintra.pt

Circuit au cœur du Portugal

3 JOURS SUR LA ROUTE DES MOULINS

Les zones rurales autour de Torres Vedras jusqu'à la côte sont battues d'un vent qui jadis faisait tourner les moulins par centaines pour que la capitale ait du pain. En suivant les pales des quelques édifices cylindriques encore debout, découvrez les paysages et les villages d'un arrière-pays lisboète authentique.

JOUR 1

MATIN

Commencez par vous promener dans les ruelles du centre de **Mafra** puis visitez le palais national. Attention de ne pas vous perdre dans les couloirs et les patios du plus grand monument du pays, qui était un couvent !

MIDI

Pour le déjeuner, choisissez une traditionnelle *adega* (cave). Chaude en hiver, fraîche en été, l'**Adega do Convento,** aux murs épais et à la nourriture copieuse, ne déçoit jamais.

▸ **À Mafra,** rua Moreira 11.

APRÈS-MIDI

Cap sur l'arrière-pays pour visite et dégustation dans un vignoble. Dans la zone, quoi de mieux qu'Adega Mãe, la maison mère des vins de la région ? N'hésitez pas à repasser pour tester le restaurant !

▸ adegamae.pt • **À Ventosa,** Estrada Municipal 554, Fernandinho.

APÉRO

De la forteresse du XIIe s. surmontant **Torres Vedras,** profitez du coucher de soleil avant de descendre dans les ruelles de la vieille ville. Laissez-vous porter au hasard des rues et entrez boire un verre dans un des multiples bars.

DÎNER

Installez-vous chez **Taskinha do Chef**, un petit restaurant familial avec peu de couverts et une excellente sélection de vins. De la cuisine à l'ancienne mais légère ! Pensez à réserver.

▸ **À Torres Vedras,** rua António França Borges, 22 (+351) 261 326 893.

NUIT

Votre lit vous attend à quelques kilomètres à peine de Torres Vedras, au **Moinho do Avô**, ancien moulin réaménagé, qui peut accueillir jusqu'à 8 personnes. Vue à 360° au réveil. Vivement demain !

▸ **À Louriceira,** rua do Moinho (+351) 967 191 153.

JOUR 2

MATIN

Direction Cabanas de Torres Vedras pour une rando dans la **Serra de Montejunto.** Deux boucles : 6 km ou 15 km. Niveau moyen.

DÉJEUNER

Pique-nique dans la serra : arrêtez-vous à mi-parcours au **Miradouro da Cruz Salvé Rainha.** Si vous avez oublié le casse-croûte, pas de panique : on vous servira volontiers un petit encas au Bar da Serra en contrebas.

APRÈS-MIDI

Si vous en avez plein les pattes, descendez jusqu'au petit village de **Cadaval.** À la Casa Agrícola Nicolau, vous ferez le plein de produits régionaux pour votre dîner.

▸ casaagricolanicolau.pt
• **À Adão Lobo,** rua da Liberdade 241.

DÎNER

Si vous ne voulez pas cuisiner, **Vestigium** est la meilleure option de la zone. Simple mais efficace !

▸ **À São Bartolomeu de Galegos** (+351) 916 279 401.

NUIT

La **Casal da Serrana** est un vrai gîte chaleureux comme on les aime… avec un petit déjeuner de roi.

▸ **À Reguengo Grande,** estrada Vale de Figueiras (+351) 912 506 755.

JOUR 3

MATIN

La route des Moinhos de Pinhôa, dont certains sont toujours en activité, vous mènera au moulin-musée **Moinho dos Bonecos,** à Moita dos Ferreiros. Vous serez désormais incollable sur les moulins à vent.

MIDI

Déjeunez les pieds dans le sable au petit beach club, avec vue imprenable sur l'océan. Cuisine internationale variée et nombreuses options pour les végétariens.

▸ arealbeachbychakall.com
• **À Lourinhã,** estrada do Areal, 70, Praia do Areal Sul.

APRÈS-MIDI

Quelques kilomètres plus au nord, la Praia de Valmitão est encore vierge. Pas un bar, pas un touriste sur cette plage, idéale pour terminer votre boucle des moulins avant de reprendre la route.

Et hop ! Notre carte digitale

TERRE D'HISTOIRE

NAPO ET LES DINOS

La région de Lisbonne est aussi une terre de combats. Depuis le XIIIe s. et la reconquête, aucune troupe étrangère n'a pénétré victorieuse dans la capitale du pays qui a les frontières les plus vieilles d'Europe. Même pas Napoléon, dont les velléités auront tout de même marqué durablement le paysage de Torres Vedras. Plus à l'ouest, on remonte au jurassique : vous ne saviez pas que le Lourinhanosaurus venait de Lourinhã ?

LES LIGNES DE TORRES VEDRAS

Napoléon n'est jamais venu à Torres Vedras. Il n'empêche qu'à cause de lui, Wellington a fait construire trois murailles de défense, qui strient aujourd'hui encore le paysage de la région, pour protéger Lisbonne. Et ça a marché !

LA BATAILLE DE VIMEIRO

La première invasion napoléonienne, menée par Junot, est aussi le premier échec de l'Empire pour tenter de prendre Lisbonne en 1808. Emmenés par Wellesley, les Luso-Anglais firent face à une attaque surprise des Français. Très bien documentée, cette bataille a son musée à Vimeiro et elle est reconstituée chaque 3e week-end de juillet. Attention les grognards, si vous voulez participer, le scénario est toujours le même : à la fin c'est les Anglais qui gagnent !

▸ + **d'infos :** batalhadovimeiro.pt • **À Vimeiro,** rua do Monumento, 17.

LA CAPITALE DES DINOSAURES PORTUGAIS

La région de Lourinhã est sans conteste une référence pour les amateurs de jurassique supérieur. Dans la petite ville, le musée en charge des ossements et de l'exploitation des sites est très complet et très actif. Pour les petits et les grands, plus ludique, un **Dino Park** avec des spécimens grandeur nature propose des attractions et reconstitue ce qu'était la vie de ces reptiles portugais il y a 150 millions d'années : *bem vindo* à Jurassic Park !

▶ **+ d'infos :** dinoparque.pt • **À Abelheira,** rua Vale dos Dinossauros, 25.

PARTICIPER À UN CHANTIER DE FOUILLES

Les sites archéologiques placés sous la responsabilité du **musée de Lourinhã** proposent tous les étés des chantiers de fouilles qui ont besoin de bénévoles. Pour ceux que le jurassique ne botte pas forcément, vous pourrez aussi vous tourner vers une fouille de vestiges romains, également nombreux dans la région.

▶ **+ d'infos :** museulourinha.org • **À Lourinhã**, rua João Luis de Moura, 95.

QUAND UN FAUX ROI SÉBASTIEN MARCHAIT SUR LISBONNE

Le 4 août 1578, le roi Sebastião, âgé de 21 ans, disparaît dans la bataille de Ksar el-Kébir (Maroc). Privé de son roi, le Portugal se retrouve, par les jeux de filiation, sous la coupe d'un monarque castillan. Divers imposteurs se proclameront être le monarque, survivant de la campagne marocaine. Le plus convaincant fut un ermite de la région d'Ericeira. Mateus Alves réunit dans la région de Mafra et d'Ericeira une armée de plus de mille hommes et marche sur Lisbonne. Il sera exécuté en 1585 mais le sébastianisme est né : ce mouvement nationaliste aboutira, en 1640, à la séparation d'avec l'Espagne.

NOS *Super* ADRESSES

OÙ DORMIR ?

Noah Surf House

So cool

Dans les dunes et les herbes hautes, à deux pas des vagues. Idéal pour aller surfer le matin !

▸ noahsurfhouseportugal.com

• **À A dos Cunhados,** avenida do Atlântico.

Convento São Saturnino

L'ancien couvent

Proche du cap da Roca et à 30 minutes de Sintra, évadez-vous dans cet ancien couvent perdu dans une vallée secrète de la région. Une étape saisissante !

▸ saosat.com • **À Azóia.**

Sóis Montejunto Eco Lodge

Nature

Profitez de la Serra de Montejunto dans cet écolodge 100 % autonome et aux vues splendides.

▸ soisecolodge.com

• **À Alenquer** (Serra de Montejunto), Caminho do Fole.

Quinta das Murtas

Le charme de Sintra

Le charme suranné de cette maison chargée d'histoire n'a d'égal que la gentillesse des maîtres de maison. On se sent reçu comme dans la famille.

▸ quintadasmurtas.com

• **À Sintra,** rua Eduardo Van-Zeller, 4.

Villa Ana Margarida (by Nature)

Gaudí au Portugal

Outre les charmantes chambres, le top de cet écolodge à quelques encablures du centre d'Ericeira : sa piscine à filtration naturelle !

▸ villaanamargarida.com

• **À Ericeira,** estrada do Rego, 4.

La carte digitale pour retrouver toutes nos adresses, activités et visites.

OÙ MANGER ?

Restaurante da Adraga

Vous vous sentirez bien sur la plage da Adraga : l'hiver vous y verrez des pêcheurs et l'été des amoureux de la bronzette qui ont en commun une chose, connaître cette plage mal indiquée où il fait bon vivre… et bien manger. Ce restaurant, l'unique de l'endroit, propose des poissons grillés et des desserts à tomber !

▸ restaurantedaadraga.com

• **À Colares,** Praia da Adraga.

Moules & Gin

Des Belges qui voulaient encore faire des moules mais en avaient marre de la bière. Avec un gin tonic, ça passe aussi très bien !

▸ moules.pt • **À Cascais,** rua Nova da Alfarrobeira, 14.

GIG

GIG pour « Green Is Good ». Même si les légumes sont excellents partout au Portugal, il n'y a que dans les endroits branchés comme Ericeira que l'on trouve des restaurants véritablement végétariens. GIG est certainement l'un des meilleurs

▸ gigericeira.com • **À Ericeira,** travessa da Misericórdia, 16.

Tik Tapas

Une fois n'est pas coutume, ici on fera une exception à cette règle d'or : non, on ne mange pas de tapas au Portugal !

▸ tik-tapas.eatbu.com

• **À Ericeira,** rua do Ericeira, 15.

Bolina

On se montre et on mange bien au Bolina. Un top pour les fruits de mer.

▸ **À Estoril,** rua de Olivença, 3 (+351) 214 687 821.

UN VERRE ?

Bar de Estalagem Muchaxo

Attablé face à l'océan, admirez les vagues se briser contre la baie vitrée tout prêt de vous en sirotant un verre. Spectacle garanti !

▸ **À Cascais,** Praia do Guincho (+351) 214 870 221.

Adega Bar 1987

Des couleurs sur les murs, dans les conversations des clients au comptoir et dans les verres !

▸ Instagram @adegabar1987

• **À Ericeira,** rua Alves Crespo, 3.

Quinta da Almiara

Propriété familiale proprette et moderne… Le best dans la région !

▸ quintadaalmiara.com

• **À Torres Vedras.**

À NE PAS MANQUER

CARNAVAL DE TORRES VEDRAS

Tous les ans, fin février, le plus gros carnaval du Portugal continental. Accrochez-vous, vous allez parader jusqu'au bout de la nuit dans la vieille ville… à Torres et à travers !

BATALHA DO VIMEIRO

3e samedi de juillet tous les ans, participez à une reconstitution historique de la bataille !

▸ + **d'infos :** batalhadovimeiro.pt

FAQ ?

Et le train dans tout ça ?

Depuis Lisbonne, les villes de Sintra et Cascais sont fréquemment desservies par le réseau urbain de la grande Lisbonne :

- **Ligne de Sintra**, depuis la gare Rossio ;
- **Ligne de Cascais**, de la gare Cais do Sodré.

Depuis Sintra, il est possible de rejoindre la ligne de l'ouest via Caldas da Rainha pour ensuite remonter plus au nord.

▸ cp.pt/passageiros

Comment on y va, sinon ?

Autres transports publics

Pour Sintra et Cascais :

▸ carris.pt (tramway)

Pour Mafra et Ericeira :

▸ mafrense.pt (cars)

Dans la zone de Torres Vedras :

▸ barraqueiro-oeste.pt (cars toujours)

QU'EST-CE QU'ON RAPPORTE AUX COPAINS ?

De l'artisanat

Poteries et instruments de cuisine *made in Serra da Sintra* constituent des cadeaux originaux auprès des amateurs. **À Almoçageme**, la **Casa do Mercador** propose une sélection d'objets originaux qui feront mouche.

▸ **À Almoçageme,** rua de Santo André, 6.

Du matos de surf

Vous pouvez en acheter pour vous, d'ailleurs ! La réserve mondiale de surf d'**Ericeira** a attiré un grand nombre de shapers et équipementiers de grand nom. Allez faire un tour chez **Magic Quiver,** voir si vous trouvez votre bonheur.

▸ magicquiver.com

• **À Ericeira,** rua Dr. Eduardo Burnay, 61.

Une liqueur locale

À Torres Vedras, notamment pendant le carnaval, on peut voir tout le monde boire cette liqueur à base de vin, la « licor do caraças ». C'est à goûter...

Il faut prévoir combien de temps à Sintra ?

En sélectionnant les 3 palais qui vous intéressent le plus, ça passe sans problème en une (grosse) journée en faisant l'aller-retour depuis Lisbonne. Sinon, si vous êtes fan d'architecture romantique et que vous aimez prendre votre temps, prévoyez 2 jours.

HUIT HOMMES ET UN TAUREAU, ÇA DONNE QUOI ?

Une corrida en version portugaise ! À **Vila Franca de Xira** (au fond de l'estuaire du Tage), on célèbre la corrida, mais sans mise à mort. Dans le *tertio*, dernière phase de l'affrontement, un groupe de jeunes gens doit stopper le taureau qui charge. Le principe est simple : le premier de ces *forcados* attrape l'animal par les cornes (sans se faire transpercer), les sept autres se mettent en file derrière lui pour amortir le choc !

▸ **Santa Casa da Misericórdia :** rua Gomes Freire, 13 (+351) 263 287 300.

QU'EST-CE QU'ON MANGE EN CAS DE PETIT CREUX ?

Des fromages frais

Un petit détour par **Lactifeita** pour goûter le fromage frais ou maturé de la fabrique traditionnelle de Mafra.

▸ lactifeita.pt
• **À Milharado,** rua 13 de Maio, 37.

Il n'y a pas que des pastéis de nata au Portugal !

Toutes les villes et tous les villages du Portugal ont leur petite douceur locale. Il ne fait aucun doute que la spécialité de Sintra, les *queijadas* de Sintra, est une des meilleures. Chez **Queijadas da Sapa,** vous trouverez l'exemplaire type de cette petite pâtisserie.

▸ **À Sintra,** Volta do Duche, 12.

C'est où, la « mer de paille » ?

Le terme se répète souvent à l'est de la Grande Lisbonne. En remontant le Tage, passé le pont Vasco da Gama, une autre Grande Lisboa s'offre au visiteur. Plus discrète, plus rustique et plus populaire, elle se répartit sur le pourtour de la « Mar da Palha », entre les deux rives de l'estuaire, qui autrefois se chargeait des pailles des champs à l'époque des moissons.

Place centrale à Cascais

LA PÉNINSULE DE SETÚBAL

LE BONHEUR À 1 HEURE DE LISBONNE

À deux pas de Lisbonne, coincée entre les estuaires des deux grands fleuves du sud du pays, la péninsule de Setúbal s'offre à vous... et elle est généreuse ! Au sud, sur la Costa da Arrábida, c'est une eau cristalline et une côte sauvage qui vous attendent. À l'ouest, l'ambiance change totalement avec la Costa da Caparica, devenue la plage officielle des Lisboètes qui viennent tous les week-ends siroter des cocktails entre deux sessions de surf. À vous de choisir... ou pas !

CE QUI VOUS ATTEND...

◁ Parc naturel d'Arrábida

Réserve naturelle
de l'estuaire
du Tage
4
A9
IC 17
N 117
A9
A5
N6
LISBONNE
Belém
Cais do Sodré
Trafaria
Porto Brandão
Cacilhas
Almada
Costa da Caparica
Barreiro
Seixal
N 10
A2
Mor
1
Arriba Fóssil
AZEITÃO
Ce village agricole, au centre de la péninsule, est le point de chute idéal si vous voulez visiter les quintas (domaines) de la région
COSTA DA CAPARICA
Petite ville balnéaire et porte d'entrée de la côte… qui porte le même nom ! 30 km de plages spectaculaires
N 371
Azeitão
Aldeia C
N 377
N 378
Partez pour une rando vertigineuse de Setúbal au cap Espichel, p. 220
Serra da Arrábida
3
Quinta Carmen
Portinho da Arrábida
Sesimbra
N 379
5
Cap Espichel
SESIMBRA
Ville la plus à l'ouest de la Costa da Arrábida, c'est une petite station balnéaire tranquille et familiale
0
5
10 km

LA PÉNINSULE DE SETÚBAL
EN UN COUP D'ŒIL

BEST OF

1. Faites un saut au Far West à Arriba Fóssil
2. Escale chic et bohème sur la plage de Comporta
3. Ambiance méditerranéenne à Portinho da Arrábida
4. Observez les oiseaux dans la réserve de l'estuaire du Tage
5. Phare, sanctuaire et dinosaure au cap Espichel

SETÚBAL

Profitez de son port tranquille en bordure du Sado, sa vieille ville authentique et ses accès directs à des côtes magnifiques

ALCÁCER DO SAL

Idéal pour une étape avant de poursuivre sa route vers le sud

Sortez en paddle le long de la côte d'Arrábida, p. 225

Et hop ! Notre carte digitale

BEST OF

1 ARRIBA FÓSSIL

Un saut au Far West !

Au sud du petit village de pêcheurs de Fonte da Telha, la Costa da Caparica prend des airs de canyon de l'Ouest américain. Ici, les rapaces planent sur un superbe défilé de falaises sculptées par l'érosion, qui s'étirent sur quelque 13 km entre dunes et forêt de pins. Foisonnant de fossiles marins, ce décor fantasmagorique est encore plus magique quand les ocres et les jaunes explosent dans la lumière de fin d'après-midi.

▸ **+ d'infos :** au sud de Fonte da Telha par la plage ou par le 1er sentier en hauteur.

2 COMPORTA

Les sabots dans le sable

Des cabanes en bois vieilli aux toits de chaume, des rizières, des bouquets de pins, des dunes et une plage sauvage qui n'en finit pas : voilà Comporta, la station chic, nature et bohème. Si vous avez toujours rêvé d'une cavalcade sur une plage immaculée, c'est le spot idéal. Des kilomètres de sable et pas l'ombre d'une construction à l'horizon !

▸ **+ d'infos :** cavalosnaareia.com

3 PORTINHO DA ARRÁBIDA

C'est la Méditerranée !

Les pins, les parfums du maquis, le sable blanc (et fin !), l'eau turquoise, une poignée de maisons et des restaurants comme posés sur l'eau… La baie de Portinho da Arrábida a tout d'un petit paradis méditerranéen. Bon, la température de l'eau, c'est bien celle de l'Atlantique, mais on n'hésite pas à mouiller le maillot : les sessions plongée et snorkeling, ici ça dépote !

4 RÉSERVE DE L'ESTUAIRE DU TAGE

Observez les oiseaux

La plus grande diversité d'oiseaux en Union européenne, c'est par ici ! Lieu de passage ou de nidification de bon nombre d'espèces migratrices, sur 142 km², la Reserva Natural do Estuário do Tejo est un paradis pour les amoureux de la nature.

▸ **+ d'infos** Un sentier de 17 km avec passerelles en bois et tables d'observation vous permettra de vous plonger dans l'ambiance (3h à pied / 1h30 à vélo).

5 CAP ESPICHEL

Ça décoiffe !

Le **Cabo Espichel** n'est pas un cap comme les autres : vous y trouverez évidemment du vent, des falaises et des vues spectaculaires sur l'océan. Vous allez y venir pour son merveilleux sanctuaire religieux constituée de l'église de Notre-Dame-du-Cap (Nossa Senhora do Cabo, fermée au public) et de deux rangées de bâtiments à arcades abandonnés. En bonus, vous aurez le droit à un imposant phare en bord de falaise… et à des traces de dinosaure !

Une randonnée vertigineuse

DE SETÚBAL AU CAP ESPICHEL

Entre 5 et 7 heures de marche par jour

38 km — 2 jours

1ER JOUR

1 Départ du centre de **Setúbal** le long des quais. Dirigez-vous sur les hauteurs de la ville et le fort de São Filipe. À travers les chemins balisés à partir des **moulins (moinhos) de São** **2** **Filipe,** mettez le cap plein est sur un des sentiers menant à Aldeia Grande.

2,5 km environ après avoir passé la **plage de Comenda** sur votre gauche, coupez vers le sud direction Rasca. Bienvenue dans la réserve naturelle d'Arrábida !

3 Arrivé à **Rasca,** prenez une pause au **café dos Pinheiros** pour un sandwich ou un plat rapide avant de reprendre la route.

▶ **+ d'infos :** Travessa Rasca (+351) 919 113 880.

Sortez du hameau de Rasca vers le sud (suivre « Vale de Rasca ») pour rejoindre la **N379** en contrebas, par un sentier escarpé. Une fois au bord de la route, marchez plein ouest.

1 200 mètres après le **couvent** **4** **de Notre-Dame d'Arrábida,** empruntez sur votre droite le chemin non balisé qui monte dans le maquis.

5 Vous avancerez parallèlement à la route pour arriver sur un plateau au sommet de la serra. Il est temps de se reposer.
Deux options s'offrent à vous : l'hôtel **Quinta da Arrábida** ou les bungalows du **YMCA Camp Alambre** un peu plus loin.

▶ **+ d'infos :** ymcasetubal.org/alambre • quintadaarrabida.pt

2^E JOUR

6 Revenez sur vos pas en empruntant la **N379**. Comptez 500 m à partir de la **Quinta Carmen.** Sur votre droite, prenez le chemin balisé en direction de l'ouest. Après 2 km, vous pourrez dévier sur votre gauche pour visiter une curiosité géologique, les

7 **« Marmites de géant » (Marmitas de Gigante),** ou continuer le trek vers l'ouest.

8 Au bout du chemin, vous arriverez sur une piste en calcaire que vous emprunterez à gauche pour vous rendre à Boeiro puis, par la route, à **Sesimbra.**

Sur le front de mer, rua da Fortaleza, un bon plat de fruits de mer chez **O Batel,** une référence du genre dans la petite ville côtière, saura vous donner les forces nécessaires pour la dernière partie du trajet.

▶ **+ d'infos :** Avenida dos Náufragos 3 (+351 969 306 556).

9 Depuis le **port de Sesimbra,** à l'abri de la forteresse, prenez le chemin côtier pour atteindre le **cap Espichel** et son phare battu par les vents. Pour rentrer à Sesimbra puis à Setúbal, si vous y avez laissé un véhicule, pensez à commander un taxi ou à calculer les horaires de bus des Transportes Sul do Tejo.

▶ **+ d'infos :** taxi10quintadoconde.pt

SETÚBAL C'EST TOUT BON

Prononcez « stoubal », comme un local !

1 La seiche frite

Chaud le choco frito !

Vous ne devez pas (et ne pourrez sans doute pas !) passer à côté du calamar **(choco)** pané et frit de Setúbal, LA spécialité de la ville qui fait se déplacer tout le Portugal ! De très nombreux restaurants de la ville en proposent et un vote est même organisé chaque année à l'initiative de la version locale du média en ligne NIT (New in Setúbal). Un petit tour des friteries pour voter l'an prochain ?

▸ + **d'infos :** Les meilleurs choco fritos de la ville ? Allez faire un un tour à la *Casa Santiago, O Rei do Choco Frito* • **À Setúbal,** avenida Luisa Todi, 92 (+351) 265 221 688.

2 Les huîtres de Setúbal

Un come-back comme on aime !

Elles reviennent à la mode depuis quelques années grâce à une poignée d'ostréiculteurs, et c'est une excellente nouvelle ! Dans l'estuaire du Sado, on cultive depuis des générations une huître sucrée à la chair très ferme qui a notamment permis de sauver au début du XXe s. les productions d'huîtres de la côte atlantique française décimée par une épizootie. Aujourd'hui, comme un retour à l'envoyeur, la plupart des naissains des huîtres produites dans le Sado sont originaires de France. C'est pas beau ça ? À déguster dans tous les bons restaurants de la ville ou directement chez le producteur.

▸ + **d'infos :** 2 ostréiculteurs passionnés • *Celia Rodrigues* : facebook.com/neptunpearl (+351) 969 121 154 • *João Silva* : decouverte-ostras.com (+351) 968 080 760.

3 Le moscatel de Setúbal

Un autre vin fortifié portugais

Avec le porto et le madère, c'est l'autre vin doux star de l'apéritif ! À base de raisins blancs (moscatel graúdo) ou rouges (moscatel roxo), le moscatel de Setúbal (AOC) est, avec ses notes citriques et confites, unique en son genre. Les producteurs vous attendent chais ouverts pour une dégustation… et plus si affinités ! Entre palais Renaissance et œuvres d'art à la **Quinta da Bacalhôa** ? Entre birdwatching et ferme pédagogique à l'**Herdade de Gâmbia** ? C'est à vous de choisir !

▸ **+ d'infos :** bacalhoa.pt (+351) 212 198 060 • herdadegambia.com (+351) 265 938 050.

4 Le fromage d'Azeitão

Un brebis de renom

Au cœur de la péninsule, entre deux parcelles de vignes, vous verrez sans doute quelques pâturages où broutent les brebis qui « font » le fameux (et ultra-onctueux !) **queijo de Azeitão**, du nom de cette petite bourgade au centre de l'AOC (commune de Palmela). Après, avant ou pendant la dégustation des vins et moscatels des quintas du coin, faites un petit tour par les fromageries

▸ **+ d'infos :** 2 adresses artisanales et familiales • *Victor Fernandes :* victorfernandesqueijaria.com (+351) 210 807 796 • *Simões :* queijariasimoes.com (+351) 938 437 277.

5 Les couteaux (ceux qu'on mange à la plage)

Au fond de l'estuaire

À proximité de la très tendance Comporta, la partie sud de l'estuaire du Sado abrite un village de pêcheurs qui, peu à peu, se vide de sa population pour accueillir des designers et autres nomades digitaux : Carrasqueira. À marée basse, on peut y observer des habitants ramasser le couteau, mollusque particulièrement savoureux qui se déguste ici avec du riz (arroz de lingueirão) ou seul. À goûter au **Retiro do Pescador,** un petit resto familial, simple, tradi et délicieusement bon.

▸ **+ d'infos : À Comporta,** avenida dos Pescadores (+351) 265 497 172.

2 CÔTES, 2 AMBIANCES
EN BAIE DE SETÚBAL

Vous êtes plutôt petites criques et villages de pêcheurs, style Méditerranée, ou grandes plages de sable fin et beach clubs branchés ? Dans l'estuaire du Sado, entrée du port de Setúbal et zone unique en Europe de reproduction de dauphins, les deux ambiances se font face : celle de la rocheuse Costa da Arrábida et celle de Tróia.

TRÓIA, la jet-set

PLAGE : LA DISCRÈTE JET-SET DE COMPORTA

De Tróia à Comporta, vous croiserez dans les beach bars et les clubs tout le gratin européen. Stars du rock, anciens présidents français, banquiers célèbres… Depuis les années 2010, de grands noms comme le décorateur Jacques Grange ou le designer Philippe Starck sont les ambassadeurs de Comporta et de ses plages de sable fin.

RUINES ROMAINES

Face au port industriel de Setúbal, les **vestiges archéologiques de Tróia** rappellent que depuis longtemps, l'activité maritime a trouvé dans l'**estuaire du Sado** un refuge pour les navires.

▸ + **d'infos :** troiaresort.pt/ruinas-romanas-de-troia

La plage de Tróia

RÉVISEZ VOTRE SWING

Le club de **golf de Tróia** est un de plus beaux et des plus réputés du Portugal. Un pur plaisir pour les amateurs de links de tous niveaux, tant pour la qualité du parcours que pour l'environnement reposant de dunes et de pinèdes à un jet de pierre de l'océan.

▸ + **d'infos :** troiaresort.pt/troia-golf

ARRÁBIDA, l'authentique

Coucou c'est moi le paddle

PADDLE BOARD LE LONG DE LA CÔTE

À l'abri des tempêtes et des grandes marées, la **Costa da Arrábida** offre de belles eaux aux tons variés de bleu, du turquoise au bleu marine le plus profond. Rendez-vous au **Portinho** pour louer les planches et partez le long de la côte vers l'intérieur de l'estuaire pour admirer les falaises. Accessible à tous les niveaux.

▶ **+ d'infos :** arrabidasup.com (+351) 96[illegible] 927 951

DÉJEUNER AU « PETIT PORT »

Sous le couvent d'Arrábida, le Portinho et sa quinzaine de maisons sont accessibles par une petite route qui serpente dans la falaise. Attention à arriver tôt en période estivale, car il faut parfois se garer très loin ! Prenez une table sur le quai, aménagé en terrasse, au **Restaurante D'uportinho,** pour déguster crevettes et palourdes au-dessus de l'eau.

▶ **+ d'infos :** duportinho.eatbu.com • Rua do Portinho da Arrábida.

LA CHAPELLE DANS LA CAVERNE

Construite à l'intérieur d'une grotte surplombant l'estuaire, une petite chapelle a donné son nom au lieu : **Lapa de Santa Margarida.** On imagine l'ermite du XVIIe s. qui, seul dans la montagne, a construit ce lieu de recueillement accessible depuis la plage… En même temps, il avait vue sur mer ! Le plus souvent désert, l'endroit semble ne pas avoir été touché sauf (hélas) quelques graffs sur les azulejos d'origine.

▶ **Comment s'y rendre :** depuis la rua do Portinho, qui dessert le port entre la plage dos Pilotos et celle do Portinho, empruntez l'escalier escarpé qui descend sur la droite.

NOS *Super* ADRESSES

La carte digitale pour retrouver toutes nos adresses, activités et visites.

OÙ DORMIR ?

Senhora do Cabo

Comme à la maison, mais en mieux !

Refuge parfait pour quelques jours, vous aurez le choix entre poser vos valises dans une villa ou une chambre tout en profitant des beaux espaces communs et d'une piscine. Sa situation est stratégique pour profiter des merveilles de la région.

▸ senhoradocabo.com
• **À Sesimbra,** rua dos Almocreves, 50.

Villa Epicurea

Retraite épicurienne

Un havre de paix en pleine verdure avec vue sur l'océan, vous aurez ici tout ce qu'il vous faut pour vous ressourcer : hébergements intimistes, cuisine végétarienne, piscine écologique, séances de bien-être et couchers de soleil à couper le souffle ! Quand la simplicité rencontre le luxe :)

▸ fr.villaepicurea.com
• **À Sesimbra,** rua do Casalinho, 5A.

EcoParque de Outão

Les pieds dans l'eau

Ici, vous serez au plus proche de la faune et de la flore locales. Les bungalows refaits à neuf avec vue exceptionnelle sur la mer valent le détour. Les baroudeuses et les baroudeurs sont aussi les bienvenus : vous pourrez y planter votre tente et y parquer votre van.

▸ ecoparquesetubal.com
• **À Setúbal,** rua Orlando Curto.

Há Mar ao Luar

Au clair de lune

Un moulin centenaire, une petite piscine et des hébergements confortables, le tout perché en haut de la Serra de São Filipe avec vue plongeante sur la mer. Pas de doute : en choisissant cette guesthouse, vous aurez le droit à un des 10 meilleurs points de vue du pays !

▸ hamaraoluar.com
• **À Setúbal,** rua Farol da Amêijoa.

Rio Art Hotel

Galerie d'art

En plein cœur de Setúbal dans un magnifique bâtiment centenaire, vous aurez le droit dans votre chambre (confortable) à une œuvre originale de l'artiste plasticienne Ana Curto. Un emplacement idéal pour visiter la ville.

▸ rioarthotel.pt • **À Setúbal,** avenida Luísa Todi, 117.

OÙ MANGER ?

Cavalariça

Une ancienne écurie restaurée abrite ce restaurant moderne qui n'utilise que des produits locaux.
▸ cavalarica.com
• **À Comporta,** rua do Secador, 9.

Restaurante Sal

La mer dans l'assiette et les pieds dans le sable ! Une marisqueira (un resto de fruits de mer) de cuisine traditionnelle au décor moderne sur la plage.
▸ restaurantesal.pt
• **À Comporta,** alameda da Praia do Carvalhal.

Casa Mateus

Les superbes azujelos de la façade vous plongeront tout de suite dans le bain. Des plats de la mer de la région revisités par des inspirations modernes donnent à ce restaurant une véritable identité.
▸ Instagram @casamateus.sesimbra • **À Sesimbra,** largo Anselmo Braancamp, 4.

Xtoria

Une adresse à ne pas manquer si, pour vous, gastronomie et voyage font bon ménage. Les produits locaux et de saison sont mis à l'honneur.
▸ xtoria.pt • **À Setúbal,** rua Guilherme Gomes Fernandes, 17.

Casa Santiago – O Rei do Choco Frito

Le véritable roi du calamar frit (spécialité numéro 1 de la ville) : grand classique incontournable de Setúbal.
▸ **À Setúbal,** avenida LuísaTodi, 92 (+351) 265 221 688.

Café São João

Avec ses nappes en papier et son sol en carrelage roquefort, voilà l'endroit idéal pour manger des fruits de mer à Fonte da Telha. Vous partagerez la salle avec les pêcheurs du coin, qui viennent boire un coup après le boulot ou des familles et des groupes de potes le week-end. Au menu, des couteaux, des palourdes et du vinho verde à la pression, pour un prix modique !
▸ **À Fonte da Telha,** avenida 1° de Maio, 89 (+351) 930 412 377.

OÙ SORTIR ?

Rockalot

La brise marine en guise de clim avec un cocktail à la main : voilà le programme ! Le tout garanti zéro plastique en direct de la plage de Saúde à Setúbal.
▸ rockalotpraia.pt • **À Costa da Caparica,** avenida José Mourinho, Quiosque Rockalot.

Bar Inglês

Le meilleur gin tonic de la baie ? Au bar anglais, bien sûr !
▸ **À Sesimbra,** avenida dos Náufragos, 33 (+351) 210 875 043.

Cabana

Le beach bar par excellence. Une déco un peu désuète (sans trop) et du vinho verde au frais en toute saison !
▸ cabanabeachbar.pt
• **À Fonte da Telha,** rua Eduardo Luis.

UN VERRE ?

Bard – Medieval Tavern

Un choix de bières artisanales, des petiscos (tapas en version portugaise) et une ambiance mi-Moyen Âge mi-rock'n'roll.
▸ **À Setúbal,** Beco do Carmo, 1 (+351) 265 425 942.

La Bohème

Tout est dans le nom de ce bar d'artistes où on peut même boire une absinthe.
▸ **À Setúbal,** rua Pereira Cão, 11.

Déjà Vu

On est étrangement à l'aise et on parle facilement avec tout le monde au grand comptoir de ce bar kitsch.
▸ **À Setúbal,** avenida Luísa Todi, 299.

FAQ ?

Comment se déplacer dans la péninsule ?

Bus

Toute la péninsule est maillée par un réseau de bus TST (Transportes do Sul do Tejo).

▸ tsuldotejo.pt

Train

Depuis Lisbonne, quoi de mieux que de se rendre à Setúbal en train en empruntant le pont du 25 avril ?

▸ fertagus.pt

Tramway

Entre Almada et la ville de Costa da Caparica, la MTS avec ses tramways permet d'éviter les bouchons du pont en été pour atteindre plus facilement les plages.

▸ mts.pt

En attendant la nuit...

Ferry Lisbonne > Rive sud du Tage

▸ Toutes infos : ttsl.pt

Ports desservis au départ de la station Cais do Sodré :

- Cacilhas
- Seixal
- Montijo

Au départ de la station Terreiro do Paço :

- Barreiro

Au départ de Belém :

- Trafaria
- Porto Brandão

Ferry Setúbal > Tróia

Économisez une bonne heure et demie de route en vous rendant directement depuis le port de Setúbal sur la péninsule de Tróia. Départs toute la journée de 6h40 à 22h.

▸ atlanticferries.pt

Y a des choses à faire dans le parc naturel d'Arrábida?

Plutôt oui, et l'endroit est vraiment un paradis ! Rando, rappel, spéléologie, via ferrata, observation des dauphins… Le mieux, c'est de voir avec l'agence Vertente Natural, super-spécialiste de la zone.

▸ vertentenatural.com

VOUS AVEZ UN SPOT POUR OBSERVER LES ÉTOILES ?

Oui ! En Serra de Arrábida. Les nuits de ciel clair, rendez-vous sur les chemins de ce massif montagneux. Grâce à la faible pollution lumineuse de la zone, c'est l'un des points d'observation préférés des astronomes portugais.

▸ visitsetubal.com/um-mundo

LE PETIT TRAIN DE LA PLAGE

Disponible uniquement en été, le Transpraia dessert toutes les plages vers le sud, à partir de Costa da Caparica (la ville) jusqu'à Forte da Telha.

▸ **transpraia.pt**

QUELS MUSÉES À NE PAS RATER ?

Museu do Arroz

Le musée de la culture du riz, présente depuis des siècles dans les estuaires portugais. Muséographie moderne et de grande qualité.

▸ **À Comporta,** (+351) 265 499 900

Museu do Trabalho Michel Giacometti

L'ethnomusicologue corse Michel Giacometti a consacré sa vie à recueillir des musiques dans tout le Portugal. Présentant un autre aspect de sa carrière d'ethnologue, le musée du Travail, collection ethnographique rassemblée en 1975 sous sa supervision, a adopté son nom à sa mort en 1991. Un petit tour dans le Portugal des années 70 ?

▸ **À Setúbal,** largo Defensores da República (+351) 265 537 880.

POUR EN BOIRE PLUS

Si ces domaines ne vous suffisent pas, vous pouvez faire la tournée des *quintas* sur la route des vins de Setúbal.

▸ rotavinhospsetubal.com

C'était où, la maison de Jackie Kennedy ?

Face à la Costa da Arrábida, vous le verrez bien depuis la plage, ce fantastique édifice de style néo-mauresque qui regarde la mer. C'est dans ce palais de la Comenda, sur la baie peuplée de dauphins dans laquelle se jette le Sado, que Jackie Kennedy avait choisi de s'exiler en 1963, après l'assassinat de son mari. Un an et demi de retrait du monde pour faire son deuil en paix. Abandonné depuis plus de quinze ans, le palácio cherche désespérément repreneur.

ET AU NIVEAU DES VIGNOBLES, ÇA SE PASSE COMMENT ?

La péninsule de Setúbal et le sud du Rio Sado sont riches en vignobles. Visitez les quintas (domaines) de la région pour en découvrir la diversité.

QUINTA DE ALCUBE

Des vins simples et généreux au milieu de la Serra da Arrábida. Au mois de juillet, on peut même observer les lucioles en dégustant du vin !

▸ quintadealcube.pt • **À l'ouest de Setúbal.**

SOCIEDADE VINÍCOLA DE PALMELA

Une vraie coopérative de producteurs comme on les aime. Venez soutenir cette aventure collective commencée en 1964.

▸ svp.wine • **À Palmela.**

HORÁCIO SIMÕES

Dans le domaine de la famille Simões, on interrompt la fermentation du moscatel avec de l'armagnac. Quel meilleur indice pour savoir qu'on se trouve chez des gens bien !

▸ horaciosimoes.com • **À Quinta do Anjo Palmela,** rua João de Deus, 10.

HERDADE DA COMPORTA

Avec ses 11 000 hectares, c'est une des plus grosses propriétés agricoles du Portugal. En plus d'être très fortement engagée dans la conservation de son territoire, elle produit dans ses parcelles, qui tutoient pinèdes et salins, d'exceptionnels vins blancs !

▸ herdadedacomporta.pt • **À Comporta.**

LA RÉGION DE LEIRIA
L'OUEST RENVERSANT

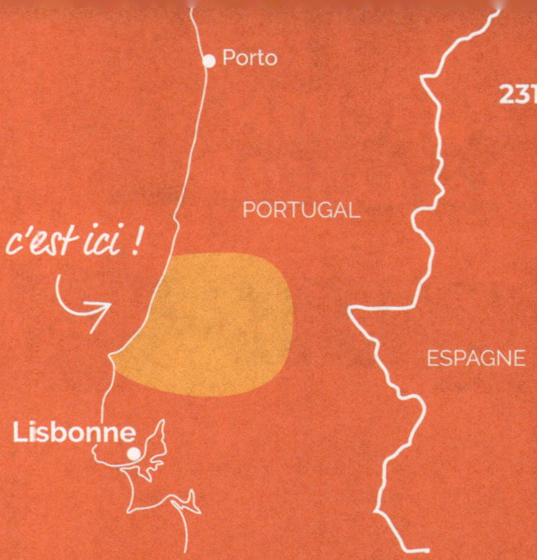

Connu pour ses plages, ses produits de bouche et ses savoir-faire artisanaux, le district de Leiria est la façade ouest de la région centre du Portugal… (Euh, vous suivez ?) Rendez-vous à Peniche ou à Nazaré pour surfer, à Ourém, Óbidos ou Tomar pour les vieilles pierres et à Fátima pour les apparitions de Marie ! Et vous avez même le droit de faire les trois, en y ajoutant un peu de spéléo, des oiseaux et un festival… de chevaux !

CE QUI VOUS ATTEND…

◁ Le phare de Nazaré

LA RÉGION DE LEIRIA EN UN COUP D'ŒIL

BEST OF

1. Admirez le fort Boyard portugais sur l'archipel des Berlengas
2. Accostez sur l'île mystérieuse du Castelo de Almourol
3. Explorez, à pied ou à vélo, la pinède de Mata do Urso
4. Devenez romantique dans l'abbaye cistercienne d'Alcobaça
5. Prenez un aller simple chez les Templiers au château de Tomar
6. Visitez le superbe monastère de la victoire à Batalha
7. Vivez la passion du cheval au festival de Golegã
8. Perdez-vous dans les cerisiers en fleurs de Óbidos
9. Faites l'apprenti spéléologue dans les grottes de Mira de Aire

OURÉM
Central et bien desservi par le train venant du nord ou du sud, le point de départ idéal pour une visite de l'intérieur
Descente en kayak, p. 248
Découverte poussée de la ville fo-tifiée, p. 246
Pombal
Leiria
Ourém
Fátima
Agroal
Nossa Senhora do Pranto
Dornes
Ferreira do Zêzere
Lagar Velho
Castanheira
Lago Azul
Charolinha da Mata dos Sete Montes
Église de Santa Maria do Olival
Barrage de Castelo de Bode
Zêzere
Constância
Abrantes
6 Batalha
5 Tomar
9 Grottes de Mira de Aire
2 Château d'Almourol
7 Golegã
Rio Arunca
Ribeira de Alge
Rio Nabão
Rio Zêzere
Rio Almonda
Rio Alviela
Rio Tejo
Ribeira de Ulme
Et hop ! Notre carte digitale
N
0 5 10 km

BEST OF

1 ARCHIPEL DES BERLENGAS

Paradis des oiseaux migrateurs

Ah les îles Berlengas ! Refuge de pirates et d'oiseaux migrateurs, voilà sans aucun doute une des plus belles merveilles du Portugal ! Venez passer une journée ou deux entre le **fort de São João Baptista,** bâtiment militaire aux allures de fort Boyard, et le petit village de pêcheurs aux terrasses baignées de soleil. Eaux cristallines et dépaysement garantis à seulement 7 milles du continent.

▸ + **d'infos :** 45 minutes de navigation ; entre 1 et 4 dessertes par jour ; fréquence et horaires selon la mer et la saison ! • viamar-berlenga.com

2 CHÂTEAU D'ALMOUROL

Château sur l'eau

Et soudain il apparaît, perché sur une petite île au milieu du Tage… Une vision de conte de fées, cousinant avec celle des lointains châteaux écossais qui se mirent dans l'eau des lochs ! La mystérieuse forteresse pointe haut son donjon, ses tours et ses créneaux depuis le XIIe s. Encore un coup des Templiers ! Et un lieu rempli de légendes. On raconte qu'il est hanté par une princesse amoureuse de son esclave maure. Et pour ajouter au romantisme du lieu, on y accoste en barque ! Rendez-vous sur la **praia do Ribatejo à Vila Nova da Barquinha.**

▸ **+ d'infos :** (+351) 927 228 354 (fermé le lundi, visite du Tage et du château).

3 PINÈDE DE MATA DO URSO

Un air de côte landaise

Des dunes de sable blanc le long de la côte et des pins résineux : vous pourriez vous souvenir d'étés à Capbreton ou à Mimizan en traversant cette pinède plusieurs fois centenaire. Plantée, comme sa grande cousine du sud-ouest de la France, pour assainir une immense zone marécageuse, elle a produit le bois de bon nombre de caravelles parties découvrir le monde. À faire à pied ou à vélo, en long, en large et même en travers !

4 ALCOBAÇA

Du love (mais pas que)

L'abbaye cistercienne d'Alcobaça vaut en elle-même le détour (elle est classée à l'Unesco, alors…). Mais en plus, son église abrite les dépouilles du couple le plus célèbre de la royauté portugaise. Pedro Ier, huitième roi du Portugal, y repose avec son amante, Inês de Castro, assassinée sur ordre du propre père de Pedro. Après son accession au trône, ce dernier la fit nommer reine post mortem et disposa leurs deux tombeaux de part et d'autre du transept, afin qu'ils se regardent dans les yeux aussitôt ressuscités lors du Jugement dernier. Cœur avec les doigts !

▸ **+ d'infos :** mosteiroalcobaca.gov.pt • Praça 25 de Abril.

5 TOMAR

Un tour chez les Templiers

Enfilez cottes de mailles et capes blanches à croix rouge, vous voilà chez les Templiers portugais. Difficile de passer à côté, ici ! La grandeur et le faste du couvent et du château qui surplombent la ville montrent la richesse et la puissance de cet ordre militaire et religieux au lendemain de la Reconquête. Les lieux sont si bien restaurés qu'il ne faut pas beaucoup d'imagination pour voir un chevalier apparaître sur une courtine.

Au temps des Templiers

6 BATALHA

Le monastère de la victoire

La rivalité luso-espagnole est particulièrement présente de ce côté-ci de la frontière. Et le ressentiment contre le voisin espagnol ne date pas d'hier ! En 1386, João Ier, après sa victoire contre les troupes castillanes à la bataille d'Aljubarrota, ordonne d'édifier un monastère nommé **Santa Maria da Vitória** (on vous laisse traduire). Remarquable par sa finesse, très largement influencé par le style manuélin, cet ensemble gothique fait partie des sept merveilles du Portugal.

▸ **+ d'infos :** mosteirobatalha.gov.pt

7 GOLEGÃ

Capitale du cheval lusitanien

Des airs de Camargue, d'Andalousie… et surtout, cette passion commune et séculaire pour les chevaux. La race lusitanienne a ici son festival, tous les ans à l'automne : acheteurs, éleveurs et curieux se donnent rendez-vous à Golegã pour une grande fête, ambiance mi-gitane mi-cow-boy.

▸ **+ d'infos :** feiranacionaldocavalo.com

8 ÓBIDOS

Ginja en fleur

C'est ici qu'est cultivée la ginja, la fameuse variété de griotte, qui sert à produire la liqueur de ginja... qui est servie en shots toute l'année dans le pays ! Avant d'en déguster, partez vous promener entre les rangées de cerisiers (idéalement au début du printemps pour les voir en fleur), perdez-vous dans les rues de la ville médiévale et n'oubliez pas d'admirer son château. À vous un shot de ginjinha dans un verre en chocolat !

▸ **+ d'infos :** castelo-obidos.pt

9 GROTTES DE MIRA DE AIRE

Faites l'apprenti spéléo

Partez sous terre, à 110 mètres de profondeur, admirer la plus grande grotte de la région et ses fameuses stalactites, aussi appelées « chandeliers », qui ont donné leur nom aux montagnes d'ici : Serras de Aire e Candeeiros. Lanterne au front, vous pourrez admirer 600 mètres de galeries et de salles aménagées avec des lumières de couleur. Et si vous en voulez encore plus, vous pouvez même participer à des expéditions dans les parties reculées des grottes ! (Parcours de 11 kilomètres connu ; contacter à l'avance la Société portugaise de spéléologie : spe.pt).

▸ **+ d'infos :** grutasmiradaire.com

5 JOURS ENTRE TERRE ET MER

Et si vous partiez en *road-trip*, pour passer en douceur de l'océan au Portugal authentique des terres ?

JOUR 1 PENICHE

TÔT LE MATIN

ACHETEZ LE POISSON À LA SORTIE DU CHALUTIER

Il est frais mon poisson, il est frais ! Le port de Peniche, avec sa criée, est le port de pêche le plus important du pays en volume de ventes. Prêt à cuisiner une daurade grillée ou à apprendre la recette de la caldeirada (bouillabaisse locale) ?

AVANT LE DÉJEUNER

FAITES LE TOUR DE LA PÉNINSULE DE PENICHE

La vieille ville forme une péninsule aux criques et aux plages sauvages. À la pointe, le cap Carvoeiro et son fort ont des airs de Galice ou de Bretagne.

L'APRÈS-MIDI

SURFEZ À SUPERTUBOS...

Vous avez entendu parler du spot de Supertubos ? Vague mythique de la Côte d'Argent, c'est une étape incontournable des championnats du monde de surf tous les ans au mois de mars. Si les vagues sont trop fortes...

... OU FAITES VOTRE BAPTÊME DE PLONGÉE

Si vous n'êtes pas à l'aise sur les vagues, essayez en dessous ! **À Peniche,** on plonge notamment autour de l'archipel des Berlengas près de récifs encore très préservés.

▸ **AcuaSubOeste,** (+351) 918 393 444.

BEST COCKTAILS IN TOWN

Au coucher du soleil, pour un cocktail qui tue face au grand bleu, ne cherchez pas, ça se passe chez **The Base à Baleal,** la station balnéaire de Peniche.

▸ **À Baleal,** rua Infante Dom Henrique, Lote 2.

JOUR 2 ÓBIDOS

▸ 28 km de Peniche

TÔT LE MATIN

SE PROMENER DANS LA VILLE MURAILLÉE

Entrez par la porte médiévale : bienvenue dans un des plus beaux villages du Portugal, entre maisons blanches et bougainvilliers ! Même si ça n'a rien de médiéval, osez la calèche tirée par des chevaux pour rajouter à la visite le bruit des fers sur les pavés. N'oubliez pas de passer par un comptoir pour déguster la spécialité locale : la liqueur de griotte (ginjinha), dans un verre en chocolat.

L'APRÈS-MIDI

GLISSER SUR LA LAGUNE

Troquez la planche de surf de la veille pour un paddle board sur la lagune d'Óbidos ! Une eau calme mais un zef à décorner les bœufs !

▸ **École de voile de la lagune :** escoladeveladalagoa.com • (+351) 262 978 592.

DES BOUQUINS DANS LES CHOUX

Ne manquez pas de faire un tour au Mercado Biológico de Óbidos, un lieu à croquer qui réunit dans l'ancienne station de pompiers un marché bio et une librairie. Dans les cagettes en bois, des livres dans toutes les langues et du sol au plafond sur la gastronomie et les vins, et des fruits et légumes des petits producteurs des fermes du coin.

▸ + **infos : À Óbidos,** rua Direita, 28 (+351) 919 338 186.

CHÂTEAU MÉDIÉVAL D'ÓBIDOS

JOUR 3 CALDAS DA RAINHA ET SÃO MARTINHO DO PORTO

▸ 9 et 26 km d'Óbidos

LE MATIN

DÉCOUVREZ LES CÉRAMIQUES DE CALDAS DA RAINHA

Ici, la céramique est reine et Rafael Bordalo Pinheiro roi ! Une postérité due à ses créations rococo de homards, crabes, saladiers de fruits généreux de couleurs et d'émail. Visitez le **musée** consacré à son œuvre et le parcours urbain de ses créations réparties dans toute la ville.

▸ **À Caldas da Rainha,** rua Dr. Ilídio Amado • Fermé le lundi.

L'APRÈS-MIDI

ADMIREZ LA BAIE DE SÃO MARTINHO DO PORTO

Depuis les ruines de la **chapelle de Santana** ou la croix veillant sur le retour des marins au port, admirez la courbure parfaite de cette baie en forme de coquille Saint-Jacques, unique en Europe.

Et hop ! Notre carte digitale

JOUR 4 NAZARÉ

▸ 15 km de São Martinho do Porto

LE MATIN

PRENDRE DE LA HAUTEUR EN FUNICULAIRE

318 mètres d'ascension et on arrive au Sítio, le quartier qui domine la ville et sur lequel se trouvent le fort Saint-Michel et son phare. Du promontoire, vous admirez la Praia do Norte. Depuis la cabine de verre du funiculaire, retournez-vous pour admirer la ville à vos pieds. (Sujets au vertige s'abstenir.)

L'APRÈS-MIDI

LOUER UNE TENTE DE PLAGE RAYÉE

Une des activités reines, l'été : faire la sieste à l'ombre des très old-fashioned tentes rayées de la plage centrale. Ne pas oublier un petit cornet de glace chez Florenza en milieu d'après-midi.
▸ Avenida Manuel Remígio Edifício Mar e Sol Bloco 4, 37A, Fração D.

À L'HEURE DE L'APÉRO

MANGER DU POISSON SÉCHÉ

Des femmes en noir très âgées font sécher toute la journée des poissons au soleil sur la plage selon une méthode locale appliquée depuis des siècles. Après la glace, un petit maquereau séché ?

JOUR 5 OURÉM

▸ 16 km de Nazaré

LE MATIN

FLÂNER DANS LE CENTRE MÉDIÉVAL

À l'ombre du château, profitez des ruelles d'une authentique ville du Portugal intérieur : après Tomar, c'est l'autre grande ville médiévale de la région. Musclez-vous les mollets sur la côte pavée de granit pour monter de la ville basse jusqu'au pied des remparts !

L'APRÈS-MIDI

ALLER À LA PLAGE DANS LES TERRES

À une quinzaine de kilomètres d'Ourém, sur les bords du rio Nabão, la plage fluviale d'Agroal et ses eaux rafraîchissantes venues directement des montagnes sont particulièrement bienvenues en période estivale.

LE SOIR

BOIRE DU VIN MÉDIÉVAL

Fermez les yeux, buvez et vous voilà dans une taverne du Moyen Âge ! Le vin médiéval d'Ourém, grâce à un cahier des charges d'AOC bien précis, a le même goût qu'il y a 800 ans.
▸ quintadomontalto.com

NAZARÉ

AU PARADIS DES VAGUES

Un immeuble de neuf étages vient droit vers vous à une vitesse de 60 km/h : ce sont ces monstres sortis de l'océan que dévalent depuis une dizaine d'années les surfeuses et les surfeurs de la Praia do Norte à Nazaré. Par ces exploits, ces sportifs de l'extrême ont placé sur la carte la petite station balnéaire de la Côte d'Argent.

Pourquoi les plus grosses vagues du monde sont-elles à Nazaré ?

La taille spectaculaire des vagues qui, d'octobre à mars, s'écrasent sur la plage au nord de la ville (Praia do Norte) s'explique par un phénomène géologique : le gouf de Nazaré, un canyon souterrain qui prend son origine 230 km au large de la ville et peut atteindre une profondeur de 5 000 mètres. Lorsque les houles du nord-est pénètrent dans le canyon, elles remontent le long du gouf qui se rétrécit et provoque en surface ces géants d'eau de 30 mètres.

Un musée pour le surf

Dans le petit phare qui surplombe le Sítio da Nazaré, promontoire idéal pour admirer les exploits des surfeurs « de gros », venez découvrir l'histoire complète des adeptes de la Praia do Norte. Vous y verrez les planches et les parcours des sportifs les plus célèbres et les travaux du centre d'observation du canyon. Spot incontournable pour les riders.
▸ Au fort de São Miguel Arcanjo.

Quand se déroule le Big Waves Challenge ?

Bien malin qui peut le prédire plus de 5 jours à l'avance. Chaque année, les surfeurs de grosses vagues et la World Surf League, organisatrice de l'événement, scrutent tous les jours la météo entre le 15 novembre et le 31 mars. Tributaires des tempêtes de l'Atlantique Nord et des marées, les riders se préparent souvent à la dernière minute pour affronter les vagues. Il ne vous reste plus qu'à croiser les doigts très fort pour être dans le coin au bon moment !
▸ nazarewaves.com

Un surfeur sachant surfer

Un matin de novembre 2011, Garrett McNamara, surfeur américain de grosses vagues, plaçait Nazaré sur la mappemonde du surf en ridant une vague de 24 mètres de haut. L'exploit est enregistré au Livre Guinness des records comme la vague la plus haute jamais surfée.

Célébré aujourd'hui en héros sur la Côte d'Argent, où il a fini par s'établir, il a laissé la place à une nouvelle génération (sportifs ? artistes ?) qui, d'année en année, dépasse ce record. En 2022, l'Allemand Sebastian Steudtner détient 26,21 mètres. Qui dit mieux ?

GÉANTES

NAZARÉ

INTERVIEW DE JUSTINE DUPONT

Plusieurs fois titrée dans diverses catégories de sa discipline, la Française Justine Dupont est une des surfeuses les plus connues et respectées de sa génération. Elle vit depuis 6 ans à côté de Nazaré, où elle s'est installée pour être au plus près des vagues géantes. Désormais acclimatée à la région, elle nous partage son expérience.

LA PRAIA DO NORTE

Quels sont tes spots préférés dans la région de Leiria ?

« À Nazaré, la Praia do Norte sans aucun doute, bien sûr ! En shortboard, je n'ai pas forcément de préférence de plage : il y en a énormément tout le long de la Côte d'Argent, ce serait dommage d'en citer une en particulier. »

Ton week-end parfait autour de Nazaré ?

« Dans mon week-end parfait il y a bien sûr du surf, mais avec une petite session cool à Praia do Norte : depuis la plage, en shortboard quand les vagues ne sont pas trop hautes, d'environ 2 mètres, en pic pour moi c'est l'idéal. Ensuite, pouvoir prendre les palmes pour faire un petit tour de bodysurf et après, se poser sur la plage au soleil et lézarder, chose qu'on n'a pas souvent l'occasion de faire !

Un incontournable pour continuer, c'est de se rendre en haut de la falaise manger un bon burger ou une crêpe chez **Le Petit Chef Belge.** J'aime la combinaison de ces deux activités le week-end car ça fait un peu vacances et cet endroit a pour moi une belle énergie particulière.

▸ **Le Petit Chef Belge :** Instagram @lepetitchefbelge

Une chose que j'apprécie aussi particulièrement et que je conseille à tous ceux qui visitent la région, qu'ils soient surfeurs ou non, c'est de profiter pleinement des journées sans vent pour aller à la plage. Moi en tout cas, ça me fait du bien car ça me change ! »

Que conseilles-tu aux surfeurs amateurs qui veulent découvrir la région ?

« Il faut s'adapter quand on vient surfer par ici. Dans toute la région de Leiria et à Nazaré surtout, on est tributaire de la météo, donc il faut prévoir plein de planches différentes pour être prêt à toutes les conditions.

Aussi, il est fondamental d'être capable de voir les à-côtés du surf, ne pas rester focalisé uniquement là-dessus : c'est hyper-chouette de visiter la falaise, les grandes forêts plus au nord le long de la côte, de ressentir la nature, très présente. Aller visiter les ports, je trouve ça agréable aussi pour le changement d'ambiance. »

« Il faut aussi sortir des sentiers battus et découvrir d'autres endroits que Peniche et Nazaré. Ne pas craindre de faire de la route pour tester toutes les petites plages entre les deux ! »

À SAVOIR

Pic = sommet de la vague

Météo = surf-forecast.com

Shortboard = une planche de surf, quoi

Bodysurf = on s'allonge sur l'eau et on bat des palmes

VISITEZ TOMAR
LA CAPITALE DES TEMPLIERS

À Tomar, vous pénétrez dans le Portugal profond et médiéval ! Le pur et dur qui ne tutoie ni la mer ni l'Espagne. Et qui n'hésitera pas à vous en mettre plein la vue avec sa forteresse et son couvent !

LA FORTERESSE DE TOMAR

▶ MONTER AUX CRÉNEAUX

Qui dit remparts, dit donjon, douves, meurtrières. Vous ne pourrez pas la louper, la forteresse de Tomar : on ne voit que ça en arrivant. Avec de telles défenses, on comprend pourquoi la ville, construite en 1160 lors des guerres intestines portugaises, n'est jamais tombée par les armes.

Et hop ! Notre carte digitale

▶ ADMIRER LE COUVENT

Dans l'enceinte du château, le **Convento do Cristo** est la pièce maîtresse de votre passage à Tomar, reconnu patrimoine mondial de l'Unesco. Un labyrinthe passionnant à visiter qui résume 5 siècles d'architecture. Au programme : 8 cloîtres, une église et la Rotonde des Templiers (la Charola). De quoi se rappeler que, s'ils sont des chevaliers, les Templiers sont aussi (et surtout ?) des religieux.

▶ SE PERDRE DANS LES JARDINS

Tout couvent a son jardin. Ici, c'est plutôt une « buissonnière », de tout de même 39 hectares ! Au cœur de cette **Mata dos Sete Montes**, perdez-vous dans les allées de buis centenaires pour arriver à une autre curiosité architecturale : la « Charolinha », un mini-temple caché, de style manuélin unique en son genre, accessible par un petit pont de pierre.

▶ ENFILER L'AQUEDUC

Pour alimenter la place forte, les Templiers durent construire un aqueduc sur près de 6 km. Un système d'arcades sur 2 étages se déploie dans la campagne pour arriver dans l'enceinte du couvent, d'où partira votre découverte de l'ouvrage.

▶ FLÂNER DANS LE CENTRE ANCIEN

Les Templiers n'ont rien laissé au hasard : le centre médiéval suit un plan en croix qui aboutit, à chaque point cardinal, sur un petit couvent ! Arpentez les ruelles de la ville à la recherche d'un petit souvenir ou d'une queijada (petit gâteau de spécialité locale), vous tomberez peut-être sur le curieux musée de l'Allumette, au nord de la ville, ou sur les anciens moulins à farine, du côté est.

LA FENÊTRE MANUÉLINE

On l'admire depuis le cloître de Santa Bárbara, un des 8 cloîtres du couvent, avec ses ornements de sculptures inspirés par l'univers de la mer : un pur exemple du style manuélin (si on vous demande, c'est du gothique flamboyant portugais, fin XVe-début XVIe s.).

▶ SE RECUEILLIR À L'ÉGLISE

À deux pas du centre-ville, au bord de la rivière Nabão, Santa Maria do Olival a été construite par Dom Gualdim Pais, fondateur de la cité telle que nous la connaissons aujourd'hui et célèbre croisé au service d'Afonso Henriques, premier roi du Portugal.

6 manières de découvrir LE FLEUVE ZÊZERE

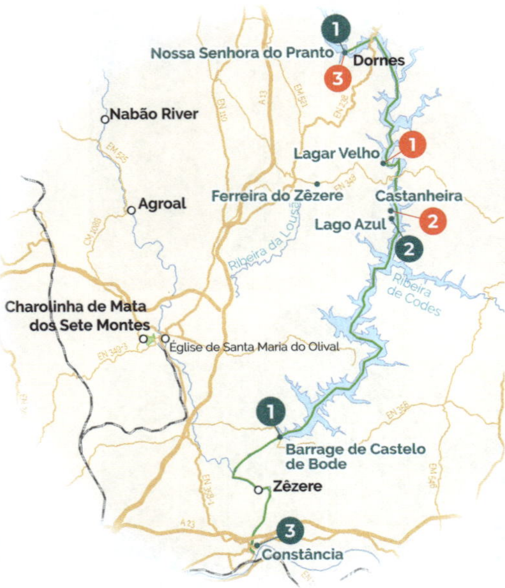

❶ En kayak du Zêzere au Tage

De Nossa Senhora do Pranto jusqu'au barrage de Castelo de Bode, à Martinchel, les eaux cristallines du rio Zêzere sont navigables en toutes saisons en kayak (10 km, 2-3h). En continuant la descente, vous atteindrez le point où le Zêzere se jette dans le Tage (16 km, 4-5h). Chiche, on va jusqu'à Lisbonne ? (Nan, on rigole !)

▸ aventuralazer.com

❷ En planche sur le Lago Azul

Le « lac bleu », en portugais, porte bien son nom. Du bleu, rien que du bleu sur ce grand lac tranquille et calme propice aux sports nautiques. Planche à voile, paddle ou wakeboard, tout type de planche plus ou moins casse-cou sont à votre disposition pour explorer le lac.

▸ Club nautique de Lago Azul : (+351) 963 695 926.

HO LA BELLE OMELETTE !

À Ferreira do Zêzere, on aime tellement les œufs qu'on détient le record mondial de la plus grosse omelette du monde. Ce record date du 12 août 2012, jour où les habitants ont préparé une omelette de 6,46 tonnes faite de 160 000 œufs.

3 En camping à Constância

Vive les tables pliantes et les parties de pétanque en plein soleil ! Le long du Zêzere, les emplacements ne manquent pas sous les platanes du camping de Constância. Les groupes et les familles apprécieront le rapport qualité/prix et les zones de baignade sécurisées. Pour les barbecues en été, on repassera, risque d'incendie oblige !

▸ almadozezere.com

LE RIO ZÊZERE

DÉGUSTEZ-LE : on prépare de drôles de poissons dans les cuisines de la vallée ! Le fleuve abrite une grosse population de lamproies et d'anguilles dont se délectent les habitants. Si vous n'aimez pas trop les poissons baveux ou vaseux, sachez que le Zêzere donne aussi d'excellentes écrevisses.

Parmi les nombreuses adresses de tascas (tables tradis) expertes dans ces spécialités, on conseille le **restaurant de Dom José Pinhão.**

▸ **+ d'infos : À Constância,** rua Luis de Camões, 4.

ÉCOUTEZ-LE : ne passez surtout pas à côté de l'occasion d'explorer le Zêzere en écoutant la chanson Aserejé, célèbre et unique tube du groupe espagnol Las Ketchup !! Par contre, vous n'êtes clairement pas obligé de vous souvenir de la choré...

EN RANDO AUTOUR DE FERREIRA DO ZÊZERE

1 Une 'tit' balade sur les berges

Partez de Lagar Velho plein nord le long des berges. Une promenade plate et accessible à tous, 4,5 km aller-retour pour une première mise en jambes.

2 Une boucle par le lac Bleu

Depuis Castanheira, sur les bords du Lago Azul, partez chaussé pour 4 heures et 13 km de parcours autour de Ferreira. Des causses à la rivière, ouvrez grand les pupilles ! 450 m de dénivelé positif.

3 Le trek de Dornes

Un enchaînement de points de vue spectaculaires sur 20 km. Suez de belvédère en miradouro (c'est la même chose), ça en vaut la peine. Comme son nom l'indique, ce trek commence à Dornes (Nossa Senhora do Pranto).

SAVOIR-FAIRE ET SYMBOLES DE LA RÉGION

NAZARÉ

Les sept jupes des épouses (de pêcheur)

À Nazaré vous croiserez peut-être des femmes en jupes traditionnelles, notamment les jours de fête. Sachez que celles qui respectent la plus pure tradition en enfilent sept en laine d'Écosse. On raconte que les femmes de Nazaré ont pris cette habitude lorsqu'elles attendaient le retour des pêcheurs sur la plage, pour se protéger du froid et de l'humidité du sable. Plusieurs théories circulent sur le chiffre sept : le plus probable est que cela ait un lien avec les vagues, qui arrivent par séries de sept sur la plage du centre à Nazaré.

MADE IN GOLEGÃ

La sauce qui tire la langue

Non, ce n'est pas la version portugaise des Rolling Stones. Quoique, certains piments produits par Paladin peuvent s'avérer rock'n'roll en bouche. Visitez l'usine de cette marque de piri-piri, la marque nationale par excellence !

▸ paladin.pt

• (+351) 249 979 200.

ÓBIDOS

L'or rouge des griottes

La meilleure ginja, liqueur de griotte hautement consommée au Portugal, est faite à Óbidos. Visitez les cerisaies et les fabriques de liqueurs de l'AOC !

▸ licobidos.com

• **À Gaeiras,** rua do Sol Nascente, Fração A, Lote 6.

CALDAS DA RAINHA

António Rosa, l'autre fabrique de céramique

Plus classique que Bordalo Pinheiro, moins connu à l'international mais tout aussi ancré dans la culture populaire du pays, la fabrique **António Rosa** fait sortir de son usine tous les ans des milliers de céramiques.
▸ antoniorosa.pt
• **À Maiorga,** rua Alto Varatojo.

POUR ALLER PLUS LOIN

Visitez le musée du Verre de Marinha Grande, la capitale portugaise de l'industrie verrière. De la vaisselle utilitaire à la verrerie de luxe, entre flacons d'apothicaire et yeux de verre destinés aux borgnes du monde entier, le **museu do Vidro** raconte la passionnante épopée du verre dans un bien joli palais.

▸ **+ d'infos : À Marinha Grande,** praça Guilherme Stephens (+351) 244 573 377 • Fermé le lundi.

MARINHA GRANDE

Souffler dans le ballon

Boutique, mais également atelier, **PoeirasGlass** propose la découverte du verre sous toutes ces formes.
▸ poeirasglass.pt • **À Marinha Grande,** praça Guilherme Stephens, Edifício da Resinagem, Loja 7.

MIRACLE ET LIVE STREAMING À FÁTIMA

Le 13 octobre 1917 à midi, 50 000 personnes assistent à un phénomène qui demeure aujourd'hui inexpliqué : la danse du soleil. Lumières de différentes couleurs, disque d'argent et même la Sainte Famille : on a vu de tout ce jour-là dans le ciel de Fátima. Ce miracle est le point d'orgue d'apparitions mariales auprès de petits bergers de la région au même endroit.

Depuis, le site est devenu le principal lieu de pèlerinage catholique du pays. Il est même filmé constamment en direct par TV Fátima, chaîne disponible sur le web et dans tout bon bouquet satellite disponible au Portugal.

NOS *Super* ADRESSES

La carte digitale pour retrouver toutes nos adresses, activités et visites.

OÙ DORMIR ?

Zab Living

Pas za'b du tout

Idéal pour les sorties en amoureux. Petit écolodge chic et sophistiqué.
▸ zabliving.com • **À Zaboeira,** largo da Capela, 2.

Dona Amélia

Et plus si affinités

Chez Madame Amélia ça sent bon le Portugal éternel. Des meubles du début du siècle dernier, des planchers en châtaignier et le sourire maternel de la Dona. Vous aurez le choix entre chambres individuelles ou partagées (pour les groupes) ; cette petite pension tradi peut s'avérer un bon lieu de rencontres au cours de votre périple dans l'intérieur du pays.
▸ donamelia.pt • **À Abrantes,** rua do Vale do Roubam, 1.

Casa S. Thiago do Castelo

Halte hors du temps

Préparez-vous à un voyage dans le temps dans cet hôtel confortable idéalement situé face au château d'Óbidos. Une demeure qui appartient à la même famille depuis plus d'un siècle et qui se fera un plaisir de prolonger votre expérience médiévale de la ville.
▸ casasthiagodocastelo.com • **À Óbidos,** largo de São Tiago, 1.

The Literary Man

Pour dormir dans les livres

Entre la librairie et la bibliothèque de l'hôtel, c'est près de 50 000 livres qui vous attendent ici, avec le restaurant (plutôt chic) et les salons au milieu de tout ça ! Les chambres y sont confortables, avec déco traditionnelle et matériaux de réemploi : avec un bon bouquin, vous devriez y faire de beaux rêves !
▸ theliteraryman.pt/rooms • **À Óbidos,** rua Dom João d'Ornelas.

Quinta de São Pedro de Tomar

Pour ouvrir ses chakras

Voilà une quinta centenaire idéale pour se ressourcer en pleine nature, avec 5 chambres zen et confortables et petit déjeuner inclus où vous vous régalerez des bons produits bio du domaine. Une démarche écoresponsable globale avec en bonus des options feng shui et méditations guidées sous le tipi du jardin !
▸ quintadesaopedrodetomar.com • **À Tomar,** rua Igreja.

Bukubaki

Camp de base pour aller surfer

Cabanes dans les arbres, tentes canadiennes, bungalows disséminés sous la pinède, avec petite piscine d'eau salée et skatepark : voilà un surfcamp qui sent bon le glamping, les sessions de surf et les smoothies détox carotte gingembre. Cours de surf et vélos en location sur place, pour vous aider à rejoindre la plage située à 5 km.
▸ bukubaki.com • **À Mestre Mendo,** rua do Juncal, 6.

Cooking and Nature Hotel

Pour se faire plaisir

Offrez-vous 1 ou 2 nuits dans cet hôtel tout confort au design contemporain en pleine nature. Au programme, cours de cuisine avec le **chef Nuno Barros** et moments de bien-être dans des bains inspirés des thermes romains.
▸ cookinghotel.com • **À Alvados,** rua Asseguia das Lages, 181.

OÙ MANGER ?

« A Sardinha » Casa Pires

Pires a raison. Si c'est la saison, c'est chez lui qu'il faut manger des sardines, au Sítio da Nazaré.

▸ **À Nazaré,** largo de Nossa Senhora da Nazaré, 44.

Pontinha

Ce petit restaurant gastronomique situé dans une vieille demeure traditionnelle d'Óbidos revisite avec succès les classiques portugais. Et c'est très bon !

▸ Instagram @pontinha_obidos • **À Óbidos,** rua Dom João de Ornelas.

À Janela

Une pizza portugaise d'exception à déguster en extérieur sur de larges tables en bois.

▸ **À Óbidos,** rua da Porta da Vila (+351) 925 844 909.

Nova Caravela

Le resto de fruits de mer à ne pas manquer. Ils y sont de superbe qualité.

▸ **À São Martinho do Porto,** rua Cândido dos Reis, 25-D (+351) 916 159 976.

Casa das Ratas

L'histoire ne dit pas si ce sont effectivement des rats qui font la cuisine dans cet antre de tradition. Une chose est sûre, on ne manque ni de convivialité, ni de qualité, ni de quantité !

▸ **À Tomar,** rua Dr. Joaquim Jacinto, 7 (+351) 933 549 128.

UN VERRE ?

Cervejaria Galé

Les percebes (pouces-pieds) ou les crevettes du comptoir, avec une bonne pression à l'heure de l'apéro ou beaucoup plus tard. On trouve dans cet établissement la quintessence de la cervejaria (brasserie) portugaise : des fruits de mer et des bières fraîches.

▸ **À Nazaré,** avenida da República, 30 (+351) 262 552 037.

Ibn Errik Rex

Entrez dans ce **cabinet de curiosités,** il y en a du sol au plafond ! Dans le verre, il y aura de la ginja, bien sûr !

▸ **À Óbidos,** rua Direita, 100 (+351) 262 959 193.

Tribo Da Praia

Le bon bar de plage comme on les aime… qui reste évidemment ouvert le soir pour poursuivre l'apéro en regardant le soleil se coucher.

▸ tribodapraia.pt • **À Peniche,** largo dos Amigos do Baleal.

Café Paraiso

Le **café à l'ancienne** comme on n'en fait plus, populaire et sans bavures.

▸ cafeparaiso.pt • **À Tomar,** rua Serpa Pinto, 127.

SURF SHOPS

Perfect Waves Europe

Nazaré

Cette marque originaire du Brésil s'est implantée récemment sur la Côte d'Argent pour y proposer ses produits pour le surf et le bodyboard. Une alternative aux grandes marques internationales.

▸ perfectwaveseurope.com
• Porto de Abrigo, Armazem, 54.

Waterlost

Peniche

Surf shop et école de surf à l'esprit familial. Ouvert même l'hiver, pas une boutique qui attend les beaux jours pour fournir du matériel aux riders !

▸ waterlost.com
• Avenida Monsenhor Bastos.

LA MANIF **À FAIRE**

LA FESTA DOS TABULEIROS

La « fête des plateaux » est une célébration religieuse du culte du Saint-Esprit qui serait inspirée de traditions païennes. Elle se célèbre de la même façon depuis au moins le début du XVIIe siècle. De grandes compositions florales sont portées par les femmes de la ville vêtues de blanc qui défilent par centaines en procession dans la ville. Ce festival incomparable de fleurs et de couleurs n'a lieu qu'une fois tous les quatre ans et attire plus de 600 000 personnes ! La prochaine est en juillet 2023, à ne pas manquer !

FAQ ?

ON PEUT Y ALLER EN TRAIN ?

Oui et re-oui.
Les lignes intercités et régionales de la « Beira Baixa » mènent de Lisbonne (gare Oriente) jusqu'à Covilhã en passant le long du Tage par Abrantes.

Au départ de la même gare lisboète, vous pouvez rallier Fátima et Ourém, dans le centre de la région. À Lamarosa, station juste avant Fátima, un changement permet de se rendre à Tomar.

Sur la côte, on n'est pas en reste : s'il n'est pas possible d'atteindre la mer en train au départ de Lisbonne, on peut tout de même se rendre à Óbidos, Leiria ou Caldas da Rainha par la ligne de l'ouest. Toutes les stations balnéaires de la côte sont ensuite desservies par un réseau de bus.

▸ cp.pt/passageiros/pt

Et nous, ce qu'on préfère, c'est les lignes régionales : en s'arrêtant dans les petits villages desservis, on explore la vallée du Tage d'une façon vraiment différente !

Et Leiria, à propos, qu'est-ce qu'on y fait ?

Capitale de la région, c'est une petite ville méconnue où il fait bon vivre. Si vous y passez une journée ou deux, elle vous offre :

• Des assiettes pleines de bonne humeur
Miam les petiscos et les bons petits plats portugais de la Taberna do Anastácio ! En plus, l'accueil est hyper sympa !
▸ Rua manuel Simões Maia, 514.

• Un château médiéval (encore un)
Au-dessus de la ville, la forteresse est souvent considérée comme une des plus belles du Portugal.
▸ centerofportugal.com

• Un musée de la ville
Toute l'histoire de la cité, de ses alentours, de son développement. Expositions temporaires d'art contemporain.
▸ centerofportugal.com
• Rua Tenente Valadim.

• Un centre historique
Petites ruelles médiévales et places pavées de calçada portuguesa agrémentent votre après-midi shopping ou une virée dans la vie nocturne de Leiria.

• Un musée de l'Image en mouvement
Au Mimo, collection permanente et expositions temporaires toute l'année.
▸ Largo de São Pedro – Cerca do Castelo.

• Un homme d'histoire
Pombal, cité médiévale, vaut largement le détour. Elle a la chaleur des villes rurales tout en gardant la fierté de son nom qui lui est donné par Sebastião José de Carvalho e Melo, premier ministre de 1750 à 1777 et… marquis de Pombal. Dans la lignée des Lumières, ce dernier développe l'industrie, s'oppose farouchement aux jésuites et fait construire des bâtiments antisismiques.

Qu'est-ce qu'on rapporte aux copains ?

Une hirondelle de Pinheiro
Les céramiques cultes de Rafael Bordalo Pinheiro sont fabriquées à **Caldas da Rainha** depuis 1884. Parmi les grenouilles et autres feuilles de chou, on cueille sa fameuse hirondelle (andorinha), devenue LE symbole porte-bonheur du Portugal.
▸ bordallopinheiro.com
• **À Caldas da Rainha,** rua Rafael Bordalo Pinheiro, 53.

De la ginja d'Óbidos
Les principales marques de cette liqueur traditionnelle ont un shop dans la vieille ville. Sinon, rendez-vous directement dans les fabriques.

Des « Embrasse-moi vite ! »
Ou Beija me Depressa en VO, la confiserie des amoureux, ultra-fondante en bouche. On la trouve uniquement chez **Estrelas de Tomar,** vendue par 12 dans une adorable boîte années 1960 pur jus. On parie que vous aurez tout englouti avant de la ramener aux copains !
▸ estrelasdetomar.pai.pt
• **À Tomar,** rua Serpa Pinto, 12.

Des spécialités régionales (gastronomiques)
Vins, fromages, boudins… Les gourmands seront ravis que vous leur rameniez un petit truc de la Ucharia do Conde à Ourém (littéralement « garde-manger du comte »). Quand on sait comment les nobles portugais se sont gavés pendant des siècles, il ne fait aucun doute que vous trouverez là-bas votre bonheur…

J'AIME PAS LA MER, MAIS J'AIME LES LIVRES : JE FAIS QUOI ?

Libraire d'un jour à Óbidos ! L'association **Silver Coast Volunteers** cherche toujours des bibliothécaires en herbe. Parmi une équipe de bénévoles internationaux, vous pouvez aider à la gestion du Book Exchange d'Óbidos, bibliothèque participative autogérée et 100 % gratuite. On prend un livre, on en laisse au moins un et, au passage, on se fait des copains !
▸ silvercoastvolunteers.org

LE DISTRICT DE PORTALEGRE

L'AUTRE ALENTEJO

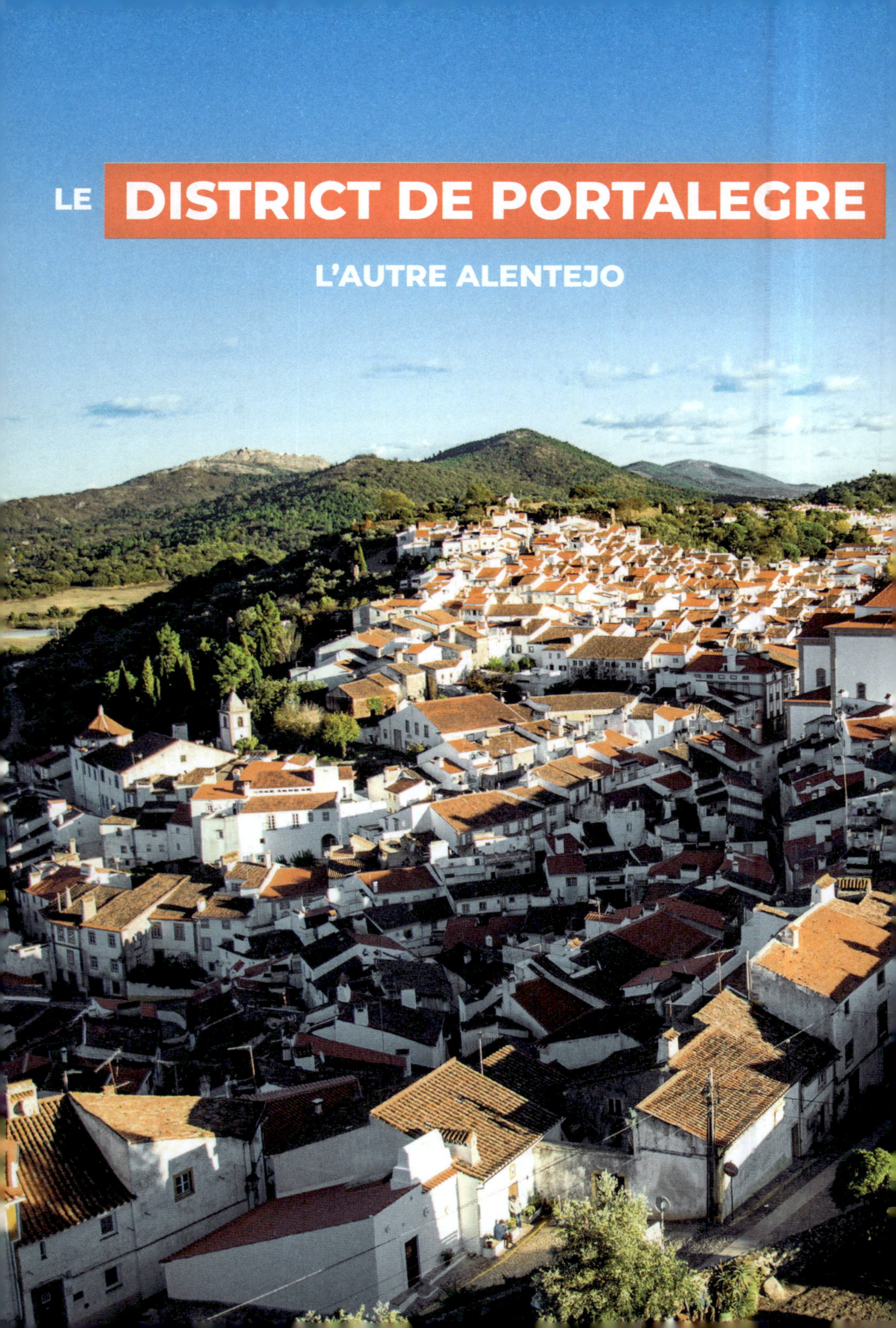

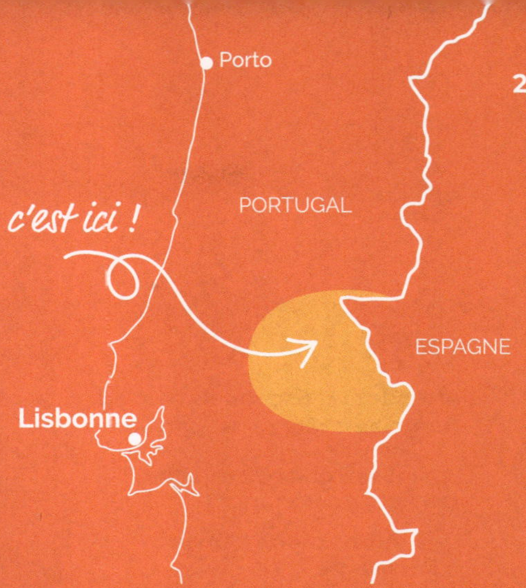

Partie verte et montagneuse de l'Alentejo, avec des forêts de chênes et de châtaigniers partagées avec le voisin espagnol, le district de Portalegre et la Serra de Marvão sont un des trésors cachés du Portugal. Une destination que vous risquez d'adorer si vous aimez les escapades en pleine nature, les maisons blanches dans tous les sens, les itinéraires hors des sentiers battus et la gastronomie pleine de saveurs. On y va ?

CE QUI VOUS ATTEND...

◁ Castelo de Vide

BEST OF

1. Attendez les Espagnols de pied ferme au château de Marvão
2. Shiitakés, cèpes ou morilles : les stars de Portagem !
3. Une tombe digne d'un roi, à Portalegre
4. Passez la frontière comme un contrebandier
5. Sortie montgolfière à Monforte
6. Découvrez le cheval lusitanien à Alter do Chão
7. Tutoyez les sommets à Castelo de Vide
8. Sports de glisse sur le lac d'Avis

LE DISTRICT DE PORTALEGRE

EN UN COUP D'ŒIL

CASTELO DE VIDE

Un village authentique et vivant, en pleine montagne de São Mamede, parfait comme base pour passer plusieurs jours dans la zone

PORTALEGRE

Capitale du district... de Portalegre

ELVAS

À Elvas, frontière avec le district d'Évora, l'Alentejo change, s'aplanit et brunit. Bonne ville étape en fin ou en début de parcours dans la chaîne de São Mamede, ou pour rallier l'Espagne par Badajoz

MONFORTE

Au sud de la région, Monforte offre de beaux reliefs et constitue une étape agréable sur la route d'Évora vers le sud sur l'E802

1 MARVÃO

Attendez les Espagnols de pied ferme

« De Marvão, on voit toute la terre », écrivait José Saramago dans ses Pérégrinations portugaises. Et c'est vrai qu'à l'époque on devait voir venir l'ennemi de loin, du haut des 843 m du château de Marvão. L'Espagne toute proche et la ville de Valencia de Alcántara sont bien surveillées depuis cette défense naturelle très escarpée. Si aujourd'hui l'intérieur de la citadelle ressemble davantage à une ville-musée, avec très peu de réels habitants et presque exclusivement des hôtels, elle est incontestablement l'une des plus belles forteresses médiévales du pays. Vamos !

▸ + **d'infos :** Château ouvert tous les jours.

2 PORTAGEM

Shiitakés, cèpes ou morilles sont les stars de la maison

Au pied du château de Marvão, on ne plaisante pas avec les champignons. Non seulement parce que la région, boisée de chênes et de châtaigniers et alimentée par de multiples cours d'eau, se prête à la cueillette. Mais aussi grâce à la passion du patron de la **Churrasqueira Sever,** qui cultive lui-même en bio plusieurs des espèces qu'il vend dans son restaurant. Appelez avant pour réserver vos champignons les week-ends, on se presse pour ce mets de toute la région.

▸ + **d'infos :** Rua Nova, 24 (+315) 245 993 192.

3 PORTALEGRE

Une tombe digne d'un roi

Si vous aimez les azulejos du XVIe s. et le style manuélin, vous allez être servi, dans l'ancienne **abbaye** cistercienne, fondée en 1518 pour accueillir des jeunes filles devenues religieuses faute de dot. Vous pourrez y admirer de belles pièces d'art sacré locales et une tombe en marbre brut d'Estremoz située à l'intérieur de l'église. Les dimensions et la finesse peuvent laisser penser qu'il s'agit de celle d'un roi. Mais non, c'est juste celle du fondateur de l'abbaye, Jorge de Melo, un noble inconnu au bataillon de l'histoire du Portugal… sauf à Portalegre.

▸ **+ d'infos :** Largo do Paço, Apartado 20 - Visite gratuite, demander à l'accueil.

4 MARVÃO-GALEGOS

Passez la frontière comme un contrebandier

Pendant la dictature, le café portugais torréfié dans la zone était passé de nuit en Espagne. Aujourd'hui, vous ne craignez plus rien, mais on vous conseille quand même de faire la traversée de jour, histoire de profiter des paysages le long des 10 km qui séparent Marvão de Galegos, la bourgade espagnole voisine. Le parcours peut aussi se réaliser à cheval, pour vraiment sauter dans le temps !

▸ **+ d'infos :** caballosmarvao.com

Sky is the limit

5 MONFORTE

5 heures en ballon

Voyager au gré des vents en montgolfière, à Monforte, on s'en est fait une spécialité. Entre la Serra de São Mamede et la ville d'Estremoz, votre terrain d'exploration sera le même que celui des cigognes, familières de la région. Couvrez-vous bien même en été, il peut faire froid même si le ballon fonctionne à l'air chaud !

▸ + **d'infos :** upalentejo.pt

6 ALTER DO CHÃO

Montez une race noble

Sur 800 hectares, le haras national d'Alter do Chão est le gardien absolu de la préservation du cheval lusitanien. Cette propriété perpétue et défend avec une grande élégance cette race qui a failli disparaître. On vous propose une visite complète de ses écuries et même des séances d'équitation (baptêmes pour les débutants en toute sécurité). Et comme le cheval lusitanien a la particularité d'être très bien dressé pour être monté, y a plus qu'à !

▸ + **d'infos :** alterreal.pt

7 CASTELO DE VIDE

Un peu plus près de Dieu

Une chapelle perchée sur un rocher face à Castelo de Vide, c'est **Nossa Senhora da Penha** qui nous rappelle que pour Dieu, au Portugal, on a toujours construit dans les endroits les plus inaccessibles. Depuis ce sommet vous apprécierez le vide vertigineux et le panorama sur la région Vous pourrez même distinguer en hiver les neiges de la Serra da Estrela, au nord. Pour les grimpeurs, une *via ferrata* parmi les plus vieilles du pays est installée sur la falaise de cette *penha* (rocher).

8 LAC D'AVIS

Avis : ça glisse !

Alimenté par le Maranhão, le lac artificiel d'Avis est *THE place to be* pour essayer n'importe quel sport de glisse ou activité nautique ! Windsurf, ski nautique ou pêche, il y en a pour tous les goûts. Ses eaux saines, ses parois rocheuses surmontées de verdure et la proximité avec le village lui donnent un petit air de lac italien. Pas mal !

▸ **+ d'infos :** (+351) 242 412 452.

4 JOURS AU NORD DE L'ALENTEJO

AU VERT ET DANS LES VIEILLES PIERRES

La Serra de São Mamede est un coin qui sent bon la nature, la culture et la tranquillité. On vous propose de l'explorer du sud au nord, dans un roadtrip calme et reposant : let's go !

Le paradis, c'est par là

JOUR 1

Esperança et Mosteiros pour commencer

MATIN

REMONTEZ LE TEMPS

Entrez dans la réserve de la **Serra de São Mamede** par Esperança et commencez par le commencement : allez admirer les peintures rupestres de la vallée de Junco, dans les **grottes de Gaivões.** Ces traces du néolithique marquent la première présence humaine dans la région.

▸ 24h/24. Voir la carte interactive.

MIDI

DÉJEUNEZ LES PIEDS DANS L'EAU

Faites un petit stop à **Azenha Nova** (à Mosteiros) et mangez un morceau au bord de la rivière, au **bar do Açude da Ribeira.** Au menu : soupe de tomate, riz au poulpe et vin du coin !

▸ **À Mosteiros,** rua Dr. Jorge Sampaio (+315) 245 580 272 • Fermeture le mercredi.

APRÈS-MIDI

DE L'ENFER AU PARADIS

Sur la route d'Alegrete, si vous êtes bien chaussé, arrêtez-vous pour découvrir, en contrebas de la route, le **puits de l'enfer** (Pego do Inferno). Vous pouvez même vous y baigner ! À Alegrete, les plus motivés pousseront jusqu'à la **cascade de São Julião,** à quelques kilomètres.

En fin d'après-midi, regardez absolument le soleil se coucher au sommet de la montagne (Cume da Serra de São Mamede, altitude

1 027 m). Pour dormir, rendez-vous chez **Briando** un peu plus au nord, juste à l'entrée de Portalegre.
▸ quintadobriando.com

JOUR 2

Portalegre, en toute tranquillité

MATIN

BREAKFAST & CURIOUS

Vous ne verrez qu'elle en arrivant à **Portalegre** ! Passez saluer la Sé, imposante **cathédrale** de style Renaissance et centre névralgique de la ville. Puis, perdez-vous dans les ruelles de la vieille ville entre les murailles du **château** (en travaux en 2023, uniquement visible de l'extérieur) et les arcades du **marché municipal.** Un conseil ? Prenez le café, l'apéro ou les deux dans les coursives en haut pour admirer le spectacle des ménages faisant leurs courses.
▸ Rua General Conde Jorge de Avilez, 115.

APRÈS-MIDI

PAUSE TAPIS

Vous aimez les tapisseries ? Vous allez être servi. Rendez-vous au **museu da Tapeçaria** et à la **manufactura de Tapeçarias** de Portalegre. À la manufacture, vous pourrez acheter des reproductions en tapisserie des plus grands peintres portugais.

▸ **Musée :** rua da Figueira, 9 • Fermé le lundi.
▸ **Manufacture :** rua Dona Iria Gonçalves Pereira, 2 • Fermée le lundi.

Si vous préférez une petite escapade dans la nature, allez par exemple arpenter les **vignes du Monte da Penha.**
▸ (+351) 245 208 342.

DE NICE À NISA : LES ORIGINES DE L'ALENTEJO « FRANÇAIS »

L'occupation, par des populations originaires de France, du nord de l'Alentejo remonte à la reconquête de la péninsule Ibérique, au XIIe s. Ce territoire est alors donné à l'ordre du Temple en récompense de sa participation dans la guerre contre les Maures. Les Templiers peuplèrent la région de colons qui, pour la plupart, fuyaient l'expansion du royaume de France. Ils nommèrent leurs forteresses d'après leurs villes d'origine : Nisa pour Nice, Montalvão pour Montauban, Tolosa pour Toulouse...

JOUR 3

Marvão et Castelo de Vide, ça marche !

MATIN

RÉVEIL MUSCULAIRE

Le matin est toujours un bon moment pour grimper sur la forteresse de **Marvão** pour la première fois. Si vous voulez bien faire le tour, prévoyez 2 heures et un bon coupe-vent.

FIN DE MATINÉE

COUCOU L'ESPAGNE

Suivez la nationale 246 en direction de l'Espagne. Le poste-frontière, enclavé entre deux falaises, dégage une ambiance inexplicable : on n'ose imaginer ce qu'en temps de dictature il se passait en ces lieux...

APRÈS-MIDI

1 VILLE 2 AMBIANCES

À **Castelo de Vide** aussi, la forteresse surplombe la ville. Garez-vous sur le flanc sud et montez jusqu'au chemin de ronde. En regardant vers l'Estrémadure (en Espagne), vous verrez que la ville se divise en deux depuis une arête. Côté droit, une ville organisée, qui paraît plus récente, avec notamment l'imposant bâtiment qui abrite la mairie. Côté gauche, cet entrelacement de ruelles étroites fait penser à une médina : c'est la célèbre **juiverie** (le quartier juif historique) de Castelo de Vide, une des plus grandes et mieux conservées de toute la péninsule Ibérique.

Vue à 360° au village de Castelo de Vide

SOIR

FIESTA !

Malgré ses modestes 4 000 habitants, Castelo de Vide vit la nuit. Concerts dans les bars, brasseries artisanales, petites caves à vin... Serait-ce l'influence de l'Espagne proche qui rend la ville festive ?

Et hop ! Notre carte digitale

JOUR 4

Nisa et Montalvão, pour finir dans la beauté

MATIN

L'ALENTEJO FRANÇAIS

C'est parti pour une virée dans l'Alentejo « français ». Sur la route d'Alpalhão, juste après la sortie de Castelo de Vide, arrêtez-vous pour admirer le dolmen (anta en portugais) de Melriça. Après avoir traversé **Alpalhão** puis **Tolosa,** offrez-vous à la belle saison un bain dans les thermes de **Nisa,** aux eaux connues pour leurs vertus thérapeutiques depuis l'Antiquité.

▸ termasdenisa.cm-nisa.pt

Si vous trouvez l'endroit trop bétonné, vous pouvez vous baigner en aval dans les « chaudrons » de Pias (**Pias Caldeiras**), accessibles à partir de la fontaine d'eau potable da Bica, à Tolosa.

MIDI

UN PETIT CREUX ?

Il fait faim ? Elles sont trois, s'appellent Maria et font de la cuisine traditionnelle portugaise. Prenez un copieux repas chez **As Três Marias,** sans oublier le fameux fromage de Nisa, en amuse-bouche.

▸ **À Nisa,** praça da República, 6 (+351) 245 413 741.

APRÈS-MIDI

P'TIT TOUR À NISA

Pour la digestion, allez jusqu'aux portes de la ville. Les amateurs d'histoire médiévale reconnaîtront que **Nisa,** tout comme Montalvão, sont en réalité des bastides (villes fortifiées, comme dans le Sud-Ouest de la France). Nisa la coquette, ornée de pots de fleurs sur toutes les maisons ou presque, abrite dans ses murs un joli **musée** présentant l'artisanat local : les broderies et les poteries.

▸ Musée fermé lundi • Entrée libre.

FIN D'APRÈS-MIDI

CHÂTEAU SUR CHÂTEAU

À **Montalvão** ils ont eu une idée originale : placer le château d'eau sur les ruines de la forteresse édifiée par les Templiers. Montez par l'escalier qui mène à la passerelle sous le réservoir, vous y verrez l'horizon comme depuis une tour de guet.

Dans les petites ruelles blanches, vous tomberez inévitablement sur le **Café Paraíso**. Alors laissez-vous happer par l'ambiance familiale d'un autre temps de ce café rural, vous ne voudrez plus en repartir. D'ailleurs, à ce qui se dit, on ne devrait jamais quitter Montalvão.

Voir la vie en blanc

TOP 6 DES RANDOS DANS LA RÉGION

Et hop ! Notre carte digitale

1 Chão da Velha

Aux limites de l'Alentejo

Au départ de l'école primaire de Chão da Velha, cette randonnée vous emmène entre les vignes et les prairies de brebis jusqu'aux rives du Tage. Sur le quai vous pourrez observer l'autre rive, située dans la région des Beiras. Le nom « Alentejo », région où vous vous trouvez, prend tout son sens : « au-delà du Tage ».

Infos pratiques
Départ et arrivée : 4 km
Durée : 1h30
Dénivelé : 223 m

2 Castelo de Vide

Sur les traces du passé

Depuis les anciens thermes de la ville, point de départ et d'arrivée de la randonnée, vous apercevez en contrebas tout le parcours. En plus des vestiges médiévaux de la ville, vous pourrez faire une pause sur le **dolmen dos Pombais**, une des nombreuses marques de présence humaine dans la région à l'âge de bronze.

Infos pratiques
Départ et arrivée : 12,3 km
Durée :: 4h30
Dénivelé : 235 m

3 Castelo de Vide – Marvão

D'une forteresse à l'autre

Le chemin que vous vous apprêtez à emprunter était jadis une autoroute ! Entre ces deux points stratégiques, éloignés seulement de 10 km, on s'est livré pendant des siècles à d'intenses échanges. Encore empierré, le parcours sillonne entre de petits domaines dans les oliveraies et est marqué par de petites chapelles et fontaines.

Infos pratiques
Départ : Castelo de Vide – **Arrivée :** Marvão
Aller simple : 9,6 km
Durée : 3h30
Dénivelé : 660 m

4 Portalegre

Panorama sur la ville

Au nord-est de Portalegre, sur des chemins encadrés par des murs de pierre, montez dans les premières pentes de la **Serra de São Mamede**. Dans cette partie humide et fraîche, vous passerez la plupart du trajet à l'ombre des résineux. À la fin de la boucle, après la station météorologique, préparez-vous à un panorama de dingue sur la ville !

Infos pratiques
Départ et arrivée : Portalegre
Distance : 9,5 km
Durée : 3h30
Dénivelé : 330 m

5 Campo Maior

Histoires de luttes

Entamez cette promenade par le largo (place) do Barata, puis continuez à travers les rues en pente de Campo Maior jusqu'aux anciennes défenses militaires, situées au point le plus élevé de la zone. Vous pourrez admirer les casernes, les créneaux en ruine, le **monastère de l'Immaculée Conception** et les portes de Santa Maria.

Ensuite, la promenade continue hors les murs à travers champs avant de revenir au centre-ville par le côté industriel, où vous admirerez tout de même un panneau représentant la première sainte portugaise, Santa Beatriz da Silva.

Infos pratiques
Départ et arrivée : Campo Maior
Distance : 7,5 km
Durée : 3h
Dénivelé : 280 m

6 Arronches

Tout autour… d'Arronches

Cet itinéraire, accessible à tous, navigue entre paysages ruraux et urbains. Il commence et finit au Centre interprétatif de la ruralité d'Arronches, traverse la **rivière Caia**, se faufile entre chemins communaux et champs d'oliviers. À mi-parcours, vous tomberez sur une ancienne carrière de granit noir. Pour finir en beauté, le chemin borde la ville sur son côté nord et continue le long de la rivière (d'Arronches) en passant par un ancien moulin à eau. Bouclez la boucle en admirant la tour médiévale et la surprenante fontaine d'Elvas !

Infos pratiques
Départ et arrivée : Arronches
Distance : 10 km en boucle
Durée : 4h
Dénivelé : 221 mètres

À vélo
LA SERRA DE SÃO MAMEDE

Vélo de route

1 Nossa Senhora da Graça da Póvoa

Cette route cyclotouristique emprunte des routes nationales et municipales, avec des paysages dominés par des forêts de chênes-lièges et de chênes verts, des pâturages pour le bétail et les crêtes de quartzite de Senhora da Penha à Castelo de Vide. Principaux points de passage : Póvoa e Meadas, barrage de Póvoa e Meadas, Senhora da Penha et Castelo de Vide.

Départ et arrivée : Marvão Cyclin' Centre, à Beirã (Castelo de Vide-Marvão)
55,7 km ▶ Entre 3 et 5 heures
Dénivelé : 636 mètres ▶ Difficile

2 Frontière espagnole

Un parcours pour les champions ! Une grande boucle entre chênes et paysages pastoraux. Principaux points de passage : Póvoa e Meadas, barrage de Póvoa e Meadas, Senhora da Penha, Castelo de Vide, Vila de Marvão, Carreiras, Porto da Espada et Galegos.

Départ et arrivée : Marvão Cyclin' Centre, à Beirã (Castelo de Vide-Marvão)
82,7 km ▶ Entre 4 et 6 heures
Dénivelé : 954 m ▶ Difficile

3 Lac de Póvoa e Meadas

Vous pédalez à plat, ça change des deux précédents ! Vous sillonnez les routes municipales autour du barrage de Póvoa e Meadas, dans la réserve de la Serra de São Mamede entre les paysages agricoles, leurs pâturages et forêts de chênes-lièges, en longeant le réservoir du barrage.

Départ et arrivée : Marvão Cyclin' Centre, à Póvoa e Meadas.
21,4 km ▶ 1h30
Dénivelé : 195 m
Difficulté modérée

Pistes VTT

4 Un petit parcours sur les crêtes pour tous

À la recherche d'un parcours facile pour vous entraîner et avoir un bon aperçu de ce qu'offre la serra ? Ce tour de chauffe vers le sud pourrait vous intéresser. Vous serez entouré d'un environnement urbain puis forestier, caractéristique de la région, en ne perdant jamais de vue la ville.

Départ et arrivée : Castelo de Vide
6 km ▸45 minutes
Dénivelé : 127 mètres

LOCATIONS DE VÉLOS À CASTELO DE VIDE

▸**+ d'infos : BJ Bikes,** rua dos Bombeiros Voluntários de Castelo de Vide, 1 · Ouvert les après-midi sauf dimanche.

PÉDALEZ SUR DES RAILS

Au départ de la gare de Beirã-Marvão, l'entreprise **Rail Bike Marvão** propose une découverte de la serra en pédalo roulant sur une ancienne voie de chemin de fer. Tout le monde adore ! Parcours de 5h ou de 2h30.

▸ railbikemarvao.com

5 Tout terrain en terrain celte

Un parcours pour irréductibles expérimentés, entre menhir et dolmens. Après avoir quitté l'environnement urbain, vous traverserez des zones de pâturage pour le bétail et des élévations de quartzite. Vous passerez par le parc mégalithique de Coureleiros, le menhir de Meada, Beirã et Marvão. Si vous ne voulez pas fermer la boucle, terminez au centre de Castelo de Vide.

Départ et arrivée : Marvão Cyclin' Centre, à São Mamede (Castelo de Vide-Marvão)
44,1 km ▸Entre 4 et 6 heures
Dénivelé : 721 mètres

NOS *Super* ADRESSES

OÙ DORMIR ?

Quinta Altamira

Robinson 2.0

De petites cabanes dans la nature à proximité de la ville de Portalegre. Du glamping réussi.
▸ quintaaltamira.com
• **À Portalegre,** estrada da Serra, 55 D.

A Burguesa

Base arrière

Un petit gîte cosy en plein centre-ville. Bonne base pour quelques jours dans la serra.
▸ aburguesa.pt • **À Castelo de Vide,** rua de Santo Amaro, 41.

Hotel El-Rei Dom Manuel

Haut perché

L'hôtel portugais familial par excellence. Des meubles en bois brut et des briques réfractaires au sol.
▸ turismarvao.pt • **À Marvão,** largo de Olivença.

La carte digitale pour retrouver toutes nos adresses, activités et visites.

Monte do Vale

C'est une maison blanche

Le calme sur une colline de l'Alentejo, dans une maison blanche typique. Des murs épais comme dans une cathédrale et une vue sur les causses inoubliable au petit matin. Possibilité de louer la maison entière : 9 chambres.
▸ **À Terrugem,** prendre la route de São Romão pendant 1 km, le chemin est indiqué sur la gauche.

Pousada Marvão

Sans chichi

L'établissement a gardé la classe des pousadas d'antan, lorsqu'elles étaient gérées par l'État. Le petit plus : vous serez accueilli en français.
▸ **À Marvão,** rua 24 de Janeiro, 7.

Herdade da Caniceira

Dans un haras

Situé à Ervedal, avec 400 ha de terres entièrement dédiés aux pâturages et à l'agriculture, le calme est le maître mot. Vous logerez dans de belles suites et pourrez monter les chevaux lusitaniens du haras avant de vous prélasser dans la piscine.
▸ herdadedacaniceira.pt
• **À Avis.**

OÙ MANGER ?

180

Dans l'hôtel Herdade da Cortesia, le 180 est un restaurant semi-gastronomique (entrée-plat-dessert 45 €), qui revisite les classiques portugais. Options végétariennes.
▸ herdadedacortesia.com
• **À Avis.**

Djony

L'aspect de son restaurant ne donne pas forcément envie de s'aventurer à l'intérieur et pourtant, une fois qu'on a goûté ses côtes de porc, on ne doute plus que Djony soit bon !
▸ **À Castelo de Vide,** rua Alexandre Herculano, 1 (+351) 245 905 125.

Acontece

Son nom signifie « Ça arrive », en portugais. Et dans ce restaurant fréquenté par la bourgeoisie locale, ça arrive souvent qu'on mange bien !

▸ **À Elvas,** avenida Garcia da Orta, 8 (+351) 925 755 186.

J. J. Videira

La vraie tasca (taverne tradi) des ouvriers où l'on mange le midi pour une bouchée de pain. Ne passez pas à côté de côtelettes de porc !

▸ **À Marvão,** rua Nova, 11 (+351) 245 993 302.

Taverna da Vila

Une cuisine locale de saison, préparée avec des ingrédients locaux frais. Le décor rustique et l'atmosphère conviviale créent une expérience chaleureuse et accueillante. Le personnel sympathique est heureux de partager sa passion pour les plats traditionnels, tels que la morue et les grillades de viande.

▸ **À Nisa,** largo Doutor Jose De Almeida, 2 (+351) 965 890 164.

Sal, Alho e etc.

La base : « Du sel et de l'ail, etc. » Voilà un bon résumé de l'ordre de priorité dans la cuisine portugaise. Préparations authentiques pour un rapport qualité/prix impeccable (repas environ 25 €).

▸ **À Portalegre,** avenida Pio XII, 7 (+351) 245 03[illegible] 364.

OÙ SORTIR ?

Barona

Ambiance électrique, musique live, bonnes bières bon marché et terrasse sur la place principale de la ville.

▸ cervejabarona.pt • **À Castelo de Vide,** rua de Bartolomeu Álvares da Santa, 42.

J. M. Bar

Les caïpirinhas de João sont incontestablement les meilleures de l'Alentejo. Et pour cause, il est allé vingt fois au Brésil pour apprendre à les faire.

▸ **À Castelo de Vide,** rua Volta do Penedo, 10 (+351) 919 058 673.

Pirolito

Un winebar avec une généreuse collection de petits vins de l'Alentejo et une déco de bodegón (taverne) espagnol. Commentée avec passion par le sommelier, chaque bouteille s'accompagne de tapas très fines.

▸ **À Castelo de Vide,** rua Almeida Sarzedas, 20 (+351) 925 619 748.

Jerónimus

Dans sa ville très tranquille, le Jerónimus est le gardien de la vie nocturne. Extrêmement économique.

▸ **À Nisa,** rua Alexandre Herculano (+351) 245 429 104.

Montes de Argila

La déco d'un beach club, une ambiance de beach club mais sans l'air marin : vue sur le lac !

▸ **À Montargil,** route N2 au niveau du barrage (+351) 964 088 599.

Pátio da Casa

La bohème des environs se réunit dans ce patio coloré qui propose toute l'année des concerts de groupes locaux et nationaux.

▸ **À Portalegre,** rua Benvindo Ceia, 1 (+351) 967 467 645.

FORTE DE NOSSA SENHORA DA GRAÇA

Comment s'y rendre ?

En train
Le district de Portalegre est relié par Abrantes au système de chemin de fer national. Principales gares : Portalegre et Elvas. À l'est, les Comboios de Portugal vous relient au réseau espagnol par la gare de Badajoz.
▸ cp.pt

En bus
Les principales villes du district de Portalegre sont desservies par le réseau Rede Expressos.
▸ rede-expressos.pt

Y A D'AUTRES RAPPORTS AVEC LA FRANCE ?

Si des Toulousains ont donné le nom de leur ville à Tolosa, ils ont aussi peut-être emmené dans leurs bagages la recette de la saucisse... Car c'est la spécialité du coin : épicée, fumée, pimentée, en chouriço, il y a même du boudin fumé !

L'Alentejo à cheval, c'est possible ? Carrément !

C'est THE région pour des treks équestres au Portugal, plein d'agences vous proposent des itinéraires. Entre autres :
▸ **Caballos Marvão : À Marvão,** caballosmarvao.com · **Perfect Moments : À Alter do Chão,** alentejomoments.com

Des idées cadeaux à ramener ?

Les petits souvenirs de la région
Dans la vieille ville de Marvão, une petite boutique, jadis une mercerie, propose les productions locales et le travail de divers artistes et artisans.
▸ **Mercearia de Marvão :** rua do Espírito Santo, 1A (+351) 968 147 862.

Du fromage de Nisa
Les plateaux de l'Alentejo français sont peuplés de brebis. Le queijo de Nisa, fromage disposant d'une des DOP les plus célèbres du pays, est connu dans tout le Portugal et au-delà ! Visitez les fromageries et rapportez quelques exemplaires !
▸ **Queijaria Monte Claro : À Nisa,** estrada do Monte Claro (+351) 245 413 172.

De l'huile
Portalegre n'est pas le district du Portugal où l'on produit le plus d'huile d'olive, certes. Mais les paysages sont marqués d'oliviers par une culture pluriséculaire, avec de grandes marques à petites productions. Du côté de Marvão vous trouverez votre bonheur !
▸ **Azeite Castelo de Marvão :** castelodemarvao.pt

Des objets en liège
L'écorce du chêne-liège ne sert pas à faire que des bouchons. Des cadeaux originaux à base de cette matière produite avec des méthodes traditionnelles. Qu'attendre de mieux ? C'est à Portalegre !
▸ **Arte em Cortiça : À Portalegre,** rua 19 de Junho, 46 (+351) 962 621 052.

Y A QUOI DE L'AUTRE CÔTÉ DE LA FRONTIÈRE ?

C'est l'Espagne, et la région d'Estrémadure. Toujours dans la même ambiance « paradis naturel », aucun touriste, architecture magnifique et cuisine de dingue ! Vous avez le droit d'aller y faire un tour : on ne vous en voudra pas !

ÉVORA ET L'ALENTEJO

AU-DELÀ DU TEMPS

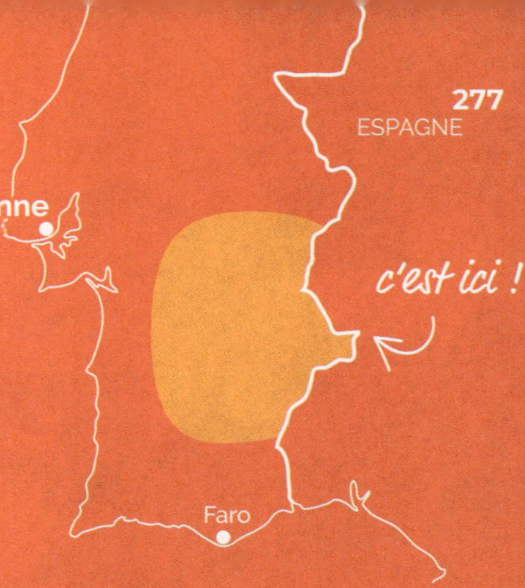

Envie d'être peinard ? La région la moins peuplée de l'Union européenne vous accueille à bras ouverts ! Asseyez-vous sur un banc à l'ombre pour parler avec les anciens, entrez au restaurant à midi et ressortez-en à 16h30, randonnez au petit matin entre les pâturages à la rencontre des bergers. Des paysages secs, de la très bonne nourriture, des traditions bien ancrées, des villages blancs apaisés et un temps qui s'écoule... lentement. Ici, le slow tourisme n'est pas qu'un slogan !

CE QUI VOUS ATTEND...

◁ Chêne-liège dans l'Alentejo

ÉVORA ET L'ALENTEJO EN UN COUP D'ŒIL

BEST OF

1. La tête dans les étoiles à Monsaraz
2. Se recueillir au temple de Diane à Évora
3. Les os sacrés d'Évora
4. Goûter la truffe blanche à Castro Verde
5. Se perdre dans les mines de cuivre de São Domingos
6. Graver dans le marbre de la Vila Viçosa
7. Rio Guadiana, le parc de la Guadiana depuis la rivière

FERREIRA DO ALENTEJO

En arrivant de Lisbonne, la porte d'entrée de l'Alentejo

OURIQUE

Au sud-ouest de la région, Ourique ouvre les portes de la Costa Vicentina. Encore un peu de campagne avant l'Atlantique ?

ÉVORA
Capitale de l'Alentejo depuis la nuit des temps. Point de départ et d'arrivée de votre parcours
Casa Branca
Elvas
6 Vila Viçosa
Redondo
2
3 Évora
Cromlech des Almendres
Aérodrome d'Évora
ESPAGNE
1 Monsaraz
BARRANCOS
Une forteresse qui s'élève face à la frontière, comme une bienvenue en arrivant au Portugal… ou un adieu en le quittant !
Viana do Alentejo
Vila Nova da Baronia
Vila de Frades
Cuba
Moura
Barrancos
Ferreira do Alentejo
Beja
Serpa
Vila Nova de São Bento
MOURA
Pour quelques jours sur les bords du Guadiana. Sent bon le Portugal éternel
Albernoa
Parque Natural do Vale do Guadiana
4 Castro Verde
7 Rio Guadiana
5 Mines de São Domingos
Mértola
Corvos
PARC NATUREL DU GUADIANA
Le rio Guadiana a façonné un des plus beaux parcs naturels du pays, niché entre l'Algarve et la frontière espagnole
Montez au point le plus haut du coin, p. 288

1 MONSARAZ

La tête dans les étoiles

Ce village perché est une pépite de l'Alentejo : maisons blanches à toits rouges, ruelles étroites et château médiéval en haut duquel le panorama sur l'immense lac d'Alqueva et l'Espagne voisine est magnifique. Et Monsaraz n'a pas fini de vous mettre des étoiles dans les yeux : il fait partie des « Starlight Destinations », ces lieux où le bas niveau de pollution permet d'observer les étoiles dans des conditions idéales.

2 ÉVORA (EN VERSION PAÏENNE)

Se recueillir au temple de Diane

Symbole majeur de la présence romaine au Portugal, le temple et ses colonnes ont résisté aux époques et restent aujourd'hui un marqueur de la vieille ville. Jamais ce monument consacré à Diane, déesse de la chasse et de la lune, n'a été détruit au cours des siècles malgré son emplacement central dans Évora.

Sympa, la déco !

3 ÉVORA (EN VERSION CHRÉTIENNE)

Les os sacrés

« Nous, les os qui sommes ici, attendons les vôtres. » Âmes sensibles s'abstenir ! La chapelle des Os, dans l'église São Francisco, est entièrement tapissée d'os humains. 5 000 squelettes ornent les parois ! Les bâtisseurs, des moines franciscains du XVIIe s., ont réutilisé de vieux ossements de fosses communes pour inciter au recueillement dans ce lieu, soulignant le côté éphémère du passage sur terre !

▸ **+ d'infos :** Praça 1° de Maio, 4 • Tous les jours 9h-17h.

4 CASTRO VERDE

Truffe blanche à l'œil

C'est un secret à moitié bien gardé : vous la verrez dans les bars et les restaurants de la région, seule à l'huile, ou en omelette. La truffe blanche de l'Alentejo n'a pas le prix de celle d'Alba (en Italie) mais n'a pourtant pas grand-chose à lui envier. Et pour la trouver, pas besoin de chiens ou de cochons : elle se repère à l'œil nu, selon la forme du sol !

▸ **+ d'infos :** alentejoturismo.pt/atubras-trufas-alentejanas

5 MINES DE SÃO DOMINGOS

Se perdre dans les mines de cuivre

Le contraste entre le bleu du ciel et le rouge du cuivre de la mine à ciel ouvert est impressionnant ! Entre la désolation de voir la terre éventrée et la fascination du spectacle, vous resterez partagé. Mais au Portugal, et plus particulièrement en Alentejo, la beauté s'accompagne souvent de douleur… Pour visiter les tunnels, prenez un guide !

6 CARRIÈRES DE VILA VIÇOSA

Graver dans le marbre

L'un des matériaux les plus nobles du pays, le marbre, sort de l'Alentejo. Si vous avez de la place dans vos bagages pour rapporter un nouveau plan de travail, venez visiter les carrières de Vila Viçosa. Parmi ces grandes parois blanches parfaitement découpées, vous pourrez choisir votre propre plaque de marbre directement dans le rocher.

▸ **+ d'infos :** rotadomarmoreae.com

7 RIO GUADIANA

Le parc de la Guadiana depuis la rivière

Au départ de Mértola, plusieurs options le long du fleuve s'offrent à vous pour admirer les causses en bateau. Sur cette partie calme du fleuve, laissez-vous porter par les flots tranquilles. Activité à réaliser de préférence à l'heure de l'apéro.

▸ **+ d'infos :** beirarionautica.pt • **À Mértola,** rua Dr. Afonso Costa, 108 (+351) 913 402 033.

4 FERMES POUR CHANGER DE VIE DANS L'ALENTEJO

Quoi de mieux pour faire du WWOOFing que la région la plus rurale d'Europe ! Enfilez les bottes et coiffez un chapeau de paille, le soleil tape fort et la terre demande du travail en Alentejo. Vous apprendrez à garder des brebis, tailler des oliviers, monter des murs en brique réfractaire... Vous ne voudrez plus repartir !

CHEZ ANDREAS ET ANDREA

Avis aux agriculteurs en herbe ! Andreas et Andrea ont voyagé dans le monde entier une trentaine d'années. Ce couple de Suisses s'est installé en 2015 dans une ferme dotée d'un potager biologique, entourée de 90 hectares d'oliviers et de moutons, d'arbres fruitiers et de liège. Ils proposent un hébergement dans deux maisons d'hôtes et des retraites de yoga et recherchent des WWOOFeurs pour aider à la ferme, à l'entretien des maisons et contribuer à des projets artistiques.

▸ **+ d'infos :** wwoof.pt/en/host/11106-family-farm · **À Vila Nova de Baronia.**

LE WWOOFING, C'EST QUOI?

C'est un concept génial : vous venez filer un coup de main dans une ferme familiale, en échange du gîte et du couvert. Il y a environ 150 fermes qui n'attendent que vous au Portugal. Gardez simplement en tête qu'il faut généralement rester minimum entre une et deux semaines sur place.

▸ **+ d'infos :** wwoof.pt

CHEZ ANGELIKA

Angelika a 40 ans d'expérience dans l'agriculture durable. Veuve depuis 2022, elle poursuit le projet commencé avec son mari Dieter. Elle cherche de l'aide pour entretenir son grand jardin biologique en permaculture et les animaux (moutons et poulets) de sa petite ferme. En hiver, pour défricher, traiter le jardin et préparer le bois de chauffage. Les week-ends sont libres et il y a un beau lac pour nager et pêcher. Angelika propose un hébergement confortable, un accès à Internet, une bonne cuisine familiale et vient vous chercher à la gare (Ourique ou Funcheira).

▶ **+ d'infos :** wwoof.pt/en/host/10801
• À Ourique.

CHEZ BERNARD

Sur une propriété abandonnée de 40 hectares dans le sud de l'Alentejo, Bernard et Catarina ont créé une oasis biologique avec plantes, vergers et poulaillers, une oliveraie et une forêt de chênes et de pins. Ils offrent le logement et la nourriture en échange d'une aide sur la propriété. Travaux aux vergers, à la forêt, à la cueillette des fruits et à l'entretien des oliveraies. Des vélos sont mis à disposition pour découvrir les environs.

▶ **+ d'infos :** wwoof.pt/en/host/47251
• À Serpa.

CHEZ RÉMI

Au cœur d'une propriété traditionnelle de 11 hectares totalement autonome, Rémi cultive avec passion des arbres fruitiers en bio. Oliviers, grenadiers, figuiers, orangers, citronniers, avocatiers, arbousiers, figuiers de barbarie typiques de la zone donnent du travail toute l'année, sauf de juin à septembre, où les fortes chaleurs empêchent de travailler. Idéal si vous voulez apprendre à tailler une grande variété d'arbres fruitiers ou participer à une récolte d'olives.

▶ **+ d'infos :** wwoof.pt/en/host/11046
• À Vila Nova de São Bento.

5 FAÇONS DE DÉCOUVRIR ÉVORA

et ses environs

La capitale de l'Alentejo, classée au patrimoine mondial de l'Unesco, ouvre grand ses portes à qui sait apprécier sa... grandeur, justement. Par son ensemble cohérent et continu à travers le temps, la ville est elle-même un monument : vivant, fier de sa culture et qui propose aux visiteurs des activités hétéroclites liées à son environnement et à son passé.

1 La vieille ville d'Évora

Battez le pavé !

Prenez le pouls de la ville sur les terrasses bruissantes de la praça do Giraldo. Puis perdez-vous dans le délicieux dédale que dessinent les petites ruelles pavées, aux maisons blanchies à la chaux : une toile d'araignée où l'on se laisse prendre avec bonheur, truffée d'échoppes d'artisans et de petits restaurants qui régalent de cuisine alentéjane. Puisqu'on en parle, essayez **Fialho,** une table qui dépote !

▸ **+ d'infos :** restaurantefialho.pt
• **À Évora,** travessa das Mascarenhas, 16.

2 Cromlech des Almendres

Revivre les rituels du mégalithique

Découvrez la magie des monuments mégalithiques à quelques kilomètres d'Évora. Menhirs, dolmens et cromlechs isolés, vieux de plus de 5 500 ans, sont les plus anciens de la péninsule Ibérique et d'Europe. Plongez dans le mystère et l'histoire de ces anciennes structures et vivez une expérience unique et inoubliable.

▸ **+ d'infos :** Entrée libre et gratuite.

LA MARQUE AU BRÉSIL

Épargnée par le tremblement de terre de 1755, Évora a servi de modèle à la couronne portugaise pour construire les villes dans les colonies. Notamment Salvador de Bahia, au Brésil, fut à l'origine un copier-coller des places et monuments de la capitale alentéjane. C'est vrai que par endroits, avec un verre de caïpirinha et un peu d'imagination, vous êtes en Amérique du Sud !

3 Bains antiques

Aller aux thermes comme les Romains

Évora est avant tout une ville romaine. Une des meilleures expériences pour s'en rendre compte : enfilez la toge et allez aux bains ! Le spa In Acqua Veritas recrée l'atmosphère des thermes antiques, où les gens se rencontraient et commerçaient, et où le concept de spa, lié à la santé et au bien-être physique par l'eau, est apparu. Massages, bains et kinésithérapie pour tous les âges.

▸ **+ d'infos :** inacquaveritas.com • **À Évora,** rua do Imaginário, 1 T (+351) 966 710 360.

4 Balade autour du liège

Quand les arbres font peau neuve

Un grand symbole de l'agriculture alentéjane et portugaise ! Apprenez les rouages de cette production séculaire et renouvelable dans une ferme de production de liège, du découpage au séchage, le tout à pied dans les champs. La faune et la flore locales abondent aussi dans ces pâturages en polyculture traditionnelle et respectueuse de l'environnement. N'oubliez pas de repartir avec un souvenir : ce ne sera pas nécessairement un bouchon ! Les artisans ont trouvé d'autres usages et débouchés pour leur matière.

▸ **+ d'infos :** corktrekking.com • **À Redondo,** Maroteira Vinhos (+351) 915 967 567.

5 Jardin public et fausses ruines

Archéologue pour rire

Un kiosque propret de style Art déco, un pavillon mauresque, des allées de gravier blanc et des mares pleines de canards de barbarie et d'oies blanches. Il a un côté français, le jardin public d'Évora. Mais une fois la partie basse passée, levez la tête : vous pourrez monter sur les remparts et emprunter une partie du chemin de ronde de la ville. En contrebas, de curieuses ruines servent d'abri aux gallinacés. Ne cherchez pas quel palais ou cathédrale se dressait là jadis : ce sont des ruines romantiques, elles ont toujours été comme ça !

▸ **+ d'infos : À Évora,** Jardim Público, Ruínas Fingidas.

Notre top des randos dans LE PARC NATUREL DE LA GUADIANA

D'agréables balades vous attendent dans le parc naturel, jamais bien loin de la rivière Guadiana. Et au détour d'un chemin, vous aurez peut-être la chance de trouver un (rare) trèfle à quatre feuilles velu...

Chemin des canaux (PR2)

Au départ de la petite bourgade de Corte Pequena, vous vous dirigez vers le fleuve en contrebas. Après un parcours dans une végétation basse, le sentier aboutit à un espace de canaux creusés autrefois le long du fleuve pour la pêche. La balade se termine près du moulin en ruine au bord du fleuve.

Infos pratiques
Départ et arrivée : Corte Pequena
Distance : 3,5 km aller-retour
Durée : 1h - **Dénivelé :** 80 m

Montée à Nossa Senhora do Amparo (PR7)

Un des rares points hauts de la région. Entre Corvos et Monte da Costa, la randonnée commence au niveau du panneau de la Quinta do Rebolo. Comme dans la randonnée précédente, cette ascension permet d'observer le relief des paysages. Arrivé à la chapelle vous vous trouvez sur un belvédère qui domine presque tout le parc naturel.

Infos pratiques
Distance : 3 km aller-retour
Durée : 1h30 - **Dénivelé :** 269 m

Chemin du plateau (PR4)

Une promenade typique des plateaux du parc naturel. Alternant forêts de chênes verts et champs de céréales, cette randonnée longe le lac de Tapada Grande, la plus grande retenue d'eau du parc, et offre une vue sur les anciennes mines de cuivre de São Domingos. Qui a dit qu'on ne voyait pas de relief sur un parcours plat ?

Infos pratiques
Départ et arrivée : Monte do Guizo
Distance : 14 km
Durée : 5h
Dénivelé : 200 m

Le long du fleuve (PR8)

Le parc naturel s'articule autour de la rivière Guadiana. Été comme hiver, vous pourrez y observer un grand nombre d'oiseaux, comme des martins-pêcheurs ou des rossignols des marais.

Infos pratiques
Départ et arrivée : Pont de Ribeira do Vascão
Distance : 5 km
Durée : 1h30
Dénivelé : 40 m

Chez les grues

Un parcours accessible à tous qui sera particulièrement apprécié par les amateurs de *birdwatching*. Vous marcherez sur ce grand plateau près de Campo Branco sur le territoire des oiseaux dits des steppes, comme les grues et les outardes. Du lieu-dit Azinhal, vous bouclerez un itinéraire en passant par une autre curiosité locale : l'ancienne mine de manganèse da Balança.

Infos pratiques
Distance : 11 km
Durée : 2h30
Dénivelé : 90 m

NOS *Super* ADRESSES

OÙ DORMIR ?

Casa no Montinho

Douceur de vivre

Séjourner à la Casa no Montinho, c'est goûter à l'âme de l'Alentejo et à sa douceur de vivre. Ici, chaque détail, chaque instant vous invitera à la détente et côté cuisine, Catarina saura sublimer vos palais à merveille.

▸ casanomontinho.pt

• **À Alcarias,** rua do Montinho, 8.

Aljana Guest House

Raffinement

Une charmante maison alentéjane aux murs de chaux avec sept chambres et un magnifique patio jardiné avec piscine. La décoration intérieure mélange des matériaux traditionnels et des commodités modernes, avec des couleurs blanches et des détails en bois.

▸ aljana.pt • **À Beja,** rua Dr. Aresta Branco.

Casa d'Olivença

Comme à la maison

Dans l'une des rues les plus emblématiques de la belle ville d'Elvas, cette maison a réussi à combiner l'architecture néoclassique de la fin du XIXe s. à une décoration minimaliste et fonctionnelle. Bon lieu de détente à proximité des principaux points d'intérêt de la ville.

▸ casadeolivenca.pt

• **À Elvas,** rua de Olivença.

Templo Boutique Hotel

La bonne escale

Cet établissement proche de la cathédrale propose des chambres soignées avec vue sur le temple romain. Le personnel, particulièrement chaleureux, sera prompt à vous donner tous les petits renseignements que seuls connaissent les habitants !

▸ templohotelsgroup.com

• **À Évora,** rua do Menino Jesus.

Monte das Palmeiras

Détente

Des palmiers en haut d'une colline vous souhaitent la bienvenue au Monte das Palmeiras. Cette maison d'hôte dans une ancienne *quinta* (domaine agricole) appelle aux après-midi bronzette autour de sa large piscine. Possibilité d'assister aux travaux de la ferme.

▸ montedaspalmeiras.com

• **À Figueira de Cavaleiros.**

▸ Quinta das Ratoeiras

Dans les vignes

À quelques encablures du village, la *quinta* est une chambre d'hôtes dans un domaine agricole. Toute l'année vous pourrez participer aux activités de la propriété et, pour ce qui est des dégustations, pas d'inquiétude puisque vous dormirez juste derrière le chai !

▸ quintadasratoeiras.pt

• **À Vila de Frades.**

Casa da Muralha

Authenticité

Logée dans la muraille de la ville, la maison de Cristiana est un minimusée de l'art de vivre à l'alentéjane. Des murs blancs épais comme une forteresse vous protégeront des chaleurs harassantes en été et du vent glacial du plateau à l'heure de faire la sieste. Situé au cœur d'un des plus beaux villages du Portugal, la Casa da Muralha deviendra votre maison le temps du séjour.

▸ **À Serpa,** rua das Portas de Beja, 43 (+351) 284 543 150.

OÙ MANGER ?

Restaurante Campo do Caroço

Une vue sur la campagne et, dans l'assiette, ce qu'elle produit. Laissez-vous embarquer dans l'univers du Senhor Celsio qui vous explique en détail chaque produit qu'il met dans ces plats. Un restaurant *farm-to-table* immanquable !

▸ **À Albernoa,** largo da Liberdade, 7 (+351) 963 009 095.

Os Infantes

Un bâtiment chargé d'histoire : ses fondations remontent à l'occupation romaine puis maure ! Dînez sous la voûte de la cave de plus de 300 ans, d'une cuisine fusion inspirée de la gastronomie traditionnelle. Cave à vin généreuse. Suffisamment rare dans la région pour être souligné : des options végétariennes sont disponibles à la carte.

▸ **À Beja,** rua dos Infantes, 16 (+351) 962 978 318.

Dom Joaquim

Le patron de la boutique et chef du restaurant, Joaquim, est un local pur jus qui revisite la gastronomie régionale. Le tout accompagné d'une carte des vins de la région et du Portugal finement sélectionnée. Ne passez pas à côté des brochettes !

▸ restaurantedomjoaquim.pt

• **À Évora,** rua dos Penedos, 6.

Restaurante Fialho

On sait faire à manger pour les autres depuis trois générations chez les Fialho. Asseyez-vous à côté de notables locaux et prenez la même chose ou laissez-vous guider par les suggestions de la maison. Raffinement, sens de l'accueil, qualité : il faut casser un peu la tirelire mais on comprend pourquoi l'adresse est une référence de la cuisine alentéjane.

▸ restaurantefialho.pt

• **À Évora,** travessa Mascarenhas, 14.

Botequim da Mouraria

Ici, on mange à 9, pas un de plus, autour du bar et face au patron, Domingues, qui est l'unique serveur et sommelier de l'endroit. Petits *petiscos* en tout genre (tapas), mention spéciale aux asperges quand c'est la saison. Pensez à réserver ou attendez-vous à patienter longtemps !

▸ **À Évora,** rua da Mouraria, 16A (+351) 266 746 775.

Espaço Casa Amarela

Après une balade au cœur du Parque Naturel do Vale do Guadiana, profitez de la vue en bord de fleuve face au village tout en dégustant un généreux gaspacho ou la fameuse *queijada*, tarte typique à base de fromage, spécialité de la maison.

▸ alemcante-mertola.pt

• **À Mértola,** estrada dos Celeiros.

OÙ SORTIR ?

Porta 15

Déco rock au rendez-vous de tous les musiciens de la région. Toutes les bonnes *jam sessions*, c'est par ici ! Pour ne rien gâcher, les cocktails sont bons et bon marché. Votre bar bohème à Beja !

▸ **À Beja,** rua do Sembrano, 15 (+351) 965 468 703.

Culpa Tua

Cocktails délicieux, ambiance propice aux rencontres et bienveillance sont au rendez-vous dans ce bar gay friendly. Une valeur sûre de la nuit à Évora, connu dans tout le pays. Carte des vins et des gins très variée.

▸ **À Évora,** praça Joaquim António de Aguiar, 6 (+351) 965 435 209.

Oficina Os Infantes

Un lieu collaboratif dans la vieille ville : café associatif, centre culturel, ateliers et soirées toute l'année. Cette adresse des musiques vivantes est le bastion de la vie alternative locale. Jetez un œil sur la programmation, il peut parfois y avoir des pépites !

▸ **À Évora,** rua dos Infantes, 14 (+351) 966 651 380.

La carte digitale pour retrouver toutes nos adresses, activités et visites.

FAQ ?

Comment s'y rendre ?

Le bus dessert les principales villes de l'Alentejo
▸ rede-expressos.pt

En train : Depuis Lisbonne ou le nord du pays, liaisons par trains directs ou régionaux. À Casa Branca, la ligne se divise en deux, à destination de Beja ou d'Évora (terminus).

À NOTER DANS VOS AGENDAS

RUAS FLORIDAS

Des fleurs comme un concours de rues fleuries, mais dans toute la ville. Venez à **Redondo** ressentir le pouvoir des fleurs…

▸ En juin/juillet. Se renseigner sur les dates à l'office de tourisme local.

FOIRE DE LA SAINT-JEAN

Voilà 500 ans que cette grande foire agricole et artisanale existe. Le grand rendez-vous de la région à **Évora,** l'occasion de trouver des petits bijoux faits main.

▸ En juin/juillet. Se renseigner sur les dates à l'office de tourisme local.

FESTIVAL ISLÂMICO DE MÉRTOLA

La culture héritée de l'occupation musulmane est encore bien vivante sur les bords du fleuve Guadiana. En mai, on la célèbre à **Mértola** pendant 3 jours avec une série d'activités culturelles et un souk reconstitué, comme à l'époque du Califat.

▸ festivalislamicodemertola.com

Je veux faire des cadeaux : je ramène quoi ?

Des articles en laine
À voir ces pâturages peuplés de moutons, on se doute qu'il y a de la laine en Alentejo ! À **Reguengos de Monsaraz,** la fabrique de laine propose tous les ans de nouveaux designs et a su conserver sa production tout en se modernisant. On ne fait pas que des bonnets et des moufles avec la laine !
▸ fabricaal.com (Fábrica Alentejana de Lanificios).

Du jambon de porc noir
Autre animal d'élevage emblématique de la région, le *porco preto alentejano*, élevé en plein air et alimenté presque exclusivement de glands et d'herbe, donne d'excellents pâtés et jambons.
▸ porcopretoalentejano.com

Un chapeau
Rapportez aux têtes à chapeau une des deux coiffes de l'Alentejo. Plutôt béret de berger ou chapeau de chanteur de *cante alentejano* (à porter obligatoirement avec la cape) ?
▸ lafabriquedeschapeaux.fr

De l'artisanat local
En Alentejo, on sait travailler avec ses mains. Plusieurs boutiques des centres-villes de Beja et d'Évora sont des collectifs dans lesquels vous trouverez votre bonheur tout en soutenant les artisans du cru. Repartez avec une pièce unique *made in Alentejo* !
▸ ocesto.com.pt

Y A DES MUSÉES QUI VALENT LA PEINE ?

Le climat peut être rude en Alentejo, avec des vents froids en hiver et de très fortes chaleurs en été. Pas de panique, si vous ne voulez pas vous exposer aux intempéries, il existe une jolie offre de musées.

Museu Jorge Vieira
Un musée entièrement consacré à l'œuvre de Jorge Vieira, sculpteur portugais majeur du XXe s. Connu pour ses pièces en terre cuite mais aussi (surtout ?) pour ses œuvres en métal monumentales, il est une des principales figures du modernisme portugais et a laissé son empreinte dans tout le pays.
▸ **À Beja,** largo Dr. Lima Faleiro (+351) 284 311 920 • Fermé le lundi.

Museu Rainha Dona Leonor
Dans le couvent da Conceição, le musée régional de Beja porte le nom de la reine Leonor, qui y vit le jour en 1458 (sa statue se trouve devant l'entrée). Peintures religieuses, pièces d'archéologie, culture wisigothique constituent le fonds du musée. On y va autant pour la collection que pour le bâtiment manuelin.
▸ museuregionaldebeja.pt • **À Beja,** largo da Conceição • Fermé le lundi.

Palácio dos Duques de Cadaval
La famille Cadaval est aussi bien implantée dans Évora que leur palais. Une partie de leur résidence est ouverte au public et propose régulièrement des activités culturelles d'importance internationale. Tenez-vous au courant avant votre séjour, venez visiter le palais, testez le restaurant : vous ne regretterez pas le détour !
▸ palaciocadaval.com • **À Évora** • Fermé le lundi.

Museu Nacional Frei Manuel do Cenáculo
Le Museu de Évora (pour le faire court) offre un résumé de la ville et de la région par les vestiges architecturaux. Expos temporaires d'art contemporain et d'art sacré renouvelées tous les trimestres en plus de la collection permanente.
▸ **À Évora,** largo Conde de Vila Flor (+351) 266 730 480 • Fermé le lundi.

VOUS ÊTES VRAIMENT ALLÉ EN ALENTEJO SI VOUS AVEZ…

… FAIT LA SIESTE
Les Alentéjans sont au Portugal ce que les Corses sont à la France. Ils ont donc la réputation de faire la sieste et de défendre bec et ongles cette tradition. Testez, vous ne serez pas déçu. En plein été, c'est même fortement conseillé !

… VU UNE CIGOGNE NOIRE
Vous verrez des cigognes par milliers dans la région. Sur les cheminées, dans les arbres, sur les poteaux électriques… Mais le must, c'est de pouvoir observer une cigogne noire. Il y en a une sur mille mais ça existe !

… BU DE L'HUILE À LA CUILLÈRE
On met de l'huile d'olive partout au Portugal, mais sur les tables d'Alentejo, on en met parfois plusieurs types. Une cuillère le matin après le café donne de l'énergie et éveille les fonctions cognitives. C'est une habitude que vous verrez dans bien des maisons !

L'ALGARVE
DANS TOUS SES ÉTATS

Terre la plus touristique du Portugal, l'Algarve a parfois été victime de son succès. Mais rassurez-vous, derrière les clichés des plages noires de monde et des immeubles dressés face à l'océan, le cœur de cette région bat encore ! Et puis, c'est un des rares endroits du continent où l'on peut se promener en tee-shirt en février ! Et enfin, succombez au jus de ses oranges gorgées de soleil, à ses villages blancs ou à ses pâtisseries qui rappellent que le Maroc, si proche, pousse un peu sa corne dans ce dernier territoire d'Europe avant l'Afrique.

CE QUI VOUS ATTEND...

◁ Carvoeiro

L'ALGARVE
EN UN COUP D'ŒIL
Et hop ! Notre carte digitale
SERRA DE MONCHIQUE
Oasis de verdure au milieu d'une région très sèche
COSTA VICENTINA
N 393
N 120
N 266
N 268
N 125
N 124
N 264
N 269
IC 4 A 22
A 22
IC 1
A2 E1
R. de Odelouca
Seixe
Terra do Milho
São Marcos
Mont Fóia
4
Monchique
Marmelete
Serra de Monchique
Couvent Nossa Senhora do Desterro
Aljezur
8
Praia da Arrifana
Barragem da Bravura
Odelouca
Silves
Carrapateira
Quinta de Mata dos Mouros
Bensafrim
Portimão
Alvor
Bemparece
5
Grotte de Benagil
1
Praia da Rocha
Ferragudo
Lagos
Les villages blancs
Praia da Marinha
Albufeira
Budens
Praia do Vale Espinhaço
Praia da Corredoura
6
Cap Saint-Vincent
Sagres
N
0
10
20 km

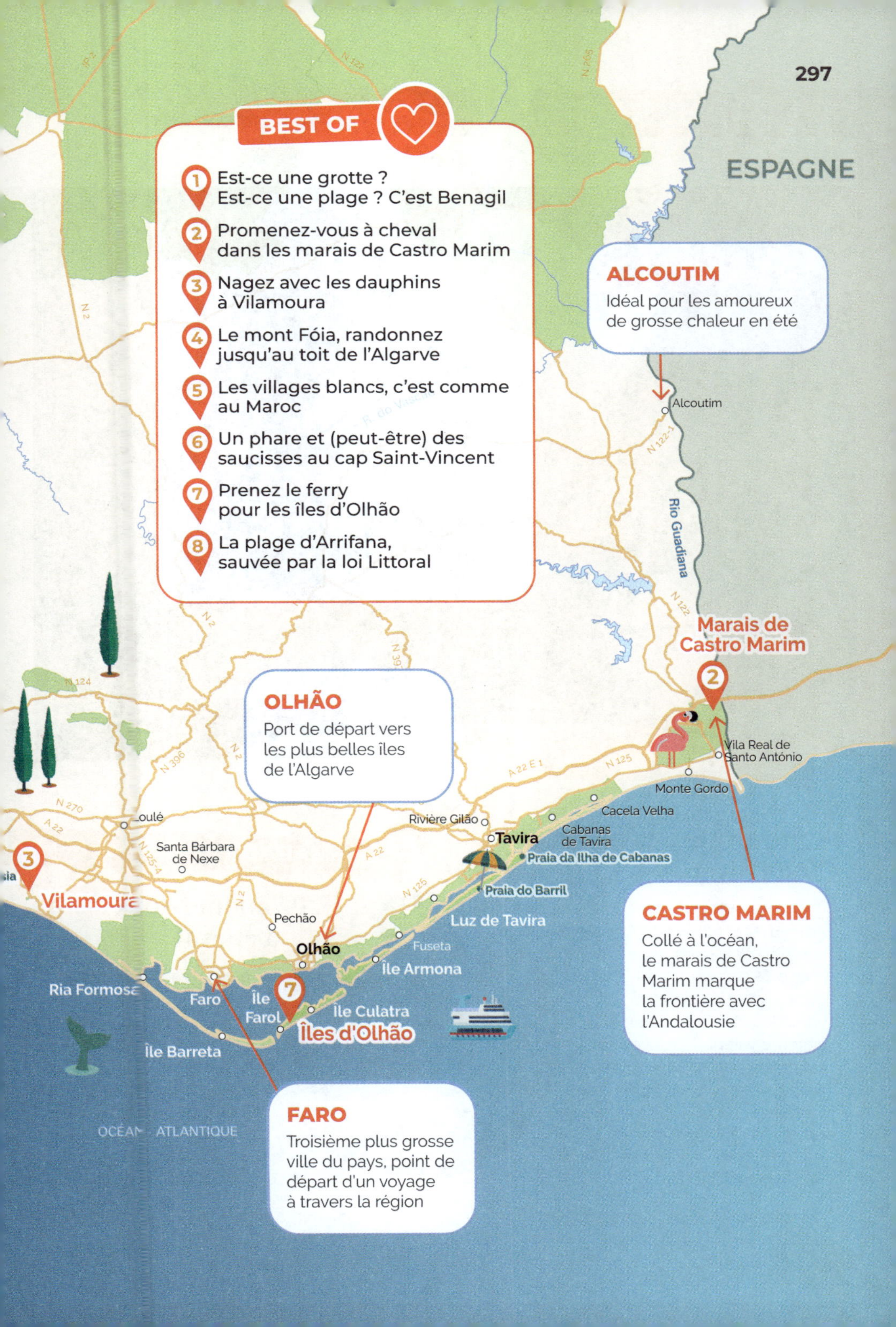
BEST OF
1 Est-ce une grotte ? Est-ce une plage ? C'est Benagil
2 Promenez-vous à cheval dans les marais de Castro Marim
3 Nagez avec les dauphins à Vilamoura
4 Le mont Fóia, randonnez jusqu'au toit de l'Algarve
5 Les villages blancs, c'est comme au Maroc
6 Un phare et (peut-être) des saucisses au cap Saint-Vincent
7 Prenez le ferry pour les îles d'Olhão
8 La plage d'Arrifana, sauvée par la loi Littoral
ALCOUTIM
Idéal pour les amoureux de grosse chaleur en été
OLHÃO
Port de départ vers les plus belles îles de l'Algarve
CASTRO MARIM
Collé à l'océan, le marais de Castro Marim marque la frontière avec l'Andalousie
FARO
Troisième plus grosse ville du pays, point de départ d'un voyage à travers la région
ESPAGNE
Alcoutim
Rio Guadiana
Marais de Castro Marim
Vila Real de Santo António
Monte Gordo
Cacela Velha
Cabanas de Tavira
Tavira
Rivière Gilão
Praia da Ilha de Cabanas
Praia do Barril
Luz de Tavira
Fuseta
Île Armona
Île Culatra
Îles d'Olhão
Olhão
Pechão
Santa Bárbara de Nexe
Loulé
Vilamoura
Ria Formosa
Faro
Île Farol
Île Barreta
OCÉAN ATLANTIQUE
N 122
N 124
N 125
N 270
N 396
N 2
A 22
A 22 E 1
N 122-1
N 125-4
N 265

BEST OF

Astuce : y aller en kayak ou à pied à partir de la Praia da Marinha ou de Porches…

1 LA GROTTE DE BENAGIL

Une grotte à la plage (ou l'inverse ?)

Si vous ne devez visiter qu'un monument naturel en Algarve, vous y êtes. Sa coupole ouverte d'un rond qui laisse voir le bleu du ciel, ses arcades et sa petite plage interne valent définitivement le détour. Évitez absolument la haute saison : la grotte est alors saturée de touristes et le temps de visite proposé par la plupart des opérateurs de tourisme est limité.

▸ **+ d'infos :** albandeiraecotours.com (location de kayak)

2 LES MARAIS DE CASTRO MARIM

Promenez-vous à cheval

Pour parcourir la réserve naturelle de Castro Marim, le meilleur moyen est le cheval. En hauteur sur votre monture, vous avancerez à un rythme idéal pour profiter du paysage et des dizaines de milliers d'oiseaux qui viennent faire leur nid. À observer toute l'année sauf en été.

▸ **+ d'infos : À Castro Marim,** Centro Equestre Quinta do Cavalo (+351) 281 531 385.

3 VILAMOURA

Nagez avec les dauphins

À la sortie du détroit de Gibraltar, les côtes de l'Algarve sont un lieu de passage important pour les cétacés reconnus comme particulièrement familiers avec l'homme. Il vous est possible de suivre en bateau les dauphins, et même, sous le contrôle d'un instructeur, de nager avec eux.

▸ **+ d'infos :** watersportsvilamoura.com, onglet « Desportos Aquáticos de Vilamoura ».

4 LE MONT FÓIA

Randonnez jusqu'au toit de l'Algarve

La balade, très belle, peut durer entre quelques minutes et 4 heures, selon le point de départ. L'ascension classique (1h30) commence dans le village de Monchique. Si vous n'êtes pas au mieux de votre forme, pas besoin de marcher : il y a une route qui mène directement au sommet.

▸ **+ infos :** visitalgarve.pt, chercher « Fóia Trail ».

5 LES VILLAGES BLANCS

Partez pour le Maroc sans bouger d'ici

Une des manifestations les plus évidentes des huit siècles d'occupation maure en Algarve est l'architecture de ses villages côtiers. La côte sud de l'Algarve, région qui reçoit la plus grosse influence méditerranéenne du Portugal, présente de vieux villages qui rappellent le nord du Maroc : Alcoutim, Alvor, Alte, Ferragudo ou Cacela Velha. Sans oublier la vue sur le village de Carvoeiro depuis la plage du même nom !

PISTEZ L'HÉRITAGE MUSULMAN

Sa proximité géographique avec le Maghreb fait de l'Algarve la région où l'occupation musulmane aura duré le plus longtemps. Comme sa voisine andalouse, la région a gardé dans sa cuisine et son architecture quelque chose du Califat. Les figues chargées de sucre qui sèchent au soleil sur les toits, les murailles médiévales et les oranges restent, depuis 1249 et la reconquête définitive du pays, bien présentes dans l'identité ici.

Suivez la route des Omeyyades, dynastie qui régna sur l'Algarve et ailleurs, via une application développée par le ministère du Tourisme (en coopération internationale) recensant tous les points d'intérêt.

▸ **Appli Rota Omiada Algarve** (disponible sur Appstore et Google Play).

6 LE CAP SAINT-VINCENT

Un cadre d'exception (et peut-être des saucisses)

Surtout en hiver, le Cabo de São Vicente est très impressionnant par la force des vagues et la proximité du fort avec la mer. L'endroit présente aussi quelques curiosités locales, comme des gens qui pêchent dans des conditions extrêmes depuis les falaises ou un Allemand qui, à la belle saison, vend des saucisses dans un food truck connu dans tout le Portugal (voir « Nos super adresses »).

7 LES ÎLES D'OLHÃO

Prenez le ferry, c'est facile

Une escapade insulaire, à seulement 10 min et 2 € du continent. Connaître les îles du Farol, de Culatra et d'Armona est un immanquable de la région. Faites une étape dans chaque île pour profiter des ruelles des petits villages de pêcheurs et des kilomètres de plage vierge. Attention, pensez à emporter au moins de l'eau si vous allez à Ilha do Farol, c'est la seule des trois qui n'est pas habitée.

▸ **+ d'infos :** Rdv à l'embarcadère d'Olhão • Nombreux départs dès 7h tout l'année.

8 LA PLAGE D'ARRIFANA

Sauvée par la loi Littoral !

Prolongement naturel de la Costa Vicentina, les plages de la côte ouest de l'Algarve sont encore préservées. Une enclave dans ce sud de la région, malheureusement bétonné à l'extrême dans les années 1970-1980. Pour les surfeurs comme pour les plagistes, la Praia d'Arrifana est l'une des plus belles du Portugal. Surplombée de falaises et en forme de cirque, elle appartient à la commune d'Aljezur.

DÉCOUVREZ FARO EN 1 JOUR OU 2

Poumon économique d'une région qui ne tourne à plein régime que six mois par an, Faro bénéficie d'une vie active tout au long de l'année. Fondée par les Phéniciens en 800 avant notre ère, la capitale de l'Algarve (et 3e plus grande ville du pays) est ce lieu de vie, de fête et de culture incontournable !

1 JOUR POUR VOIR L'ESSENTIEL

MATIN

BATTEZ LE PAVÉ

Vous entrez dans la vieille ville par la grande porte de l'**Arco da Vila**. Construite sur les bases de la muraille de la ville maure, elle conserve un portail en ferraille d'époque médiévale.
Une fois la porte franchie, vous voilà « à l'intérieur » de la ville, comme on nomme en portugais le centre historique de la capitale d'Algarve : **Vila Adentro**. Un dédale de ruelles vous attend, peuplées de petits cafés, de bougainvilliers et pavées de calçada portuguesa bicolore.

Retrouvez notre carte digitale

MIDI

PAUSE TAPAS

Au frais sous les voûtes en briques réfractaires du restaurant **Travessa**, goûtez à votre premier repas made in Algarve.
▸ Instagram @travessa.faro
• Rua de Santo António 58/60.

APRÈS-MIDI

PATRIMOINE MON AMOUR

Poursuivez votre visite de la Vila Adentro au **musée municipal** (archéologie et collections de peintures dans un ancien couvent), puis dans la cathédrale (Sé • accès payant au clocher).

Si vous avez le temps, faites un détour par un palais du XXe s., le **palais Belmarço**, avant de quitter la vieille ville en direction de la Marina. Pour les amoureux de la mer, le **musée maritime** vaut largement le détour.

▸ **Museu Municipal :** largo Afonso III, n° 14
· **Palácio Belmarço :** praça Dom Marcelino Franco 1
· **Museu Marítimo :** rua Comunidade Lusíada.

SOIR

LE REPOS DU PÊCHEUR

Pour votre soirée, direction le **Bairro Ribeirinho,** en face du musée maritime, un ancien quartier de pêcheurs qui a les pieds dans l'eau. Plongez sans retenue votre regard dans la Ria Formosa, un ensemble d'îles constituant un parc naturel qui sépare la ville des plages, et arrêtez-vous pour dîner dans l'un des nombreux bistros que vous croiserez dans les ruelles : l'**Ostraria Lodo** fera très bien l'affaire !

▸ ostrarialodo.pt
· Rua Conselheiro

2 JOURS C'EST MIEUX

MATIN

Attaquez la journée comme un local, dans une cafétéria de la Baixa, la ville basse. Après un bon café et quelques pâtisseries du cru, le quartier se prête au shopping et à la visite de la **place Dom Francisco Gomes**, chef-d'œuvre de calçada portuguesa (pavement bicolore). À la sortie de la Baixa, l'église des Carmes (**Igreja do Carmo**) présente une curiosité : une chapelle décorée d'os humains. Frissons garantis pour une entrée à 1 €. Au kiosque du marché municipal, un petit sandwich ou une planche à picorer si vous n'avez pas l'appétit coupé par la profusion des victuailles et l'affluence des chalands.

▸ mercadomunicipaldefaro.pt · Largo Doutor Francisco Sá Carneiro.

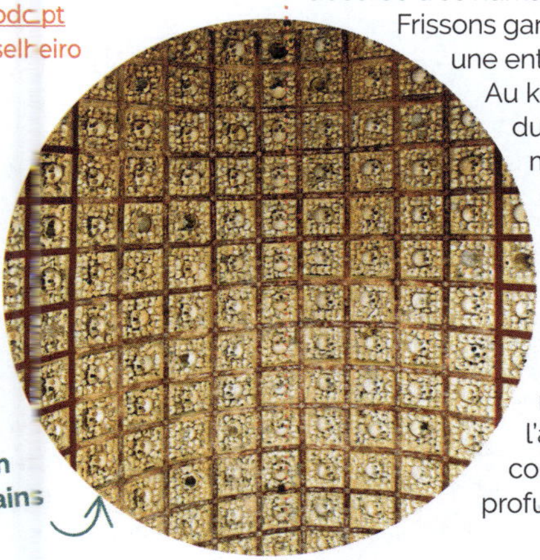

prochez-vous (et ccrochez-vous !)... ce sont bien es os humains

APRÈS-MIDI

Sortez de la ville pour prendre le ferry à la marina en direction des plages ou de la **réserve naturelle de la Ria Formosa** (zone protégée ; paradis des oiseaux migrateurs). Vous l'avez vue du port, ça vaut le coup d'y aller en vrai !

▸ passeios-ria-formosa.com

SOIR

Faro semble calme mais ne l'est jamais vraiment. Dirigez-vous vers un petit rooftop comme **Eva** pour vous mettre dans l'ambiance d'apéro afterwok, avec DJ et musique live. Vous finirez peut-être la soirée ici-même, si la programmation vous plaît, en profitant de la vue sur la Ria Formosa.

▸ rooftop-eva.pt

LES 5 SUPER PLAGES DU SUD D'EST EN OUEST

(Heu, vous suivez ?)

On le répète souvent : l'eau est trop froide pour se baigner au Portugal, même en plein été. C'est vrai, sauf pour la façade sud de l'Algarve. Amateurs de transats, de bains de mer, de bronzette sur sable brûlant, vous allez vous régaler !

PRAIA DA FALÉSIA

1 Praia da Ilha de Cabanas

La plus éclatante

Une immense plage de sable blanc comme seul le Portugal sait en faire. Accessible en 10 minutes en bateau-taxi depuis le port de Tavira.

▸ À Tavira.

2 Praia do Barril

La plus historique

Un petit train à travers les dunes mène jusqu'au cimetière d'ancres qui marque l'entrée de la plage. Hommage au long passé de pêche de la zone et référence aux centaines de bateaux qui mouillaient au large de la plage en attendant de rentrer au port.

▸ À Santa Luzia.

Praia do Barril

3 Praia da Falésia

La plus terrestre

Surmontée d'une grande falaise ocre caractéristique de la zone, la plage s'étale sur 6 km de long au cœur de l'Algarve touristique.

▸ Accès par Albufeira ou par Vilamoura.

4 Praia da Marinha

La plus photogénique

Entourée de falaises creusées par l'océan, voici l'un des clichés qui a donné à l'Algarve sa réputation d'avoir de belles plages.

▸ À Lagoa.

5 Praia da Rocha

La plus vaste

Plus large que la plupart des plages du secteur, celle-ci offre deux avantages : l'espace, parfois rare en été dans les criques, et son accès direct depuis le centre de Portimão.

▸ À Portimão.

5 décors POUR DÉCOUVRIR L'ALGARVE

Débarrassez-vous des clichés des plages et des terrains de golf : une grande variété de paysages et de cultures vous attend, des marais salants de Castro Marim aux montagnes vertes du nord de la région en passant par les falaises de Sagres. À vous « les Algarves » !

1 Château perché & marais salants

Castro Marim

▸ **60 km de Faro** (prévoir une journée)

Préparez vos sandwichs pour une expédition dans ces anciens marais salants, réserve naturelle où vous pourrez observer un grand nombre d'espèces d'oiseaux. De l'autre côté du fleuve (rio Guadiana), c'est l'Espagne ! Plusieurs parcours possibles selon les niveaux et les distances, très bien indiquées pour chaque boucle.

Après l'effort… Garez-vous sur le parking à l'entrée du village de **Castro Marim** pour prendre un rafraîchissement sur une des terrasses de la vieille ville. Si vous avec encore un peu de jus dans les jambes, faites un tour du château.
Peu de choses à voir, mais le panorama vaut le coup (attention, là non plus, pas d'ombre).

Si l'endroit vous a conquis, restez-y pour dîner à la **Taberna Medieval Velho Cavalinho**, pour une ambiance Moyen Âge.

▸ **+ d'infos :** Instagram @velho.cavalinho • Rua Dr. José Alves Moreira.

Et si vous êtes vraiment mordu, passez-y donc aussi la nuit ! La Casa Natura vous attend, juste à la sortie du village.

▸ **+ d'infos :** casanatura.pt • (+315) 965 003 465

NOS CONSEILS

- Pensez à vous couvrir la tête et à prendre de l'eau, car vous ne serez pas souvent à l'ombre.
- Si vous préférez pédaler, location de vélos à Monte Gordo ou à Vila Real de Santo António, avant d'entrer dans la réserve.

▸ **+ d'infos :** facebook.com/angelarentabike

Une étape bis...

2 Village de pêcheur avec option île

À Tavira

▶ **40 km à l'est de Faro**

Le centre s'articule autour du château et du pont, dit romain, qui enjambe la rivière Gilão. En une heure et demie, l'histoire de cette petite ville de pêcheurs n'aura plus de secrets pour vous. Comment se peut-ce ? Grâce à l'excellent audioguide proposé gratuitement sur le site de la municipalité, à télécharger en français !

▶ **+ d'infos :** Appli « Descubra Tavira », pour iPhone et Android.

Pour passer sur l'**île de Tavira,** qui offre tout ce qu'on peut attendre d'une plage en zone protégée (réserve de la Ria Formosa), direction les taxiboats.

▶ **+ d'infos :** silnido.com

Et hop ! Notre carte digitale

Olhão et... ses îles aussi

▶ **30 km de Tavira, 10 km de Faro**

Dans ce grand port de pêche, prenez un bateau pour vous rendre sur les îles en face d'Olhão. Si vous aimez la plage, vous allez être heureux !

▶ **+ d'infos :** Rdv à l'embarcadère d'Olhão · Nombreux départs dès 7h tout l'année.

• **2 îles, 2 ambiances :** sur l'île de Culatra, le **Távinho** vous servira la spécialité de la zone : le riz aux couteaux. Si vous passez sur l'île du Farol, de la mer bleue à l'horizon à revendre depuis les transats de la terrasse du **marAmais**.

• **Dormir dans un couvent :** vous pouvez aussi (ou ensuite) vous promener dans les ruelles d'Olhão. Si vous tombez sous le charme, restez-y pour la nuit au Convento. Coucher de soleil avec vue sur les toits depuis la terrasse du gîte.

▶ **+ d'infos :** conventoolhao.com

3 Plages et falaises

À Carvoiero ▸ **65 km de Faro**

Une dernière plage avant de s'enfoncer dans les terres. On change de décor pour un bref passage sur la côte d'Or, carte postale de l'Algarve. Les plages de la zone doivent leur nom à la couleur des falaises qui se dressent devant la mer. Explorez les grottes de Benagil ou restez sur votre serviette de plage sur la Praia do Vale Espinhaço ou la Praia da Corredoura.

Ou une étape bis…

Muraille, oranges et vignes

À Silves
▸ **15 km de Carvoeiro**

· Empruntez la N124 vers le nord. Vous tournez le dos à l'Algarve des plages, des casinos et des golfs pour celui des oranges, des vignes et des châteaux médiévaux. Voici d'ailleurs **Silves,** et sa muraille maure datée de 716. C'est le monument historique le mieux conservé de l'époque du Califat en terre portugaise.

· Après avoir fait le tour de la ville, prenez une table à la **Churrasqueira Valdemar** pour un poulet en crapaudine au grill, à déguster au bord de l'eau du **rio Arade.**

▸ **+ d'infos :** Mercado Municipal.

· Quelques kilomètres plus loin, découvrez les vignes et les chais du **Convento do Paraiso,** sur le domaine de la Quinta da Mata Mouros. Le

couvent porte bien son nom (du paradis), vous vous y sentirez tellement bien, la table bonne et les chambres confortables, vous y resterez jusqu'au lendemain matin.

▸ **+ d'infos :** conventodoparaiso.com

4 Montagne et rando

Monchique

▶ **85 km de Faro**

Cap sur la **Serra de Monchique,** jardin de l'Algarve, oasis de calme, de fraîcheur et de verdure. Si les incendies des derniers étés n'ont malheureusement pas épargné ces reliefs, notamment du côté de Marmelete à l'ouest, le village de Monchique et la zone de São Marcos da Serra sont bien préservés.

Commencez votre exploration à **São Marcos,** village fortement marqué par l'Influence arabe. Sur la route, depuis Silves, vous remonterez le rio Arade. Un petit arrêt au **barrage de Odelouca** pour admirer la vue.

Après un tour du village de São Marcos, pour vous restaurer, vous avez soit un restaurant de Monchique, soit **Cantinho dos Caçadores** (cantine des chasseurs), une institution aux airs de resto routier.

Une fois à Monchique, visitez le village, le couvent abandonné de Nossa Senhora do Desterro puis la zone des thermes, avant de vous lancer : affronterez-vous le mont Fóia (best of) ou programmerez-vous une excursion avec les sympathiques ânes du refuge **Happy Donkey** ?

▶ + **d'infos :** Instagram @happy_donkeys_algarve • Attention, les balades avec les ânes sont à programmer 2 jours à l'avance et il faut être au minimum 2 personnes.

Vous pourrez goûter les spécialités locales dans les bistros de la ville, comme la farinheira de Milho, une saucisse à base de farine de maïs. Le restaurant **A Charrette** a une carte particulièrement bien fournie en mets 100 % Serra de Monchique.

▶ + **d'infos :** Rua Dr. Samora Gil, 30/34 (+351) 282 912 142.

Pour dormir, la ferme en permaculture **Terra do Milho,** à quelques kilomètres, propose des tentes et des petites unités en pleine nature.

▶ + **d'infos :** terradomilho.eu

5 Port de pêche & oiseaux

Alvor

▶ **30 km de Monchique**

Port de pêche datant de l'époque musulmane, Alvor garde une architecture authentique – contrairement à Portimão. Empruntez les passerelles en bois qui mènent du centre-ville aux plages à travers les dunes pour observer les centaines de colonies d'oiseaux.

Les fruits de mer risquent de vous manquer : finissez votre séjour par une petite assiette d'açorda (soupe de fruits de mer à la mie de pain) en plein soleil à la **Casa do Rio.**

▶ + **d'infos :** restaurantecasadorio.com • Rua de São João, 25A.

TOP 6 DES SPÉCIALITÉS À BOIRE ET À MANGER

1 - LES HUÎTRES D'OLHÃO ET DE TAVIRA

Quand on voit ces grands bancs de sable à proximité de Tavira, on ne peut s'empêcher de penser qu'il y a de l'ostréiculture pas loin. Et effectivement, il y en a ! En vous promenant dans les ruelles de l'île de Culatra, par exemple, vous trouverez des huîtres à déguster ou même des ostréiculteurs du coin prêts à vous conduire directement sur les bancs !

2 - LES VINS

Forcément chargés en soleil, les vins de l'Algarve ont souffert injustement d'une mauvaise réputation. Pourtant, cette petite région, découpée en quatre AOC, bénéficie par sa géographie et ses sols d'un potentiel intéressant. Entourée par ses serras (reliefs) au nord et par l'Atlantique au sud, elle s'étale essentiellement sur des sols argileux. Dans les rouges, notez l'emploi du très rare cépage negra mole (également présent à Madère).

▸ + d'infos : vinhosdoalgarve.pt

3 - LE CHOURIÇO DE MONCHIQUE

Ce chorizo est célèbre dans tout le pays pour sa qualité. On vous dit pourquoi : les porcs noirs de l'AOC sont élevés dans les forêts aux glands de chêne, ne connaissent ni le gel ni les fortes chaleurs de la côte.

Ajoutez à cela le savoir-faire portugais en termes de charcuterie. Pour la dégustation, choisissez votre camp : grillé à l'alcool ou simplement coupé en fines tranches.

4 - LES PÂTES D'AMANDES

Les doces finos do Algarve ne sont pas sans rappeler les sucreries orientales de la rive sud de la Méditerranée. Toutes les pâtisseries de la région en proposent, elles sont souvent colorées, en forme d'animaux, de fruits ou de légumes. Les plus complexes sont agrémentées de confiture ou sont la réduction d'autres fruits typiques de la zone comme les figues ou la caroube. Une référence du genre est la **pâtisserie Arade.**

▶ **+ d'infos : À Portimão,** largo 1° de Dezembro, 4.

5 - LES ORANGES

Autre signe que l'Algarve est la région portugaise la plus « méditerranéenne », vous trouverez sur les marchés des oranges succulentes.
Les nombreuses variétés cultivées dans la région constituent 80 % de la production nationale.
On raconte que ce sont les Arabes les premiers qui, au cours des siècles d'occupation, ont introduit le fruit sur le continent européen.
Par la suite, au XVIe s., les oranges sucrées, par opposition aux oranges amères du Maghreb, sont apparues dans la région. Les orangeraies de l'Algarve ont aujourd'hui des variétés issues de ces deux branches.

6 - L'ARBOUSE

L'autre fruit symbolique de l'Algarve, cette fois-ci 100 % indigène. Ce petit fruit rouge et jaune peut se consommer seul, dans ce cas il ne fait pas nécessairement l'unanimité. On le prépare aussi en confitures et on en tire un alcool particulièrement racé, l'aguardente de medronho. Vous vous ferez également votre propre opinion sur cette eau-de-vie d'arbouse.

▶ **Conseil :** ne prenez pas d'engagement tôt le lendemain de la dégustation.

idéal pour faire le plein de vitamine C

NOS *Super* ADRESSES

À (SA)VOIR AUSSI

ALBUFEIRA

Une des plus vieilles stations balnéaires du pays. Do you speak English ?

ALCOUTIM

Ce village blanc, dans la veine de ceux que l'on trouve plus haut côté Alentejo, est la carte postale parfaite de l'Algarve traditionnelle, dans une zone peu touristique.

ALJEZUR

Refuge de hippies du nord de l'Europe depuis le début des années 1970. Fait le lien entre l'Algarve et la Costa Vicentina.

RÉSERVE NATURELLE DE CASTRO MARIM

Refuge de nombreux oiseaux migrateurs dans leur dernière étape avant l'Afrique.

OLHÃO

Un des derniers vrais ports de pêcheurs de la région.

SAGRES

Célèbre dans tout le Portugal pour avoir donné son nom à la bière favorite de la moitié sud du pays. Village le plus au sud-ouest du Portugal continental.

SERRA DE MONCHIQUE

Zone montagneuse superbement préservée à visiter hiver comme été.

OÙ DORMIR ?

Palmas Lodge

Yoga et nature

Le silence et la forêt à quelques kilomètres des plages préservées de la côte ouest, ça vous dirait ? Sur place, profitez d'une piscine et d'un centre de yoga pour vous ressourcer.

▸ en.palmaslodge.com
• **À Aljezur,** Monte da Vina.

Vinha do Gaio

Agroturismo et volupté

Après vous être relaxé dans les eaux thermales de Monchique, rien de tel qu'une étape dans cet agroturismo pour déguster les bons produits de la ferme et contempler les doux reliefs de l'Algarve.

▸ vinhadogaio.com
• **À Monchique.**

Lemontree Eco Surf House

Surf house

Ce petit hôtel a des allures de maison du bonheur. Si vous souhaitez des vacances sportives et positives, cette adresse est faite pour vous.

▸ lemontreesurfhouse.com
• **À Sagres.**

Casa d'Alagoa

Roulez jeunesse

Un hostel pour être proche du centre et rencontrer du monde. Ambiance internationale d'auberge de jeunesse.

▸ farohostel.com • **À Faro,** praça Alexandre Herculano, 27.

Sunlight House

À 2 pas du centre

Une terrasse baignée par le soleil et des chambres coquettes comme chez une vieille tante à proximité du centre-ville.

▸ sunlighthouse.pt • **À Faro,** rua Dr. Francisco Lazaro Cortes, 11.

Barco Casa

Entre les dauphins et les étoiles

Au milieu du parc naturel de Ria Formosa, vous pourrez dormir sur des bateaux autonomes puis plonger dans des eaux turquoise et vous amarrer près d'une île déserte. Il y a pire comme programme.

▸ barcocasa.pt
• (+351) 962 155 922.

OÙ MANGER ?

Letzte Bratwurst vor Amerika

« Dernière saucisse grillée avant l'Amérique » ! Une combinaison de facteurs rend cette saucisserie inoubliable. Et si le concept marketing de cet endroit est incroyable, son emplacement l'est davantage encore. À la splendide pointe du cap Saint-Vincent, l'air des vents marins dans les cheveux et les falaises face à l'Atlantique, vous pourrez déguster votre hot-dog avec la satisfaction de savoir que personne d'autre, avant le Massachusetts, n'a la chance à ce moment précis de croquer dans une Bratwurst. N'oubliez pas de repartir avec votre certificat témoignant de l'exploit.

▸ letztebratwurst.com

• **À Sagres,** Cabo de São Vicente. Ouvert de mars à octobre.

Al Quimia

Il s'en faut de peu pour que les produits de l'Algarve mis à l'honneur ressemblent à quelque chose d'alchimique. Ambiance gastronomique.

▸ **À Albufeira,** Praia da Falésia (+351 212 468 688).

Rei das Praias

Le restaurant de plage en mode bling-bling mais avec de bonnes assiettes. Possibilité de recevoir un massage en décortiquant vos crevettes.

▸ restauranter-idaspraias.com

• **À Ferragudo** Praia dos Caneiros.

Henrique Leis

Le chef brésilien Henrique Leis a volontairement rendu son étoile en 2019 apres avoir figuré 19 ans dans le célèbre guide rouge, mais a maintenu la qualité de sa cuisine et de ses produits. Une forme de maturité pour cet autodidacte brésilien passé par toutes les meilleures maisons françaises (Bocuse, Troisgros, Savoy, Gagnaire et Lenôtre ! Rien que ça !).

▸ henriqueleis.com

• **À Loulé,** estrada Vale Formoso.

Café Vintage

Un bar à tapas à l'ambiance bohème au cœur du village. Bon choix de vins d'Algarve et de toute la péninsule Ibérique.

▸ **À Monchique,** rua do Dr. Samora Gil 1 (+351) 282 013 635.

Luar da Fóia

Le plus près de la Lune pour manger un morceau, c'est par ici ! Cuisine traditionnelle de bonne facture sur le toit de l'Algarve.

▸ luardafoia.com

• **À Monchiquev** N266-3 4.

Chá Chá Chá

Après avoir passé une bonne partie de sa vie à critiquer les restos des autres dans les colonnes du Guardian, Kevin à ouvert le sien basé sur les produits de saison.

▸ chachacha.pt

• **À Olhão,** Travessa do Gaibéu, 19.

Le Marquis

Sous les arcades de cette vieille adega (cave viticole) aux murs épais, Helma et Vincent proposent une cuisine pleine de noblesse.

▸ lemarquis-algarve.com

• **À Santa Bárbara de Nexe,** Sítio de Gorjões – Monte da Palhagueira.

Parsley & Thyme

Des tapas végétariennes savoureuses au cœur de la ville médiévale. Multiples options véganes.

▸ **À Silves,** rua Policarpo Dias, 4 (+351) 930 570 316.

La carte digitale pour retrouver toutes nos adresses, activités et visites.

SORTIR

Quasi Bar

Un bar festif à l'intérieur et une terrasse plus calme pour parler à l'extérieur. Une référence de la zone de Cabanas, vue sur la mer depuis l'étage.

▸ **À Cabanas de Tavira,** avenida Ria Formosa (+351) 281 000 000.

Âncora Pub

Décor de taverne de marins et musique live. Un pub de caractère qui se revendique comme le plus vieux bar de la ville. À l'usure du comptoir, on a tendance à croire que c'est vrai...

▸ Instagram @ancorapubfaro • **À Faro,** rua 1° de Maio.

LAB Terrace

Le rooftop parfait pour un coucher de soleil avec cocktail sur la Ria Formosa.

▸ **À Faro,** rua Comandante Francisco Manuel (+351) 919 224 112.

Nano Brew Fuzeta

Pour les fans de bière artisanale. Un couple de Norvégiens échoués dans ce minuscule village de pêcheurs propose des spécialités de son pays pour accompagner les bières offertes à la tireuse dans ce petit bar chaleureux.

▸ nanobrew.pt • **À Fuseta,** rua Dr. Virgillio Ingles, 114.

Tradições

Mi-bar, mi-épicerie fine de produits traditionnels de la région. Pour boire et picorer très local assurément. Difficile de faire mieux en variété d'aguardente de medronho, par exemple.

▸ tradicoes.pt • **À Monchique,** rua do Porto Fundo, 49.

Dromedário

C'est bien connu, les dromadaires boivent jusqu'à plus soif pour faire des réserves. Attention aux excès quand même et pensez à goûter les hamburgers !

▸ Instagram @dromedariosagres • **À Sagres,** rua Comte Matoso.

Café Inglés

Un café historique, idéal pour l'apéro avec sa terrasse qui fait face aux remparts du château médiéval.

▸ cafeingles.com.pt • **À Silves,** rua do Castelo, 11.

FAQ ?

Comment on fait, sans voiture ?

La côte est bien desservie par le train mais l'intérieur de l'Algarve ne bénéficie quasiment pas d'un réseau de transports publics développé.

• Il est possible d'arriver par le train Lisbonne – Faro. Pour les déplacements interurbains, la ligne régionale entre Lagos et la frontière espagnole dessert tous les villages côtiers.

▸ cp.pt

• Quelques bus existent dans les principales villes de la côte.

▸ vamusalgarve.pt

Quelles sont les fêtes incontournables

Le festival de la sardine à Portimão

De la sardine à n'en plus pouv pendant la première semaine d'août. Si vous êtes fan de ce poisson grillé, vous ne voudrez pas manquer le rendez-vous. Pour les autres, adaptez-vous ou fuyez car vous ne mangere ne verrez et ne sentirez que de sardines, du matin au soir, à ce époque à Portimão !

▸ festivaldasardinha.pt

QU'EST-CE QU'ON RAMÈNE AUX COPAINS ?

Des pâtisseries extrêmement sucrées à base d'œuf
Dans la famille « spécialités régionales », je demande Dom Rodrigo. Des œufs, énormément de sucre et c'est tout. Comme un condensé de pâtisserie portugaise. Prudence si vous avez la digestion difficile...

De la fleur de sel
Dans la réserve des marais salants de Castro Marim, on cultive le sel à l'ancienne depuis des siècles. De quoi relever les plats en pensant au sud du Portugal !
▸ salmarim.com

Une jolie cataplana en cuivre
Vous avez aimé la cataplana, plat phare de la gastronomie régionale ? Pourquoi ne pas offrir à un ami cuistot une de ces belles marmites en forme de soucoupe volante pour prolonger l'expérience ? De grâce, prenez-la en cuivre, façonnée au marteau et fabriquée en Algarve !

On part où, en surf camp ?

Région de plage et de soleil, l'Algarve est la destination idéale pour les surf camps d'été. Il y en a pour tous les niveaux et toutes les bourses.

Tiny Whale
Du surf pour niveaux intermédiaires et avancés mais pas que. Un surf camp chez Tiny Whale, c'est aussi des chambres avec un certain standing, des séances de méditation, d'autres sports et des ateliers pour apprendre à connaître la gastronomie et la culture d'Algarve !
▸ tinywhalesurflodge.com
• **À Bensafrim,** Lote 276 & 279 Colinas Verdes.

Amado Surf Camp
L'enseigne dispose de plusieurs sites dans le sud du Portugal. Mais leur plus authentique emplacement reste certainement celui de Carrapateira, sur la côte ouest sauvage entre Sagres et Aljezur. Intéressant notamment pour les petits budgets.
▸ amadosurfcamp.com
• **À Carrapateira,** Praia do Amado.

Sagres Natura
Idéal pour les débutants voulant progresser rapidement : une semaine intense 100 % surf !
▸ sagresnatura.com
• **À Sagres,** rua Mestre António Galhardo.

C'EST QUOI CETTE FOIRE (DE SILVES) ?

Voyage au Moyen Âge pendant 10 jours au mois d'août. Dans cette reconstitution historique unique, vous apprécierez la façon dont vivaient dans la vieille ville musulmans et chrétiens pendant l'occupation arabe. Il est même possible de participer aux reconstitutions. Attention, pensez à réserver très longtemps à l'avance les logements à cette période.
▸ feiramedievaldesilves.pt

Que faire quand il pleut ?

Ce n'est un secret pour personne : l'Algarve possède l'un des taux d'ensoleillement les plus élevés de toute l'Europe. Pourtant, si la probabilité de tomber sur un des 50 jours de pluie enregistrés dans l'année est faible, surtout à la belle saison, il n'est pas inexistant. Alors que faire si votre séjour prend des airs de voyage à Londres ? La réponse est dans la question : allez écumer les pubs anglais. Et lorsque vous entrerez trempé dans l'établissement, il ne vous faudra pas beaucoup d'imagination pour vous croire en territoire britannique : même les employés ne parlent pas portugais !

PRAZERES
28

et super chouette

CARNET SUPER PRATIQUE

TRAJET LOGEMENT
VIE QUOTIDIENNE

LA BASE

POUR ENTRER AU PORTUGAL, c'est pas compliqué : un passeport ou une carte d'identité seront suffisants (y compris pour les mineurs).

ON PAIE EN EURO, les paiements par carte sont gratuits et les retraits soumis aux mêmes règles qu'en France, sauf aux distributeurs ATM de rue (2 ou 3 € de surcoût). Prévoyez quand même des espèces, la carte n'est pas acceptée partout.

IL Y A UNE HEURE DE DÉCALAGE entre le Portugal et la France (quand il est midi à Paris, il est 11h à Lisbonne).

VOUS TROUVEREZ DE LA 4G un peu partout et de nombreuses zones de Wifi gratuit, mais ça sera sans doute plus compliqué dans certaines zones rurales ou isolées. Pas de frais d'itinérance, mais c'est pas une raison pour rester scotché sur votre téléphone :)

L'OFFICE DE TOURISME

Pour aussi des bons conseils, des adresses d'hébergements :

visitportugal.com

1. POUR VENIR

En train
Depuis la France, on ne va pas se mentir, c'est pas hyper-pratique. Le plus simple est de viser Madrid, d'où partent ensuite de nombreux trains pour Lisbonne (10h) ou Porto (12h).

En bus : moins cher, plus direct mais pas plus rapide que le train : comptez 27h pour un Paris-Lisbonne, 29h depuis Marseille, ou 20h pour un Paris-Porto. 100 € en moyenne.

▶ **+ d'infos :** Eurolines.fr · flixbus.fr

En voiture : Paris-Lisbonne, c'est 1737 km à parcourir, environ 290 € de frais (essence et péage) et une empreinte carbone vraiment pas top. Sans compter votre état de fatigue en arrivant.

À n'envisager que si vous êtes en *roadtrip* espagnol. Auquel cas, en arrivant par l'autoroute, suivez bien les panneaux « véhicules étrangers » pour enregistrer votre véhicule sur EasyToll, le système de paiement automatique des péages (*« Electronic toll only »*).

ET LE WWOOFING ?

Un excellent moyen de voyager de façon abordable et de s'impliquer dans la communauté locale avec un impact positif. Le principe ? Vous travaillez volontairement quelques heures par jour dans une ferme en échange du gîte et du couvert. wwoof.pt/fr

Autre option : la Toll Card, une carte de péage prépayée, en vente dans les bureaux de poste et sur les aires d'autoroute.

▶ **+ d'infos** portugaltolls.com

2. POUR CIRCULER

En train : pour relier les plus grandes villes du pays, il y a le parfait Alfa Pendular, sorte de TGV portugais (transport du vélo gratuit si démonté et emballé). Prévoyez entre 2h30 et 3h pour un Lisbonne-Porto. Sorti de cette ligne, il faudra être un peu plus patient. En revanche, vous pourrez y mettre votre vélo gratuitement, et en une seule pièce !

▶ **Comboios de Portugal :** cp.pt

En bus : moins chers que le train, les bus portugais permettent d'aller à peu près partout dans le pays. Entre les grandes villes, les liaisons sont assurées par la compagnie nationale Rede Expressos avec des bus confortables. Puis dans les provinces, ce sont des compagnies privées qui s'en occupent, et le réseau est dense.

▶ **Rede Expressos :** rede-expressos.pt

En voiture : option classique mais efficace au Portugal si vous voulez vous évader loin des villes principales. Passez par les comparateurs en ligne pour bien étudier les prix/assurances/options.

Bon à savoir : la vitesse est limitée à 120 km/h sur l'autoroute, 100 km/h sur les voies express, 90 km/h sur les routes et 50 km/h en ville. Le stationnement est toujours payant en ville (et pas simple). Et pour les péages électroniques, achetez une carte prépayée Toll Card ou passez par le système EasyToll (voir plus haut).

À vélo : le climat doux et la variété des paysages promettent une belle expérience de cyclotourisme, d'autant que le Portugal se bouge sur le sujet : nouveaux itinéraires cyclables et hôtels vélos-friendly, transport gratuit des vélos en train, mise à disposition gratuite de vélos dans de nombreuses localités…

▶ **+ d'infos :** portuguesetrails.com/fr • plein d'idées d'itinéraires à travers tout le pays.

En van : ces dernières années, le Portugal est devenu hyper-tendance auprès des *vanlifers*, et des nouvelles règles sont à respecter :
1. Dans les zones protégées et le long du littoral, il est interdit de stationner en dehors des aires autorisées.
2. Le stationnement des vans et camping-cars sur les parkings est limité à 48 heures par commune.

Si vous cherchez un loueur, on vous recommande **Siesta Campers,** qui loue les mythiques Combis Volkswagen (pour rouler en Algarve uniquement) et des vans modernes à Lisbonne, Porto et Faro. Leur flotte est en cours de conversion à l'électrique et leur blog plein d'idées de *roadtrip*.

▶ siestacampers.com

3. CÔTÉ BUDGET

À moins de 40 €/jour, ce sera plutôt *roots*, avec nuit sous la tente en camping ou en dortoir dans les AJ, pique-niques ou formules *petiscos* dans les restos.

Entre 60 et 90 €, ça ira mieux. Vous pourrez dormir en pension ou chez l'habitant, avec des repas dans une *casa de pasto* ou une *tasca*. Hors saison, l'hôtel de charme sera même à votre portée.

À partir de 100 €, vous pouvez commencer à dormir dans un hôtel bon marché, manger dans un resto branché et vous offrir un dîner-spectacle dans une *casa de fado*.

COMBIEN ÇA COÛTE JEAN-PIERRE ?

Ticket de bus de Lisbonne : 1,65 €

Ticket de tram : 3 € à bord

Bière en terrasse : 1,50-2 €

Pastel de nata : 1-2 €

Café (ou *bica*, comme on dit ici !) : entre 0,70 € (au comptoir) et 1,20 €

1 litre d'essence : 1,90 €

1 coucher de soleil : gratuit

4. LOGEMENT

Vous allez avoir du choix, mais pensez à réserver très tôt si vous venez en haute saison (Pâques, été, Noël), notamment dans les grandes villes et en Algarve.

Petit panorama des hébergements du pays, classés du moins cher au plus cher :

1. Le spot sauvage en van : gratuit, mais attention, les règles sont devenues strictes (voir plus haut). Bien sûr, on laisse l'endroit aussi propre qu'on l'a trouvé.

2. Le camping : les *parques de campismo* sont souvent corrects et bon marché. Et il y en a partout.

3. Auberges de jeunesse : option basique avec les institutionnelles *pousadas de juventude* et les *hostels* cools, souvent dans de belles demeures anciennes avec des dortoirs ou chambres privées. Pas de limite d'âge.

4. Hôtels : il y a le *residencial* (hôtel sans resto), l'*albergaria* (auberge) et l'hôtel classique de 2 à 5 étoiles.

5. Tourisme rural : plusieurs catégories, petites maisons rustiques de village, fermes, manoirs et *quintas* de charme…

6. Pousadas : c'est l'option grand luxe, pour des hôtels chics dans des endroits prestigieux (palais, châteaux…) ou inscrits dans de superbes sites naturels. Ça fait souvent rêver, mais faut pas en abuser…

▶ pousadas.pt

5. VIE QUOTIDIENNE

AU RESTAURANT

Horaires : déjeuner (*almoço*) de 12h à 14h, dîner (*jantar*) de 20h à 22h (21h30 en dehors des grandes villes).

Petiscos : on vous déposera sur votre table des amuse-bouches que vous n'avez pas commandés. Surprise : ils ne sont pas gratuits. Refusez-les poliment si vous n'en voulez pas.

Portion et demi-portion : dans les petits restos populaires, les portions sont généreuses. N'hésitez pas à demander une *meia dose* (demi-portion) ou partager une *dose* (portion) à deux.

Service et addition : tout est compté, tout se paie ! Les *peticos*, le pain et le beurre, l'eau et parfois le couvert sont facturés.

Pourboire : la *gorjeta*, comme on dit, est assez commune. Environ 10 % au resto.

VOYAGE HANDICAPÉ

Les installations pour les personnes handicapées se multiplient mais il reste encore beaucoup d'efforts à faire.

▶ **+ d'infos :** visitportugal.com (rubrique « Tourisme accessible »).

VOYAGE LGBT

Avec le Canada et la Suède, le Portugal est l'une des meilleures destinations mondiales pour les voyageurs LGBT. Les lieux les plus LGBT-friendly ? Lisbonne (quartiers Príncipe Real, Bairro Alto et Arroios), Porto et l'Algarve.

LANGUE

Sachez que le Portugais n'aime pas trop qu'on lui parle espagnol (dommage la LV2 Espagnol). On vous comprendra parfois en français. Misez plutôt sur votre anglais, ou soyez fou : lancez-vous en portugais. Voilà tout ce qu'il vous faut (ou presque).

QUELQUES MOTS ESSENTIELS

Oui / non : sim / não

Bonjour : bom dia (jusqu'à 12h), boa tarde (après 12h)

Bonsoir (à la nuit tombée) : boa noite

Au revoir : adeus

S'il vous plaît : por favor / se faz favor

Merci : obrigado (si on est un homme) / obrigada (si on est une femme)

Je ne comprends pas : não entendo / não compreendo

Parlez-vous français / anglais ? : fala francês / inglês ?

Une bière et deux verres de rouge, s'il vous plaît : uma cerveja e dois copos de tinto, por favor

Peut-on dire que le temps exclut et l'espace tolère ? (à ne poser qu'en fin de soirée) : pode-se dizer que o tempo exclui e o espaço tolera ?

QUAND PARTIR ?

AU PRINTEMPS

Entre 9 et 27 °C dans le Sud

Une déferlante de fleurs sauvages submerge la campagne portugaise, les journées sont chaudes et ensoleillées (garanties en juin), les fêtes se multiplient et la vie palpite ! Et puis, le gros des touristes n'est pas encore arrivé.

On en profite pour :

- Visiter Lisbonne et Porto ;
- Savourer les charmes de l'Algarve sans la foule ;
- Randonner dans le parc national de Peneda-Gerês et le parc naturel de la Serra da Estrela quand les cascades sont au top de leur débit ;
- Voir la nature exploser de couleurs dans l'Alentejo. Vous n'imaginez pas comme c'est beau !
- Faire la méga *festa* dans la rue avec les Lisboètes (à la Saint-Antoine) et les Portuenses (à la Saint-Jean).

EN ÉTÉ

Entre 15 et 29 °C

Chaud devant, la foule des vacanciers déboule dans la canicule estivale ! C'est la ruée vers les plages, les prix flambent et les festivals s'enflamment.

C'est le meilleur moment pour :

- Visiter le Minho, alors bien plus frais que le reste du Portugal, et profiter des nombreuses fêtes locales ;
- Lézarder sur les plages et se baigner dans l'océan : le long de la côte sud de l'Algarve, l'eau atteint 21-22 °C. Revers de la médaille, les plages sont bondées ! Préférez les plages sauvages de la côte ouest ;
- *Rider* ses premières vagues sans stress : le *swell* n'est pas trop impressionnant et l'eau est plus chaude ;
- Éviter les régions intérieures comme l'Alentejo, la haute vallée du Douro et le Trás-os-Montes, le thermomètre peut afficher plus de 40 °C !
- Vous étouffez ? Prenez de la hauteur dans la Serra da Estrela ou la Serra de Monchique.

N'oubliez pas votre maillot de bain. On se baigne dès le mois de mai en Algarve. Mais on prend aussi son K-way, il peut pleuvoir jusqu'à fin mai.

EN AUTOMNE

Entre 7 et 23 °C

Du grand spectacle dès lors que l'on s'aventure dans la nature ! Les foules sont parties, octobre se fait encore doux, novembre est un peu creux, et décembre ramène son lot de bonne humeur avec les fêtes de Noël et du jour de l'An.

C'est la meilleure saison pour :

- Visiter Lisbonne et Porto (avec le printemps) ;
- Plonger dans l'effervescence des vendanges dans la vallée du Douro ;
- Observer des milliers d'oiseaux migrateurs dans la Ria Formosa ;
- Randonner dans les parcs naturels : peu de risque de pluie et, en prime, des couleurs automnales de ouf !
- Plonger dans la féerie de Noël dans le petit village de Cabeça.

Partagez un moment authentique avec les locaux en participant aux vendanges dans la vallée du Douro, à la Quinta do Marrocos ou à la Quinta das Amendoeiras

EN HIVER

Entre 6 et 19 °C

Moins de touristes, des prix bas !

C'est la meilleure saison pour :

- Voir les amandiers en fleurs dans tout le Sud et visiter l'Algarve. L'air y est doux en hiver ;
- Surfer, avec des *swells* fréquents de 5 m, ou se faire tout petit devant les plus grosses vagues du monde à Nazaré (réservées aux *big wave surfers, of course*). Du grand spectacle !
- Skier sur le toit du Portugal dans la Serra da Estrela ;
- Profiter des musées et des monuments très touristiques de Lisbonne, Sintra et Porto, sans la foule.

VOYAGER PLUS RESPONSABLE *au Portugal*

1 BEST OF DES RÉGIONS PORTUGAISES POUR UN TOURISME VERT

▶ MINHO : bien arrosée, c'est la région la plus verte du Portugal, et le fief du seul parc national du pays (Peneda-Gerês), taillé pour la rando.

▶ TRÁS-OS-MONTES : la région la plus isolée avec nature brute de décoffrage, deux parcs naturels et un géoparc.

▶ SERRA DA ESTRELA : la haute saison ici, c'est l'hiver. C'est donc moins fréquenté l'été, et c'est parfait pour la randonnée et toutes les activités de nature.

▶ ALENTEJO : la campagne, la vraie, un must pour l'agrotourisme.

▶ L'INTÉRIEUR DE L'ALGARVE : une « autre Algarve », plus brute, plus authentique, à seulement quelques kilomètres de la frénésie du littoral, que l'on peut traverser à vélo sur la via Algarviana.

▶ LA CÔTE OUEST DE L'ALGARVE : l'une des régions les plus sauvages et les mieux préservées d'Europe. À explorer à pied le long de la Rota Vicentina !

2 Sites les plus menacés par la surfréquentation touristique

Être élue meilleure destination du monde n'est pas sans conséquences. Raison de plus pour visiter ces lieux hors saison.

▶ LISBONNE ET PORTO : leur popularité conduit à une saturation des centres-villes, à l'expulsion de résidents en raison de la hausse des prix de l'immobilier (évitez les logements Airbnb autant que possible), à la disparition des commerces traditionnels au profit de bazars touristiques et à la destruction de bâtiments historiques pour laisser place à des complexes hôteliers.

▶ CÔTE DE L'ALGARVE : menacée par une urbanisation excessive, ainsi que par une surconsommation d'eau pour les terrains de golf, les piscines et les jardins des complexes hôteliers.

▶ PARC NATUREL DE PENEDA-GERÊS : l'afflux de randonneurs et de baigneurs dans certains secteurs du parc cause des dégradations et perturbe les écosystèmes.

▶ SINTRA : la croissance excessive du tourisme affecte la préservation de son patrimoine historique et culturel.

3 CE QUE L'ON PEUT FAIRE… À NOTRE PETIT NIVEAU

▸ RÉVISER LES BASES :
voyager hors saison, privilégier les mobilités douces, sortir des sentiers battus, choisir un hébergement écoresponsable, consommer local et de saison. Bonne nouvelle, tout ça, c'est très facile à faire au Portugal !

▸ NAVIGUER ÉCOLO :
que ce soit le long du Douro ou de la côte de l'Algarve, l'excursion en bateau est un must des vacances au Portugal. La bonne nouvelle, c'est qu'on trouve de plus en plus de choix en voilier, en catamaran ou bateau à énergie solaire. Par exemple, Lands (lands.pt) dans la Ria Formosa.

▸ RESPECTER LES RÈGLES ANTI-INCENDIE :
la végétation portugaise est très sèche en été et des incendies de forêt causent chaque année des ravages irréversibles. Pour cette raison, les barbecues sauvages sont interdits de mi-mai à fin octobre.

▸ NETTOYER LES PLAGES :
la fondation Oceano Azul planifie des nettoyages de plages pour maintenir le littoral en bonne santé. Ou comment donner un peu de son temps et faire de chouettes rencontres.
▸ oceanoazulfoundation.org

▸ SOUTENIR LES INITIATIVES LOCALES :
par exemple, passez faire un tour à l'écovillage créatif de Cerdeira (voir p. 114), ou achetez des souvenirs durables dans la boutique du projet TASA à Loué, qui allie artisans traditionnels et jeunes designers (projectotasa.com).

4 LE CHÊNE-LIÈGE, TRÉSOR NATIONAL

Les forêts au Portugal couvrent 40 % du territoire. Parmi les espèces plantées et gérées, la star, c'est clairement le chêne-liège, avec ses ressources exceptionnelles. On vous explique.

▸ UNE RÉCOLTE MAGIQUE :
un chêne-liège vit en moyenne 200 ans. Au cours de sa vie, on vient lui prélever son écorce qui repousse naturellement en 9 ans… avant une nouvelle récolte. En moyenne, un chêne donnera 15 fois son écorce : ça en fait, des bouchons !

▸ UN INCROYABLE PUITS À CO_2 :
un chêne-liège exploité capte jusqu'à 30 % de plus de CO_2 qu'un autre arbre. En tout, les suberaies (plantations de chênes-lièges) captent chaque année 10 millions de tonnes de CO_2 au Portugal !

▸ UNE RÉSERVE DE BIODIVERSITÉ :
les suberaies sont un formidable habitat naturel pour 135 espèces végétales et plus de 200 espèces animales, dont le lynx ibérique, l'espèce féline la plus menacée au monde…

▸ UN TRÉSOR NATIONAL PROTÉGÉ :
depuis 2011, il est interdit de couper un chêne-liège au Portugal. Les fous qui auraient cette idée risquent la prison.

Comme on dit en Alentejo :

« Qui pense à ses petits-enfants plante un chêne-liège. »

ÇA PART EN COOK !

Les rois du casse-dalle

Au Portugal, on ne compte pas les en-cas, casse-croûte et autres trompe-la-faim ! Bien pratique et pas cher : *bifana* (sandwich à la viande de porc), *prego* (sandwich à la viande de bœuf), *cachorro* (hot-dog portugais), friands, *rissóis* (beignets)... pour 2 €, on a le ventre calé.

PASTEL DE NATA

La *number one* des pâtisseries portugaises ! Le petit flan blotti dans sa coque en pâte feuilletée se cueille à la sortie du four, légèrement saupoudré de cannelle : une vraie tuerie !
À Lisbonne, on fabrique les *pastéis de nata* sous vos yeux, chez Manteigaria : facebook.com/manteigaria.oficial.

Autres douceurs à croquer : la *bola de Berlim* (chou à la crème), les *queijadas* de Sintra et toute une ribambelle de pâtisseries de couvent.

ATTRAPE-TOURISTES

La règle est simple, fuyez les restaurants avec rabatteurs, souvent synonymes de qualité médiocre et de prix gonflés. En revanche, l'*ementa turística* (menu touristique) n'a rien d'une arnaque, c'est même une formule complète très bon marche pour les budgets serrés.

ON MANGE OÙ ?

PASTELARIA : pour cueillir des pâtisseries ou manger sur le pouce (friands, plats du jour bon marché...).

CASA DE PASTO : restaurant populaire ultra-bon marché.

TASCA : la petite taverne familiale typique.

CERVEJARIA : l'équivalent de notre brasserie.

CHURRASCARIA : pour les amateurs de viande grillée au feu de bois.

MARISQUEIRA : poissons et fruits de mer au menu !

LE PORTO (et le vin)

Une star internationale sur le podium des vins mutés ! Le porto est servi à l'apéro, en digestif ou en cocktail (*porto tónic*). Il n'y a pas un mais des portos, élevés plus ou moins longtemps en fût, en foudre ou en bouteille. De l'entrée de gamme aux bouteilles d'exception : *branco*, *ruby*, *tawny*, *LBV (Late Bottled Vintage)* et *vintage*.

Le Portugal produit un autre vin doux, le *moscatel*, des blancs, des rosés et des rouges de qualité (vins du Dão, du Douro…), ainsi que le *vinho verde*, un vin vert (jeune) léger et pétillant. À Lisbonne et Óbidos, la *ginjinha*, la fameuse liqueur de griottes, se commande au comptoir des bars à ginjinha et se déguste dans la rue. Un vrai rituel !

Y A PAS QUE LA MORUE DANS LA VIE

Même si, avec ses 365 recettes, on pourrait en manger tous les jours de l'année ! Goûtez au moins le *bacalhau à Gomes de Sà* (avec pommes de terre, œufs durs, oignons frits et olives). Autres plats typiques : le *cozido à portuguesa* (pot-au-feu), la *cataplana* (cocotte de poissons, coquillages et fruits de mer), la *feijoada* (ragoût de haricots et de chouriço), le *porco à alentejana* (porc aux palourdes, si si !), la *francesinha* (le croque-monsieur version Porto).

Vous aimez la soupe ?

Ici, c'est la fête des soupes, bouillons et potages ! Pour réchauffer les cœurs, il y a le fameux *caldo verde* (soupe de chou vert et *chouriço*), la *caldeirada* (bouillabaisse de poissons) et l'*açorda alentejana* (potage paysan).

C'est quoi les petiscos?

L'art de grignoter à la portugaise !

Pour faire simple, c'est un peu l'équivalent des tapas en Espagne. Ici, pas d'*aperitivo* sans olives, charcuteries, fromages, poissons frits ou beignets de morue ! Les *petiscos* ont le vent en poupe et se déclinent sous forme de petits plats de plus en plus élaborés.

LEXIQUE DE SURVIE POUR COFFEE LOVERS

Comme en Italie, le café est sacré au Portugal et il y en a pour tous les goûts. Pour bien commencer la journée, savoir le commander est vital : *café* (expresso), *café curto* ou *bica* à Lisbonne ou *cimbalino* à Porto (café serré), *italiana* (un shot de caféine !), *bica cheia* (allongé), *duplo* (double), *garoto* ou *pingo* (ça passe crème), *pingado* (avec une goutte de lait), *café com cheirinho* (une larme d'eau-de-vie ?), *carioca* (café léger), *galão* (café au lait dans un verre, le roi des petits déj !)… et on en passe !

PETAOUCHNOK

QUI SOMMES-NOUS ?

Raphaël de Casabianca

Antoine Delaplace

1993

On se rencontre en classe de 4e, Antoine bat Raphaël aux élections des délégués… C'est là que tout commence !

1998

On part faire le tour d'Europe en train avec un pass Interrail et l'option « dormir dans les trains pour éviter de payer des nuits d'hôtel ». On adore, on veut repartir, mais où ?

2001

Premier voyage en Asie : Laos, Cambodge et Vietnam. Moto dans les rizières, jungle, temples et première panne de bus en pleine mousson. On commence sérieusement à penser à un voyage au long cours.

2003

On réalise enfin notre rêve : un an sac au dos autour du monde ! À notre retour on met en ligne notre film « tour du monde » qui connaît, contre toute attente, un petit succès sur Internet. Ça nous donne plein d'idées…

2009

On plaque nos métiers respectifs pour partir en Inde et réaliser *Drôle de trip*, une émission de voyage un peu barrée diffusée sur France Télévisions.

2012

Antoine travaille dans une agence de communication et Raphaël présente *Échappées belles* sur France 5 et *Rendez-vous en terre inconnue* sur France 2.

2019

L'envie de repartir ensemble vers de nouvelles aventures reste intacte ! Et après la 128e soirée tennis-pizza, on décide de créer un média engagé pour parler du voyage avec passion, optimisme et bonne humeur. **PETAOUCHNOK** est né !

2020

Lancement du compte Instagram en plein confinement (timing parfait pour parler voyages…).

Vous avez entre les mains la première édition du guide Petaouchnok Portugal. C'est un peu émouvant pour nous… et, on espère, la promesse d'un voyage extraordinaire pour vous ! On est d'ailleurs curieux d'avoir vos retours, impressions et commentaires pour nous aider pour les prochains.

Si vous avez le temps de nous dire ça par mail : **guide@petaouchnok.com**

AUJOURD'HUI

Depuis, PETAOUCHNOK est devenu sur **Instagram** une des plus grandes communautés de voyageurs de France, nous avons publié deux ouvrages chez Hachette (*Destination Petaouchnok* et *Les Voyages extraordinaires Petaouchnok en Europe*)… et nous avons encore 1000 idées pour parler de voyages inattendus et responsables. La preuve avec ce nouveau guide !

DERRIÈRE CE LIVRE 1000 PERSONNES IMPLIQUÉES ENVIRON

MERCI À

Natasha Penot
Une habituée d'Hachette Tourisme, une voyageuse infatigable et une plume qui dégaine plus vite que son ombre ! Besoin d'un bon plan, d'une adresse locale et typique ? Natasha est là ! Cette amoureuse du Portugal a l'écriture généreuse : elle n'hésitera pas à vous inviter à aller plus loin, pour pousser votre expérience vers toujours plus d'authenticité.

Charles Mathieu-Dessay
Journaliste et globe-trotteur, spécialiste de la péninsule Ibérique et de l'Amérique latine, Charles se shoote aux coups de cœur pour vous dégoter balades, visites thématiques, recoins secrets… Tombé sous le charme de Lisbonne, il s'y est installé pour découvrir le Portugal de fond en comble ! C'est ce qu'il vous raconte à travers ses découvertes.

TEAM HACHETTE

Joël Ambroggi : il était là pour notre premier livre. Il était là pour le second. Il allait quand même pas rater le lancement des guides ! Et vu comme c'est parti, aucune raison qu'il ne soit pas là pour les prochains !

Cécile Petiau : si vous voulez voir à quoi ressemblent une organisation parfaite et des projets fluides, allez faire un tour dans son cerveau… Impressionnant !

Liza Sacco : la légende racontait qu'il fallait 11 semaines pour imprimer un guide et le distribuer en librairie. Puis Liza est arrivée. Désormais, c'est 5 semaines.

Sidonie Chollet : quand la boss d'Hachette Tourisme se met à rentrer des adresses sur Google Maps, c'est peut-être un détail pour vous, mais pour nous, ça veut dire beaucoup ! #collectif

TEAM MAOGANI

Véronique Joffroy : la pièce maîtresse de notre dispositif, l'atout talent et bonne humeur. S'il y a un esprit Petaouchnok, il y a aussi un style. C'est signé Véro.

Margot Chanchus : C'est la copilote dans l'avion du design ! Reine des cartes et des illustrations, elle sait donner du peps et du relief à une maquette. Un atout de plus dans la team Maogani. Et bravo à Marion et aux autres… !

TEAM PETAOUCHNOK

Victor David : le garant de l'esprit Petaouchnok quand tout part à hue et à dia. Eh oui, cette expression existe !

Pierre-Antoine Chevalier : on le connaissait maître ès luges et train de nuit avec des palmes. Le voilà expert en adresses et phrases d'accroche.

Colin Borel : graphiste, motion designer, musicien et drômois d'origine. Beaucoup trop de qualités pour un seul homme !

TAO

Toujours là, toujours inutile. Un chat, quoi.

Crédits PHOTOS COPYRIGHT

Couverture : © Brayden Hall/braybraywoowoo sur Instagram
4e de couverture gauche : Shutterstock/Miguel Couto – 4e de couverture droite GettyImages/Alexander Spatari

p.2 Shutterstock/DaLiu ; **p.4** GettyImages/PEC Photo ; **p.5**-b GettyImages/thethomsn ; **p.5**-h Shutterstock/amnat30 ; **p.8** HEMIS/Guiziou Franck ; **p.9**-c Shutterstock/Kite_rin ; **p.9**-b Shutterstock/inacio pires ; **p.9**-h Shutterstock/PIXEL to the PEOPLE ; **p.10** Shutterstock/Miguel Couto ; **p.12** Brayden Hall/braybraywoowoo sur Instagram ; **p.14** Alamy/Mauricio Abreu ; **p.15** GettyImages/Paulo Dias Photography ; **p.16** Sébastien Nagy ; **p.17** Shutterstock/Josfer ; **p.18** Shutterstock/MarinaTP ; **p.19** GettyImages/Pablo Charlón ; **p.20** Christophe Cusmano ; **p.21** Alamy/Carl Corbidge ; **p.22** Fabian Huebner ; **p.23** Erik Carrière ; **p.24** GettyImages/Gabriel Mello ; **p.25** GettyImages/35007 ; **p.26** GettyImages/by Marc Guitard ; **p.27** Shutterstock/Russ Heinl ; **p.28** GettyImages/Jos Gouveia/EyeEm ; **p.29** Shutterstock/Jose y yo Estudio ; **p.31** Shutterstock/mehdi33300 ; **p.32** Shutterstock/rawf8 ; **p.33** Shutterstock/Vitaly Fedotov ; **p.36** GettyImages/wayfarerlife photography ; **p.40**-b Alamy/Philip Scalia ; **p.40**-h Shutterstock/trabantos ; **p.41**-h Shutterstock/Zigres ; **p.41**-b Shutterstock/Richards du Toit ; **p.42** Shutterstock/Bordalo II (Half Rabbit, 2017)/Emily Marie Wilson ; **p.43**-b Shutterstock/Mary Doggett ; **p.43**-h Shutterstock/Arkady Zakharov ; **p.44**-b HEMIS/Jon Arnold Images ; **p.44**-h Shutterstock/trabantos ; **p.45**-h Shutterstock/Matt93 ; **p.45**-b Shutterstock/bonchan ; **p.46**-h Shutterstock/joyfull ; **p.46**-b Shutterstock/Michal_R ; **p.47**-b GettyImages/Jarana Creatives ; **p.47**-h Shutterstock/Fotokon ; **p.48** Shutterstock/PhotoFires ; **p.50**-h Alamy/David Pintor (Falling Man reading)/Bob Berry ; **p.50**-b Alamy/Mobile Nugget / Stockimo ; **p.51** Ó! Galeria ; **p.52**-b Alamy/Konrad Zelazowski ; **p.52**-h Shutterstock/AlexelA ; **p.53** Shutterstock/Alvaro German Vilela ; **p.54**-b AdobeStock/javarman ; **p.54**-h HEMIS/Jon Arnold Images ; **p.55**-b GettyImages/By Eve Livesey ; **p.55**-h GettyImages/Marco Bottigelli ; **p.56** Shutterstock/Fernando Jose V. Soares ; **p.57**-c AdobeStock/Pablo Yanez Gonzalez/Wirestock ; **p.57**-b Alamy/RODOLFO CONTRERAS ; **p.57**-h Shutterstock/Gi Cristovao Photography ; **p.58** Alamy/Gi Cristovao Photography ; **p.61**-b AdobeStock/FredP ; **p.61**-h GettyImages/Alexander Spatari ; **p.62** Shutterstock/De Visu ; **p.63** Shutterstock/bellena ; **p.64** Shutterstock/Daniel Santos Gallery ; **p.68**-h Shutterstock/Pedro Quartin Graca ; **p.68**-b Shutterstock/trabantos ; **p.69**-h HEMIS/Jon Arnold Images ; **p.69**-c Shutterstock/trabantos ; **p.69**-b Shutterstock/LuisPinaPhotography ; **p.70**-h Shutterstock/Junior Daros ; **p.70**-b Shutterstock/BdMorais ; **p.71**-b Alamy/Josep Curto ; **p.71**-h Shutterstock/Hugo Andre Lopes ; **p.72**-h Shutterstock/csp ; **p.72**-b hotel.quintadeventozelo.pt ; **p.73** HEMIS/Pasquini Cedric ; **p.74** GettyImages/Paulo Dias Photography ; **p.75**-b Alamy/Dorling Kindersley ltd ; **p.75**-h Shutterstock/streetflash ; **p.76**-b HEMIS/Segura Sabine ; **p.76**-h Shutterstock/De Visu ; **p.77** Alamy/Mauricio Abreu ; **p.78** AdobeStock/Ramon Carretero ; **p.79** Shutterstock/Wild Glass Photography ; **p.80** Shutterstock/Jon Chica ; **p.81**-h Alamy/Dorling Kindersley ltd ; **p.81**-b Shutterstock/Sergio Formoso ; **p.82** Shutterstock/Takashi Images ; **p.84**-b Shutterstock/hermitis ; **p.84**-h Shutterstock/Takashi Images ; **p.85** HEMIS/Jacques Pierre ; **p.86** Shutterstock/Madrugada Verde ; **p.90**-b AdobeStock/Henner Damke ; **p.90**-h GettyImages/by Ruhey ; **p.91**-h Shutterstock/VicVa ; **p.91**-c Shutterstock/Nick Brundle Photography ; **p.91**-b Shutterstock/kstudija ; **p.92**-h Shutterstock/homydesign ; **p.92**-b Shutterstock/TLF Images ; **p.93**-h Shutterstock/LuisFtas ; **p.93**-b Shutterstock/TLF Images ; **p.94**-b Shutterstock/StockPhotosArt ; **p.94**-h Shutterstock/LucVi ; **p.95** HEMIS/Guiziou Franck ; **p.96** Shutterstock/trabantos ; **p.97**-b Shutterstock/wanderinghiker ; **p.97**-h Shutterstock/Ticiana Giehl ; **p.98**-h AdobeStock/Paulo ; **p.98**-b Shutterstock/trabantos ; **p.99**-b AdobeStock/Aldrin ; **p.99**-h Shutterstock/SerFF79 ;

p.101-h GettyImages/by Ubi Rhodes-Malin ; **p.101**-b GettyImages/Light, perspective and life... all that matters ; **p.102** GettyImages/imageBROKER/G&M Therin-Weise ; **p.103**-b Shutterstock/LuisCostinhaa ; **p.103**-h Shutterstock/Addictive Creative ; **p.104** Shutterstock/rui vale sousa ; **p.105**-b Shutterstock/Petr Pohudka ; **p.105**-h Shutterstock/VR2000 ; **p.106** Shutterstock/RHJPhtotos ; **p.108**-b GettyImages/DEA/F. LIVERANI ; **p.108**-h Shutterstock/Caron Badkin ; **p.109**-b Shutterstock/Bruno Ismael Silva Alves ; **p.109**-h Shutterstock/JohnKruger ; **p.110** Shutterstock/Martin Lehmann ; **p.112**-b AdobeStock/Ilhan Balta ; **p.112**-h Shutterstock/DaLiu ; **p.114**-b cerdeirahomeforcreativity.com ; **p.114**-h Alamy/Sergio Azenha ; **p.115**-b Shutterstock/Marco_Fernandes ; **p.115**-h Shutterstock/Gi Cristovao Photography ; **p.116**-h AdobeStock/Paulo Resende ; **p.116**-b GettyImages/James O'Neil ; **p.117**-c Alamy/homydesign ; **p.117**-h Shutterstock/Michal Ludwiczak ; **p.117**-b Shutterstock/homydesign ; **p.118**-h HEMIS/Renault Philippe ; **p.118**-b Shutterstock/saiko3p ; **p.119**-b Alamy/Luis Fonseca ; **p.119**-h Shutterstock/Gubin Yury ; **p.120**-b Alamy/Gi Cristovao Photography ; **p.120**-h HEMIS/imageBROKER ; **p.121**-h GettyImages/Margarita Almpanezou ; **p.121**-b Shutterstock/agsaz ; **p.122** AdobeStock/Luis ; **p.123**-h Shutterstock/Luis Pedro Fonseca ; **p.123**-b Shutterstock/AnaMarques ; **p.124**-h Alamy/Andrey Khrobostov ; **p.124**-b Shutterstock/rfranca ; **p.125**-b AdobeStock/Madrugada Verde ; **p.125**-h Shutterstock/DaLiu ; **p.126**-c AdobeStock/Anze ; **p.126**-h GettyImages/Kcris Ramos ; **p.126**-b Shutterstock/Moiriche ; **p.127** Shutterstock/Russ Heinl ; **p.128**-h Shutterstock/Sopotnicki ; **p.128**-b Shutterstock/Paulo Resende ; **p.129**-d Shutterstock/makasana photo ; **p.129**-g Shutterstock/christography.raw ; **p.130** Shutterstock/DaLiu ; **p.133** Shutterstock/LuisPinaPhotography ; **p.134** Alamy/Constantino Leite ; **p.136** Shutterstock/Wild Glass Photography ; **p.138**-b Alamy/Luis Pina Photography ; **p.138**-h Pedro Ribeiro/Aldeias de Montanha ; **p.139**-b AdobeStock/celso claro ; **p.139**-c Alamy/Jason Knott ; **p.139**-h Shutterstock/BdMorais ; **p.140** Alamy/Constantino Leite ; **p.141**-b GettyImages/www.pedrocarmonasantos.com ; **p.141**-h Shutterstock/stu.dio ; **p.142**-b AdobeStock/Penteas ; **p.142**-h AdobeStock/Liliana ; **p.143**-b Alamy/Sergio Nogueira ; **p.143**-h Alamy/Pedro Ferrao Patricio ; **p.144** Shutterstock/Arako Space ; **p.145**-h AdobeStock/Luis Fonseca ; **p.145**-b Shutterstock/Carla Isabel A Nascimento ; **p.146** AdobeStock/Álvaro Germán Vilela ; **p.148** GettyImages/Cavan Images ; **p.151** Shutterstock/Luis Pedro Fonseca ; **p.152** Alamy/ZUMA Press, Inc. ; **p.153**-b Santar Vila Jardim ; **p.153**-h Shutterstock/Photo_Traveller ; **p.154**-b AdobeStock/Vitor Miranda ; **p.154**-h Shutterstock/Rolf E. Staerk ; **p.155**-b Alamy/Tom Arne Hanslien ; **p.155**-h Shutterstock/Rogerio Salgado ; **p.156** GettyImages/Jos Gouveia/EyeEm ; **p.157**-b AdobeStock/Alexandre ; **p.157**-h Alamy/Mehdi33300 ; **p.158**-b Shutterstock/Luis Pedro Fonseca ; **p.158**-h Shutterstock/rui vale sousa ; **p.159**-h Alamy/Burt Johnson ; **p.159**-b Shutterstock/Luis Pedro Fonseca ; **p.160** Shutterstock/LuisPinaPhotography ; **p.161**-b Shutterstock/Julianomota_pt ; **p.161**-h Shutterstock/Paulo Resende ; **p.162**-b Shutterstock/Miguel Almeida ; **p.162**-h Shutterstock/homydesign ; **p.163**-h AdobeStock/lbrain ; **p.163**-b Alamy/Armando Frazao ; **p.166** GettyImages/Alexander Spatari ; **p.170**-h GettyImages/Alexander Spatari ; **p.170**-b Shutterstock/Kraft_Stoff ; **p.171**-h GettyImages/Jorg Greuel ; **p.171**-b HEMIS/RIEGER Bertrand ;

p.172-h GettyImages/Alexander Spatari ; **p.172**-b Alamy/Douglas Lander ; **p.173**-h Shutterstock/Radim Ryba ; **p.173**-b Shutterstock/kudla ; **p.174** GettyImages/PEC Photo ; **p.175**-b GettyImages/Jorg Greuel ; **p.175**-h Shutterstock/Mauro Rodrigues ; **p.176**-b Shutterstock/lauravr ; **p.176**-h Shutterstock/Goncalo_Castelo_Soares ; **p.177**-b GettyImages/Alexander Spatari ; **p.177**-h Shutterstock/Wirestock Creators ; **p.178**-b GettyImages/Alexander Spatari ; **p.178**-h HEMIS/Morandi Tuul et Bruno ; **p.179**-h HEMIS/John Warburton Lee ; **p.179**-c Shutterstock/Alexandre Rotenberg ; **p.179**-b Shutterstock/BGStock72 ; **p.180** Shutterstock/Jay P film ; **p.181**-h Alamy/master2 ; **p.181**-b Shutterstock/nito ; **p.182**-183 AdobeStock/Tang ; **p.182** HEMIS/Jon Arnold Images ; **p.183**-d GettyImages/Chanachai Panichpattanakij ; **p.183**-g Shutterstock/Michele Rinaldi ; **p.184** Shutterstock/Jose y yo Estudio ; **p.185**-b Alamy/Tarlis Schneider ; **p.185**-h Shutterstock/BONDART PHOTOGRAPHY ; **p.186** Shutterstock/Fernando Duarte Nogueira ; **p.187**-b GettyImages/Jonathan Powell/EyeEm ; **p.187**-h Shutterstock/K I Photography ; **p.188** GettyImages/Sonia Ramalho/EyeEm ; **p.190** GettyImages/Diego Orbezo/EyeEm ; **p.192** GettyImages/Artur Debat ; **p.193** Shutterstock/saiko3p ; **p.194** Shutterstock/DaLi ; **p.196** Shutterstock/Karolis Kybartas ; **p.198** Alamy/robertharding ; **p.199**-h Alamy/Stuart Forster ; **p.199**-b Shutterstock/saiko3p ; **p.200**-h AdobeStock/JT Photos ; **p.200**-b GettyImages/Thomas H. Mitchell/500px ; **p.201**-b AdobeStock/Ramon Carretero ; **p.201**-h Shutterstock/Damira ; **p.202**-h GettyImages/Henrique Feliciano Photography ; **p.202**-b Shutterstock/trabantos ; **p.203**-b AdobeStock/Armando Oliveira ; **p.203**-h GettyImages/Jesper Guldbrand/EyeEm ; **p.203**-cg Shutterstock/Marina Vieira Branquinho ; **p.203**-cd Shutterstock/Luis M. Vieira ; **p.204**-h Shutterstock/Yasonya ; **p.204**-b Shutterstock/LALS STOCK ; **p.205** Shutterstock/R.M. Nunes ; **p.206**-b Shutterstock/BearFotos ; **p.206**-h Shutterstock/Wirestock Creators ; **p.207**-b Alamy/agefotostock ; **p.207**-h Shutterstock/studio f22 ricardo rocha ; **p.208** Shutterstock/Liliana Marmelo ; **p.209**-b AdobeStock/João Macedo/Wirestock Creators ; **p.209**-h Alamy/The Picture Art Collection ; **p.210** Shutterstock/DreamArchitect ; **p.211**-h Shutterstock/studio f22 ricardo rocha ; **p.211**-b Shutterstock/Dana_S ; **p.212** AdobeStock/streetflash ; **p.213**-b Shutterstock/Alexandre Rotenberg ; **p.213**-h Shutterstock/Jose Natal ; **p.214** Shutterstock/tomasgehrhardt ; **p.218**-b Shutterstock/TLF Images ; **p.218**-h Shutterstock/John Copland ; **p.219**-c Alamy/Johnny Madsen ; **p.219**-b Shutterstock/Russ Heinl ; **p.219**-h Shutterstock/Liliana Marmelo ; **p.220** Alamy/Witold Skrypczak ; **p.221**-bg GettyImages/Gabriel Mello ; **p.221**-h Shutterstock/Sopotnicki ; **p.221**-bd Shutterstock/Discovod ; **p.222**-h Shutterstock/Love Comunication ; **p.222**-b Shutterstock/ivo carmo ; **p.223**-b GettyImages/Cavan Images ; **p.223**-h Shutterstock/Nessa Gnatoush ; **p.224**-h Shutterstock/sabrinaphototraveladdict ; **p.224**-b Shutterstock/Edgar Meira ; **p.225**-h Alamy/Pedro Ferrão Patrício ; **p.225**-b Shutterstock/Caroline Aaronian ; **p.226** Shutterstock/Sopotnicki ; **p.228**-h AdobeStock/Agostinho ; **p.228**-b Shutterstock/TLF Images ; **p.230** Shutterstock/MrG14 ; **p.234** Shutterstock/makasana photo ; **p.235**-h AdobeStock/Pedro ; **p.235**-b Shutterstock/Tatiana Popova ; **p.236**-h Alamy/Zoonar GmbH ; **p.236**-b Alamy/Veteran Photography ; **p.237**-b Shutterstock/hakanyalicn ; **p.237**-h Shutterstock/Ticiana Giehl ; **p.238**-b Alamy/SOPA Images Limited ; **p.238**-h Alamy/Nicholas Tinelli ; **p.239**-h Alamy/Mauricio Abreu ; **p.239**-b Shutterstock/Miguel Couto ; **p.240**-h Alamy/Cro Magnon ; **p.240**-b Alamy/Mauricio Abreu ; **p.241**-b Alamy/Carmo Correia ; **p.241**-h Alamy/Marie Cullinane / Stockimo ; **p.242** Shutterstock/Benny Marty ; **p.243** Shutterstock/aleksey snezhinskij ; **p.244**-b Shutterstock/tomasgehrhardt ; **p.244**-h Xabi Barreneche/Red Bull Content Pool ; **p.245**-b Shutterstock/Ana Flasker ; **p.245**-h Shutterstock/asife ; **p.246** Shutterstock/saiko3p ; **p.247**-b Shutterstock/Wild Glass Photography ; **p.247**-h Shutterstock/Luis Pedro Fonseca ; **p.248** Shutterstock/Wild Glass Photography ; **p.249**-h HEMIS/Jon Arnold Images ; **p.249**-b Shutterstock/LuisPinaPhotography ; **p.250**-h AdobeStock/Stimmungsbilder1 ; **p.250**-b Shutterstock/Magdalena Paluchowska ; **p.251**-b AdobeStock/Ricardo ; **p.251**-h Shutterstock/Atlantico Press ; **p.253** HEMIS/Jon Arnold Images ; **p.254** Alamy/Mauricio Abreu ; **p.255** Shutterstock/PhotoFires ; **p.256** Shutterstock/amnat30 ; **p.260** Shutterstock/stu.dio ; **p.261**-b Shutterstock/damasthe97 ; **p.261**-h Shutterstock/Tatiana Popova ; **p.262**-b HEMIS/Barbier Bruno ; **p.262**-h Shutterstock/Travel Faery ; **p.263**-h AdobeStock/Luis ; **p.263**-b HEMIS/Jon Arnold Images ; **p.264**-b Shutterstock/amnat30 ; **p.264**-h Shutterstock/amnat30 ; **p.265**-b Alamy/Amanda Ahn ; **p.265**-h Shutterstock/Matveev Aleksandr ; **p.266**-b Shutterstock/LuisPinaPhotography ; **p.266**-h Shutterstock/Bastian Sander ; **p.267** Shutterstock/amnat30 ; **p.268** Shutterstock/alexilena ; **p.269**-h Shutterstock/Gi Cristovao Photography ; **p.269**-b Shutterstock/HeadSpinPhoto ; **p.270** Shutterstock/BearFotos ; **p.271**-b Alamy/Helena Melo ; **p.271**-h Shutterstock/Eduardo Estellez ; **p.272** Shutterstock/trabantos ; **p.273** Shutterstock/Celli07 ; **p.274** GettyImages/Alexandre Balas ; **p.276** Shutterstock/PIXEL to the PEOPLE ; **p.280** Shutterstock/LuisPinaPhotography ; **p.281**-h Shutterstock/Hungry_herbivore ; **p.281**-b Shutterstock/amnat30 ; **p.282**-b AdobeStock/dudlajzov ; **p.282**-h GettyImages/Paulo Dias Photography ; **p.283**-b GettyImages/João Paulino/EyeEm ; **p.283**-h Shutterstock/lukovic photograpy ; **p.284** Shutterstock/John Littlehand ; **p.285**-b Shutterstock/StockPhotosArt ; **p.285**-h Shutterstock/Oleg Znamenskiy ; **p.286**-b Shutterstock/Cezary Wojtkowski ; **p.286**-h Shutterstock/saiko3p ; **p.287** Shutterstock/Migel ; **p.288**-b Shutterstock/Frank McClintock ; **p.288**-h Shutterstock/Nuno Simoes ; **p.289**-b Shutterstock/inacio pires ; **p.289**-h Shutterstock/Carlos Neto ; **p.290** Shutterstock/RHJPhtotos ; **p.292** Shutterstock/Elenapavlova ; **p.293** Shutterstock/inacio pires ; **p.294** Shutterstock/Marcin Krzyzak ; **p.298**-h Shutterstock/MarinaTP ; **p.298**-b Shutterstock/Luis Pedro Fonseca ; **p.299**-h Shutterstock/Tomasz Banasiak ; **p.299**-b Shutterstock/Rafal Michal Gadomski ; **p.300** GettyImages/Gonzalo Azumendi ; **p.301**-c HEMIS/Westend 61 ; **p.301**-b Shutterstock/BublikHaus ; **p.301**-h Shutterstock/ajcabeza ; **p.302**-b Shutterstock/Sopotnicki ; **p.302**-h Shutterstock/Sopotnicki ; **p.303**-b AdobeStock/Carlos Neto ; **p.303**-h HEMIS/Guiziou Franck ; **p.304**-b Shutterstock/Richard Semik ; **p.304**-h Shutterstock/KennethHK ; **p.305**-h GettyImages/thethomsn ; **p.305**-c Shutterstock/GViegas ; **p.305**-b Shutterstock/Marcin Krzyzak ; **p.306** GettyImages/Luis Davilla ; **p.307** Shutterstock/Sopotnicki ; **p.308**-h GettyImages/Marco Bottigelli ; **p.308**-b Shutterstock/essevu ; **p.309** Shutterstock/Sopotnicki ; **p.310**-h AdobeStock/Carlos Neto ; **p.310**-b Shutterstock/Sergio Reis ; **p.311**-b Shutterstock/Pepj ; **p.311**-h Shutterstock/kukuruxa ; **p.312** Shutterstock/Kq333 ; **p.313** Shutterstock/Caron Badkin ; **p.314** AdobeStock/Rui ; **p.315**-b AdobeStock/Ricardo ; **p.315**-h Shutterstock/Miguel Valente ; **p.316** GettyImages/Alexander Spatari ; **p.318** Shutterstock/joyfull ; **p.319**-b GettyImages/VisualCommunications ; **p.319**-h Shutterstock/Lucia Romero ; **p.321** GettyImages/Alexander Spatari ; **p.322** Shutterstock/Jorge Manso ; **p.323**-b HEMIS/Jon Arnold Images ; **p.323**-h Shutterstock/LuisPinaPhotography ; **p.324** Shutterstock/inacio pires ; **p.325** Shutterstock/STEKLO ; **p.328** Petaouchnok.

Les illustrations proviennent de AdobeStock et Margot/Maogani.

Expression LIBRE

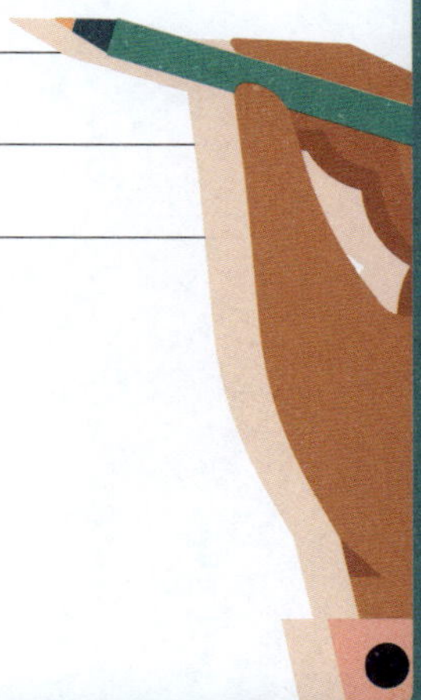

Expression LIBRE

Qui fait QUOI ?

AUTEURS

Raphaël de Casabianca et Antoine Delaplace / ©Petaouchnok

CONTRIBUTEURS

Natasha Penot et Charles Mathieu-Dessay.

CONCEPTION GRAPHIQUE

Couverture et maquette : **Maogani**

HACHETTE TOURISME

Direction : **Sidonie Chollet**
Direction éditoriale : **Cécile Petiau**
Édition : **Joël Ambroggi**
Cartographie : **Frédéric Clémençon, Aurélie Huot**
Fabrication : **Liza Sacco**
Contact presse : **Rachida Mazef** – rmazef@hachette-livre.fr
Contact publicité et partenariats : partenariat-tourisme@hachette-livre.fr

L'éditeur adresse un grand MERCI aux équipes d'Hachette Livre :
Éditeurs, cartographes, fabricante, marketing, presse, commerciale, contrôle de gestion et distribution… pour leur mobilisation exceptionnelle, leur aide indispensable et leur super esprit d'équipe, ainsi qu'à l'équipe Maogani pour sa créativité, son engagement et sa souplesse.

Catherine Saunier-Talec pour son inspiration et son soutien.

Édité par Hachette Livre (58, rue Jean-Bleuzen, CS 70007, 92178 Vanves Cedex)
Imprimé par Graficas Estella (Espagne) - Achevé d'imprimer : mai 2023
ISBN : 978-2-0172-1080-1 / Codification : 3843324
Dépôt légal : mai 2023 • Édition : 01